JN025602

学びが深まる

ソーシャルワーク演習

「学びが深まるソーシャルワーク演習」編集委員会
編

ミネルヴァ書房

まえがき

　社会福祉士（ソーシャルワーカー）の資格を取得しようとする学生の皆さんは，大学や専門学校で「ソーシャルワーク演習」という科目を履修しなければなりません。社会福祉士養成課程では，この演習を通して教員指導の下，学生同士でロールプレイ・ディスカッション・発表などを通してソーシャルワークを学ぶこととなっています。その意味では，演習科目は数多くの講義科目よりも，さらに学生自らの主体性が求められます。

　一方，教員の皆様におかれましても，昨今，2021年度より施行される社会福祉士養成課程の新しいカリキュラムが示され，当該科目の重要性が，今まで以上に各養成校において浸透しつつあります。

　本書は演習科目の初級から中級レベルを意図した内容を目指し，ソーシャルワーク演習の授業に携わっている研究者及び教育者が立ち上げた研究会が，学生目線でソーシャルワーク演習の教科書を作成できないかとの問題意識から検討を進め，完成に至ったもので，無論，上記の「新しいカリキュラム」の内容を包含したものです。

　その意味でもソーシャルワーク演習において欠かすことのできない事例を多数掲載し，理論的な内容と併せてソーシャルワーク演習を実施していく上で有効な教材になるよう努力したつもりです。

　ぜひソーシャルワーク演習の学びのきっかけとして，本書を活用いただければ幸いです。

　2021年1月

「学びが深まるソーシャルワーク演習」

編集委員会代表　長谷川匡俊

目　次

第1章	ソーシャルワーク演習の学び方

1　なぜソーシャルワークを演習で学ぶのか——人に関わる力を身に付ける

（1）相手へ関心を持つ

　社会福祉を学ぶなかで多くの人は現場での実践をイメージし，自分もやがて援助者として実践の場に立つことを思い描くでしょう。もちろん，ソーシャルワークを講義や演習・実習などから総合的に学ぶことで，あなたも実践の場でソーシャルワーカーとして働く可能性を実現することができます。そのとき「かたち」として何を学んだかだけではなく，どのように学んだかという中身が問われることになります。

　ソーシャルワーク演習の学びは，講義でソーシャルワークや制度・政策について学ぶこととソーシャルワーク実習とをつなぐ位置にあります。あるいは，将来のあなたが実践することにつなげるためのものだと言ってもよいでしょう。そうした中で基本となることは，ソーシャルワークの対象となるのは〈人〉であり，相手を大切にできるかが鍵となります。まずは相手に関心をもち，理解することが必要になります。相手を理解できるようになると，あなたからすれば些細な生活の出来事に「クライエントはなぜ，こだわるのか」といった，相手の見えなかった部分や面が見えるようになります。こうした発見は，ソーシャルワークを面白く感じたり，自分からもっと学んでみようとするきっかけにもなります。

　では，実際にどのように学んだらよいのでしょうか。個々の具体的な内容については以下の章で展開されていきます。ここでは，ソーシャルワークを学ぶための基本となることを確認し，今後のあなたの学びや実践において困ったり，

悩んだ時に支えとなる基礎となることを紹介していきましょう。

（2）生活を生きる人に出会い，関わる

　ソーシャルワークの実践は，生活することに困っている，しづらさを感じている人々を対象者として行われます。例えば，「失業して収入がなくなり生活が苦しい」「病気の治療は終わったが障害が残り職場復帰ができない」「姑の介護をするのは私だけで，その大変さを夫がわかってくれない」など多様な生活問題があり，最近ではある家族が一つの問題を抱えているだけではなく，数種の複合した問題のある事例が増えてきています。例えば，脳梗塞で倒れた夫の介護をする妻も精神障害があり，さらに娘も精神障害で通院していることがわかると，介護だけではなく家族が健康で安定した生活をできるようにすることも課題になります。

　私たちは生活の課題を抱えている人々にどのように対応したらよいのでしょうか。ソーシャルワークで学ぶことは，まさにこうした人々へ適切な関わりができ，一緒になって問題解決に取り組んでいくことです。ここで明確にしたいのは，〈人〉が自分の課題として受け止め，向き合うということです。問題が人と無関係にあるのではなく，〈人〉が生活のしづらさを感じているのです。そのため相手のことを理解していかないと，問題が理解できないのです。しかし，問題も多様ですが，それ以上に人が一人ひとり異なるために相手を理解することは簡単なことではありません。このように示されると，皆さんは「私にできるのかな」と不安を感じるかもしれません。安心してください。これからソーシャルワークを学んでいくことで，できるようになります。

　まずは，皆さんが毎日会っている人々との関係を思い浮かべて下さい。ソーシャルワークの対象者は特別な人ではなく，日常的に接している人々と同じです。したがって，学習の時だけでなく日々の生活の中で出会っている人々とどのように関わっているのかを振り返ることで学びを広げられます。あなたが「相手に関心があるのか，無関心なのか」「自分のことをわかってもらおうとしているのか」「苦手な相手にどんな態度をとっているか」といったことに気づ

くことができます。

（3）人に関わる力を鍛える

　ソーシャルワーク演習の授業や実習で現場に入っていく時，私たちは日常の自分と別人になることはできません。反対に日常の自分が現れてきます。したがって，現在の自分を使ってしか相手に関わることができないのですが，相手を理解することを通して自分のことがわかるようになってきます。また，演習や実践で発見したことは，日常の出会う人々との関わりにもつながっていきますし，そうすることで確かなものになります。

　もう一つ大切なことを紹介しておきます。ソーシャルワーク演習でロールプレイ，事例検討などいろいろな方法で学びますが，演習でともに学ぶ相手は〈人〉であり，授業であっても人への関わりを実践していることになります。したがって，演習での学びが授業のためのものとしてその中で完結させたら何の意味もありません。先に指摘したように，あなたの日常の人間関係につながり，また実習や実践につながっていくことで役立つのです。こうした学びから，人に関わる力が培われるのですが，同時に実践の基礎になってくれます。さまざまな応用に対応できるには，個々の専門的な領域の問題への関心だけではなく，この人に関わる力を鍛えることが不可欠になります。

　この演習の学びにおいて，知識や方法としてソーシャルワークを学ぶだけでなく，ロールプレイ，事例等を通して，一人ひとりの人に関わる課題と向き合うことで実践力を身に付けられるようになりましょう。

2　ソーシャルワーク演習という授業

（1）拡大したソーシャルワーク演習の時間数

　社会福祉士国家試験受験のための資格を得る要件の一つとしてソーシャルワーク演習という科目を修めることが義務づけられています。ソーシャルワーク演習という科目は，「社会福祉士及び介護福祉士法（昭和62年法律第30号）」の

制定により，わが国の社会福祉増進に寄与することを目的として法定された社会福祉士の受験資格を取得するための科目です。当初は社会福祉援助技術演習という名称でしたが，その後の急激な社会情勢の変化によって，より複雑多様化した暮らし課題（ニーズ）に対応できる人材養成を目指し，社会福祉士の教育課程において，実際に考え動けるソーシャルワーカー（社会福祉士）の養成をということから，「演習」という形態による教育訓練がより重視されていきました。そして2007年の「社会福祉士及び介護福祉士法」の一部改正を受け，それまでの社会福祉援助技術演習という名称も相談援助演習に変更され，時間数も120時間から150時間へと大幅に拡大していったのです。そして今回，前回改正以降の社会状況の変化や法制度の創設等をふまえ，さらに新たな福祉ニーズにも十分に対応し得る実践能力の習得を図るため，教育内容の見直しが行われ，科目名称もソーシャルワーク演習と変わりました。特筆すべき点としては，社会福祉士と精神保健福祉士の養成課程において共通して学ぶべき内容と，社会福祉士として専門的に学ぶべき内容とを意識して再構築されたこと。地域における多様な福祉ニーズや多職種・多機関協働，社会資源の開発等への重点の拡大化に伴い，多様な人々の間の人間関係をどう活かしていくかという，問題解決に向けての関係者間のグループダイナミックス（力動性の活用）を学ぶ項目等が加えられたことが挙げられます。

（2）ソーシャルワーク演習とは

　（社）日本社会福祉士養成校協会演習教育委員会「相談援助演習のための教育ガイドライン（案）」（2013年5月25日）によれば，この演習は，「相談援助の知識と技術に係る他の科目との関連性も視野に入れつつ，社会福祉士に求められる相談援助に係る知識と技術について，次に掲げる方法を用いて，実践的に習得するとともに，専門的援助技術として概念化し理論化し体系立てていくことができる能力を涵養する」ことが目的とされました。そしてそのために「①総合的かつ包括的な援助及び地域福祉の基盤整備と開発に係る具体的な相談援助事例を体系的にとりあげること，②個別指導並びに集団指導を通して，具体

的な援助場面を想定した実技指導（ロールプレイング等）を中心とする演習形態により行うこと」が盛り込まれ，今日に至っています。

　すなわちソーシャルワーク演習は講義科目と実習（アクション）を結びつける，ある意味重要な役割を担う科目なのです。本書ではこれ以降，さまざまな演習課題が立てられていきます。皆さんはそうした演習課題と向き合いながら，最終的には登場人物に生きづらさや暮らしづらさをもたらしているさまざまな事実間の関連性や水面下にある背景をイメージし，事例全体を網羅する包括的理解ができるようになっていってほしいと思います。そしてその過程でソーシャルワークの価値・知識・技術を実践へと応用していく訓練を一歩一歩続けていって下さい。

　社会福祉士養成教育課程では，実習関連科目（ソーシャルワーク実習指導，ソーシャルワーク実習）と並行しつつソーシャルワーク演習が展開されていくことになりますが，本書を通じて得た学びを皆さんには今後，現実社会で関わることになる多様な人間関係へと広く応用し，ソーシャルワークの「力」の大きさと深さを実感していってもらいたいと願っています。

3　ソーシャルワーカーになるということ

　皆さんがもつ弾力性に富んだしなやかな力を伸ばしていくためには，どう段階的に方向づけていったらよいのか，そのことはソーシャルワーカー（社会福祉士）になるというゴールに向けて，教え手側も心に強く刻み込んでおかねばならないことがらです。以下ではソーシャルワーカー（社会福祉士）を志望する読者の皆さんにとって重要なことがらを整理してみました。

（1）「連想力」「想像力」を身に付けよ

　いつ，どんなときでもサービス利用者（個人，家族）のことを最優先に考え，その人が適正かつ公平にサービスを獲得できるよう，そして今後さらに複雑なニーズにも対応していける高度なソーシャルワーカー（社会福祉士）を養成し

ていくためには，養成教育の始まりから連想力，想像力を身に付ける訓練が何よりも重要になります。それは，暮らし課題を抱える個人や家族，関係者とのつながりをふまえ，そこに広がる暮らし全体を捉える"感覚"のことです。すなわち，全体を捉える眼力（鳥の目のように物事を広く捉える力）と局所を捉える眼力（虫のように細かな部分を捉える力）の訓練が「連想力」や「想像力」の育成は不可欠になります。

　そのためにもその人の暮らしをまるごと見つめていく「全体性の原理」をふまえた行動が欠かせません。いったん目のつけどころがズレると，アクションの方向性を大幅に見誤ることにもなりかねません。実践の最中には，事前にわからなかったことや予測し得なかったことが起こったり，事態の急転によって緊急的なアクションを余儀なくされることも出てきます。そのためにどんな場合にも臨機応変に行動できる下地としての事例固有の俯瞰図をイメージする感覚を鍛え抜いておくことが必要なのです。

　それこそが連想力，想像力なのです。第4章第5節に出てくるエコマップ作成も，文字に代えて「絵」を描くような感覚を鍛えていくことで，この訓練に一役かうことになります。また私たちはソーシャルワーカー（社会福祉士）以前に，常日頃から幅広い視野でいろいろなことに関心を持つことが重要で，その習慣がやがていろいろなアングルから事例を「映像」として描ける感覚（連想力，想像力）を培っていくことにつながるのです。

（2）「リスク」は積極的に追え──失敗から学べ

　積極的にさまざまなリスクを負うことは，未来のリスクを最小限にすることにつながります。失敗から学ぶという力を地道につけていくことが，近い将来ソーシャルワーカー（社会福祉士）として貴重な財産になります。失敗は誰しも思い出したくない出来事かもしれませんが，あえてその失敗を振り返るという過程のなかに，今後起こり得るリスク回避の貴重なヒントが隠されているかも知れません。いつか突然襲ってくる危機的事態を乗り切るため，援助者としての「基礎体質」をどう作っていけるかが鍵なのです。

実践記録（第4章第9節）もそんな時の重要アイテムとなります。自分の関わりを振り返ることでいろいろな場面がよみがえり「こうすればいい」がいろいろと導き出されていくのです。学生時代の良さは何にでも興味を持ち，新しいことをどんどん吸収しようとするエネルギーに満ちあふれていることです。そしてもう一つ，皆さんが事例の検討過程で生じる自らの「見落としがちな部分」といかに向き合うかも，ソーシャルワーカー（社会福祉士）として強く大きく「なっていく」ために必要な試練であるのです。

（3）「知識」や「技術」は安定的に身に付けよ

ソーシャルワーク実践が，普段の日常と大きく異なる点は，そこで展開される人間関係が，単なる一過性のひらめきや勘で進められるのではなく，同じような場面では幾度も安定的に同じ知識や技術を活用できなければならず，そのための訓練を重ねることが大切ということです。そうした訓練の継続によってソーシャルワーカー（社会福祉士）としての知識や技術がある法則性（経験がより研ぎ澄まされた次元のこと）に基づき安定的に応用できるようになるのです（→ EBS：Evidence Based Social Work）。その域になるともはや勘ではなくサイエンスの域に達していきます。

技術や知識が安定化していく道のりは，もしかすると不安定な期間の方が多いかも知れません。事例と向き合う場合，自身の蓄積（援助経験）が乏しい学生時代は特にそうです。そんな期間であっても，皆さんなりの事例との向き合い方で全然かまわないのです。私たちはこれまでに体験した範囲内でしか物事を見ることができないのは当然だからです。大切なことはこうした不安定な期間を自分なりの目標をもって確実に前進させていくことです。その一歩はどんなに小さな一歩であってもかまいません。自分なりの達成地点へ近づく努力をしていく限りにおいて，知識や技術は確実に援助者としての皆さんの「基礎体質」に取り込まれていくのです。

（4）どんなことがあっても支え守る

　最後に，ソーシャルワーカー（社会福祉士）であり続けるために重要なことは，サービスを利用する人との信頼関係の「あつみ」です。それを増やしていく過程は決して平坦ではないかも知れません。しかしサービスを利用する人が「あの人はいつも私のことを気にかけていてくれる」という実感を安定的に持てるかどうかが肝心なのです。

　第2章第7節以降でもコミュニケーションや面接が出てきます。その人がどうしても「次の一歩」が踏み出せずに悩み苦しんでいる時，その人の後ろからさりげなく「ひと押し」をしてさしあげる，やがてそんな関わりが「黒子（かげで支える人）」のようになっていくことを信じてソーシャルワーカー（社会福祉士）への道を迷わず進んでいって下さい。

4　社会福祉士の資格とソーシャルワーク

（1）社会福祉士の資格

　1987（昭和62）年に「社会福祉士及び介護福祉士法」が成立したことにより，社会福祉士という国家資格が創設されました。社会福祉に関しては，わが国では最初の国家資格です。

　1960年代半ばまでにいわゆる福祉六法が整備され，各分野（領域）での福祉サービスが展開されてきました。しかし，少子高齢化の進行や地域コミュニティの弱体化，世帯規模の縮小，親族ネットワークの弱体化，産業構造の変化といった社会情勢の変化により，福祉援助を必要とする人の範囲が急速に拡大し，いまや全国民が潜在的な対象者と考えられる時代となりました。しかも，いくつかの生活困難や問題が重層的に現れるようになってきました。1つのサービスを提供するだけでは解決できない問題が拡大したのです。このような拡大し，複雑化する福祉ニーズに対応する高度な専門性を持った福祉専門職の必要性が高まり，これに応えるために国家資格として社会福祉士が創設されました。

　社会福祉士となるためには，社会福祉士国家試験受験資格を取得した後に，

厚生労働大臣が行う国家試験に合格し，厚生労働省に備えられる社会福祉士登録簿に登録を行う必要があります。社会福祉士国家試験に合格しただけでは社会福祉士の名称を用いることはできないので，注意を要するところです。

（2）社会福祉士による相談

　社会福祉士は，社会福祉士の名称を用いて「福祉に関する相談に応じ」（法第2条）る専門職です。社会福祉士ではない人も，福祉の相談に乗ることはあるでしょう。そのような相談と社会福祉士が行う相談は何が違うのでしょうか。

　第1には，社会福祉士は，専門的な職業倫理に支えられ，専門的知識や技能を活用して対象者の生活や人生を支援することを目的として相談に応じる点です。

　ソーシャルワークの対象者として現れる人々は，何らかの困難を抱えている人々です。「困った」「苦しい」「辛い」などという状態にある人々です。そのような人々の援助・支援を行う存在ですから，職業倫理が非常に重視されます。その上で，専門的知識と技能を用いて支援する存在ですので，十分な専門的知識と技能を有していることが求められます。

　第2には，結果に対する責任が問われることです。実際に直接的に責任を問われることは少ないと思われますが，責任を問われる可能性は常にあります。対象者から責任を問われなくても，自ら責任を感じることもあります。

　ある特別養護老人ホームの社会福祉士（生活相談員）の体験です。その施設で生活していた男性利用者に大きな褥瘡ができてしまいました。褥瘡とは，身体の同じ場所への圧迫が続き，皮膚や皮下組織が壊死してしまったものです。深い褥瘡では，骨が見えるほど壊死が進みます。この男性の褥瘡も深いものでした。この男性はまれな難病を患っていて，急速に身体状態が悪化し，極めて褥瘡ができやすい身体状態ではありました。一方で，経済的な事情から高度な医療が行える病院への入院は困難な状態でした。そこで，ご家族との話し合いの下で，特養で介護を継続することとしました。

　極めて褥瘡ができやすい状態であることは本人も家族も理解していて，施設

への苦情申し出はありませんでしたが，それでもその生活相談員は，「我々は
もっと何かできたのではないか」と大変に責任を感じていました。介護の方法
を工夫できたのではないか，医療機関との連携でも何かできたのではないか，
外部から知恵を得る努力をすればよかったのではないか，状態悪化を予測して
もっと早急に対応すれば褥瘡は防げたのではないかと考え，責任を感じていま
した。難病の主治医からは「よくこれだけやっている」と言われたそうですが，
それでも責任を感じていました。専門職として相談に応じる，援助とはそうい
うことです。

（3）社会福祉士資格がもたらす効果と責務

　専門職とは，高度な専門的知識を活用して援助を行う存在です。しかし，自
分で「私は高度な専門的知識を持っている」と言っても，それを裏付けする材
料がなければ信用してもらえません。社会福祉士資格は，その高度な専門的知
識を有している証となります。

　社会福祉士資格を取得するためには専門教育を受け，国家試験に合格する必
要があります。その国家試験の合格率は概ね30％程度であり，一定以上の努力
をしないと合格できない試験となっています。専門教育を受け，一定以上の専
門的知識を有している証明が社会福祉士資格です。これにより，対象者，他の
専門職，社会からの信頼を得ることができます。

　また，社会福祉士資格を有していると，資格を有している人自身にも良い影
響があると言われています。社会福祉士資格を取得して，障害者支援施設で勤
務している卒業生は「やっぱり，資格を持っていると思うと半端なことはでき
ないと思う」と話していました。「信用してもらえる分，しっかり勉強する必
要を感じる」と言っていた卒業生もいました。資格に恥じない仕事をしようと
いう意欲が生まれているのです。「周りの資格を持っていない職員から，資格
を持っていても大して変わらないと思われたくない」と言っていた卒業生もい
ました。これも資質向上への動機づけになっています。このように資格を持っ
ていることにより，さらに能力を高めようという動機が生まれます。

（4）名称独占資格と業務独占資格

社会福祉士の登録を行っていない人が社会福祉士の名称を用いることは法により禁じられています。しかし，社会福祉士の登録を行っていない人でも，社会福祉士の名称を用いなければ，福祉の相談に応じることは禁じられていません。このような資格を「名称独占資格」と呼びます。調理師や管理栄養士も名称独占資格です。名称独占資格は，一定の専門的知識や技能があることを証明する資格であり，その名称を用いることにより信頼を得られる資格となります。

これに対して「業務独占」といわれる資格があります。医師や弁護士，看護師，公認会計士，救命救急士などがこれに当たります。その資格を持っていない人は，資格名称の使用だけではなく，その行為を業（反復継続して不特定多数の者に行うこと）として行うことが禁じられています。

現在，介護保険法に規定される地域包括支援センターのみ，社会福祉士の配置が求められています。しかし，様々な福祉領域で，採用に際して社会福祉士資格を求められることも珍しくありません。福祉領域で働いていこうと考えるなら，是非取得しておくべき資格といえるでしょう。

（5）期待される領域が広がりつつある社会福祉士

社会福祉士による援助が期待される領域は広がってきています。この背景には，生活問題の拡大や複雑化があります。例えば，「8050問題」と呼ばれる問題があります。50歳前後となった引きこもりの子と80代の親という世帯が増えてきていて，様々な問題を抱えていることが認識されるようになってきました。これは従来の「高齢者福祉」という枠組みでは十分には対応できない問題です。虐待を受ける児童も増えていますが，その背景には貧困や虐待の連鎖の問題が横たわっています。貧困や虐待の連鎖の背景には往々にして教育の問題が関わっています。単純に親を指導すれば改善するような問題ではなく，背景まで含めた問題把握とそれに応じた援助が求められていて，それに対応できる専門性の高いソーシャルワーカーが必要とされています。この他にも，罪を犯して受刑した人の更生保護も注目されてきています。受刑者には軽度の知的障害や発

達障害を抱えた人が多いと指摘されています。そのような人々に対して，従来の刑務官による更生指導に加えてソーシャルワーカーが支援を行うことにより，再犯率が低下することが示されています。

　今後予想される少子高齢化の進行とそれに伴う人口減少，世帯規模のさらなる縮小，単身者の増加などにより，さらに生活問題は複雑化，多様化，深刻化していくでしょう。そこでは高度な専門性を持ったソーシャルワーカーである社会福祉士が求められていくものと思われます。

5　ソーシャルワーカーってこんな専門職

（1）児童相談所のソーシャルワーカー──児童福祉司

1）事例の概要

　夜，アパートのベランダに裸で長時間泣いている小学生の太郎君に気づいた学生の花子さんは，児童虐待の緊急連絡先に通告しました。自宅を管轄する児童相談所の児童福祉司の高橋ワーカーと同僚がその家を訪ねて安全確認を行おうとしたが，夜遅くのため拒否されました。

　翌日，高橋ワーカーは再度の面会，立入調査も拒否されたため，学校で太郎君と面接の上，太郎君を一時保護しました。高橋ワーカーの調査により，過去にも養父から度重なる虐待が太郎君に対して行われていたことがわかり，児童相談所は，太郎君の児童養護施設入所承認のための家事審判請求を家庭裁判所に対して行いました。請求は承認され，太郎君は児童養護施設に入所しました。妹も保護が検討されています。

2）事例の展開過程と児童福祉司の関与

①　基本属性

　太郎君は小学校2年生男児。ほかに5歳の妹がいます。実母は太郎君と妹の実父と3年前に離婚。養父と1年半前に再婚し，生後4カ月の女児がいます。家族は5人。養父は定職がなく，また，母も無職で生活は苦しく，狭い老朽化したアパートで暮らしています。

② 支援に辿り着くまでの過程——安全確認

　大学の社会福祉学科に通う花子さんは，夜中，道路を隔てた向かいのアパートのベランダに裸で泣いている小学生に気づきました。すでに晩秋で，夜はかなり冷え込んでいます。

　花子さんは授業の中で，子ども虐待を疑った場合は市町村か児童相談所に通告する義務が国民に課せられていることを習っていました。しばらく様子を見ていたのですが，子どもの泣き声が弱ってきたのに一向に中に入れる様子がなく，室内からは大きな怒鳴り声も聞こえてきたため「虐待かもしれない」と，インターネットで管轄の児童相談所を調べて電話で通告しました。児童相談所は夜間でも通告を受け付けることも習っていました。

　電話を受けた宿直者から，自宅ですでに寝ていたその日の当番児童福祉司に連絡が行き，飛び起きた児童福祉司は地区担当の児童福祉司の高橋ワーカーとともに現地に駆け付けることとなりました。現地に駆け付けた時には午前1時を過ぎており，子どもはすでに部屋に入れられていました。高橋ワーカーは子どもの「安全確認」を行おうと子どもに会わせてほしいと言いましたが，親からは怒鳴られて拒否されました。子どもがすでに寝ているとの言葉が聴けたので，「明日また伺います」と告げてその夜は帰ることとしました。児童相談所は通告を受けた場合，原則として48時間以内に子どもの安全確認を行うことが必要とされています。

③ 開始期——緊急受理会議・調査・援助方針会議

　翌日午前，児童相談所で緊急受理会議が行われ，高橋ワーカーは同僚とともに太郎君の安全確認に行きました。また，太郎君が通学する学校や児童委員・近隣住民・放課後児童クラブ職員に対する調査・照会等も，合わせて行われることとなりました。また，実母が過去に生活保護を受けていたことも判明し，福祉事務所生活保護担当のソーシャルワーカーからも意見を聴くこととしました。市町村保健センターからは，太郎君や妹の健診等の記録を求めることとしました。

　高橋ワーカーは同僚と自宅を訪ねましたが養父はおらず，また，実母はドア

チェーンを外さないまま「太郎君は発熱して寝ている」と言ったきり、会わせてもらえませんでした。2人は学校に向かい、太郎君の担任等から話を聞き、養父と実母との間の子どもが生まれてから、痣を作ってきたり、食事をしていなかったり服を着替えていない様子があり、通告も考えていたとの話を聞きました。放課後児童クラブでも同様の話があり、最近になって日常的に虐待が行われていた様子が浮かび上がってきました。

　さらに、数日後、生活保護担当ワーカーや児童委員、市町村保健センター等からの情報も得て、その日のうちに、児童相談所において緊急の援助方針会議が持たれました。援助方針会議では、すべての情報を突き合わせて虐待が継続する危険度がかなり高く、養父のイライラ感から重篤な虐待に移行する可能性が高いと判断し、緊急を要するため、①翌日、自宅に立入調査を行う、②立入調査が拒否された場合は、太郎君が登校後、学校にて一時保護する、③その上で保護者に一時保護について伝える、との方針が確認されました。

　④　展開1（インターベンション）

　翌日早朝、太郎君の自宅に立入調査を実施しましたが、養父、実母ともドアチェーン越しに怒鳴るのみで、太郎君を確認することはできませんでした。高橋ワーカーは、保護者に「今後の方針を検討しますが、一時保護することになるかもしれません」と告げ、自宅を後にしました。

　昼前、学校から「太郎君が登校した」との連絡が入り、高橋ワーカーは学校で太郎君と面接し、しばらく食事をとっておらず、傷も多かったことを確認したため、即座に、児童福祉法第33条に基づき、児童相談所に身柄付で一時保護することとしました。太郎君は一時保護所で昼食をむさぼるように食べ、その後の面接で養父からの虐待について語り始めました。

　⑤　展開2（インターベンション）

　保護者に一時保護したことを伝えると養父は激怒し、児童相談所に怒鳴り込んできましたが、本人に会わせることはしませんでした。その後、親子が在住する市の要保護児童対策地域協議会が開催され、すべての関係者からの情報が突き合わせられ、協議の結果、児童相談所による対応を支持していくこととな

りました。

　2週間後，高橋ワーカーを中心とする社会診断，児童心理司による心理診断，児童精神科医師による医学診断，一時保護所児童指導員・保育士による行動診断が行われ，その結果が判定会議で報告されました。判定会議でのアセスメントの結果，現状ではとても家庭に戻すことはできず，また，虐待による心的外傷も想定されるため，児童福祉法第27条第1項第3号に基づき，家庭的環境を有する児童養護施設入所が適当との結果となりました。太郎君もそれを受け入れました。

　保護者にその旨を伝えましたが承諾が得られないため，援助方針会議で，児童福祉法第28条に基づく施設入所承認の家事審判請求を行うことを決定しました。また，当該措置の妥当性の確認とその後の方針等についての助言を得るため，県児童福祉審議会に本事例を諮問することとしました。高橋ワーカーはそれらの書類を準備し，児童相談所の協力弁護士と相談しつつ申立書原案の執筆を進めました。

　⑥　終結と評価──ターミネーション・モニタリング・フォローアップ

　県児童福祉審議会権利擁護部会において第28条に基づく申立ての承認が得られ，その後家庭裁判所に申立てをして承認され，太郎君は児童養護施設に入所することとなりました。あわせて太郎君の転校手続きが取られましたが，しばらくの間，保護者には太郎君の行先を伝えないようにし，転校前の学校関係者にも太郎君の行先を漏らさないよう協力を求めました。

　高橋ワーカーは定期的に児童養護施設を訪問して太郎君と面接して適応状況を確認し，また，施設の家庭支援専門相談員，児童指導員らが策定する太郎君の自立支援計画の立案にも協力しています。その中では，太郎君の当面の心理的ケアや養父や母との面会制限についても確認し，2年後の施設入所承認の更新時期までに保護者との関係修復を目指すことが検討されています。なお，5歳の妹についても保護の検討が行われています。

3）児童福祉司のソーシャルワーク業務

　この事例のように，児童相談所のソーシャルワーカーである児童福祉司は，

事例に一貫して寄り添い，保護者の状況に理解を示しつつも，最終的には「子どもの最善の利益」保障のために，保護者と対決することも必要となります。支援のためには制度を熟知していることが必要であり，また，関係機関の業務についても熟知して協働できることが前提となります。その上で，法令に基づいて比較的構造化された手順を踏み，援助過程を歩んでいくこととなります。場合によって昼夜を問わない激務となることもあり，子どもの福祉に対する強い役割意識が求められる専門職です。

（2）特別養護老人ホームのソーシャルワーカー——生活相談員

1）事例の概要

　最近，93歳になる川村さんに元気がなく，食事もあまり進まないようになってきたため，ご家族や嘱託医と協議して協力病院で診察を受けたところ，老衰というべき状態で，悪くすると短期間で終末を迎えるかもしれないとのことでした。

　診察の結果を受けて，今後の方針を協議するために相談員が中心となってカンファレンスを開きました。カンファレンスには施設長，相談員，関連する部署の主任職員とともに，長女に参加を求めました。この中では長女から「父はもうダメなんじゃないでしょうか」「ダメなら最期はここで看取ってほしい」という思いが述べられる一方で，「なんとかもう一度元気になってほしい」という希望も述べられました。相談員は，長女が精神的に不安定になっていると判断し，不安を傾聴した後で，とにかく精一杯関わってみて，その後のことはその後の状態を見て考えましょうと話したところ，長女はこれに納得したようでした。

　当面のケアプランとしては，できるだけしっかり食べてもらうこと（栄養量・水分量確保），生活リズムを整えること，スキンシップを含めて関わりを増やすこと，川村さんの状態により細かく注意を向けること，長女や孫による面会を増やしてもらうことを確認して，施設での介護を継続することとしました。

　受診後2週間ほどが経ちましたが，川村さんは食事も進まず，次第に日中も

眠っていることが多くなっていきました。

2）事例の展開過程と相談員の関与

①　基本属性

川村さんは約３年前に入所してきた男性で，脳卒中後遺症による左半身麻痺とやや進行した認知症がある人ですが，入所当初は職員や他の利用者とも良く関わり，安定して過ごしてきた人でした。ただ，次第に体力低下によって言葉も少なくなり，日中も横になって過ごすことが増えてきていました。ご家族（長女さんが中心）は月に２回ぐらいのペースで面会に来ていて，面会時は楽しそうに過ごされていて，家族関係は良好でした。

②　施設での看取り介護を決断するまでの経過

川村さんの状態がさらに低下しているように見受けられることから，やはり終末期にあると判断せざるを得ないと考えられました。嘱託医の判断も同様でした。そこで，再び長女を交えてカンファレンスを開きました。

長女からは「父の状態を見ていると，老衰と考えるしかない。知らない人ばかりの病院ではなく，できればここ（特養）で看取ってほしい」と希望が述べられました。

当施設は開設６年目です。看護職員，介護職員に実力が付いてきたと判断して，施設長とも協議して，看取り介護が実施できる体制を構築しようと準備をしてきました。看取り介護を行うためには，直接的に介護・看護に当たる職員の研修が不可欠です。業務指針，業務マニュアルも必要になります。また，協力病院や嘱託医との協力体制も構築しなければなりません。夜間に亡くなることもあることから，夜勤の介護職員をバックアップする体制も必要です。家族が休息する場所の確保や精神的ケアを含めてご家族を支援する体制も必要になります。それらの課題について，相談員を中心に関連する部署の職員と協議を重ねてきました。初めて取り組むため不十分な部分はあると思われますが，介護職員に対する研修を重ねてきたこともあり，一通りの準備は整っていると思われました。

長女に対して，特養では高度な医療はできないこと，夜間は夜勤の介護職員

と宿直員しか勤務しておらず，看護職員がいないため医療的な対応はほぼ不可能であること，川村さんに苦痛があるようであれば入院してもらうこともあり得ることを十分に説明し，それでも施設での看取り介護を希望するならお引き受けすると伝えました。長女はこれらを理解した上で，施設での看取り介護を希望されたので，当施設として初めて看取り介護に取り組むことにしました。

介護職員からは「最後まで看取るのが責任だし，長い間関わってきたから看取りたい」という意見がある一方で，「夜勤で一人の時が不安」といった声も上がりました。夜間は施設長や生活相談員（2名），看護主任，介護主任（3名）が交代で自宅待機し，連絡があればすぐに駆けつける体制を整えることで，介護職員の負担を軽減することとしました。

③　看取りまでの経過

看取り介護を始めるに当たって，快適に過ごせるように配慮して川村さんの心身の負担を軽減すること，水分や栄養を摂れるようにすること，川村さんを孤独にしないこと，状態観察を密にすることなどを中心としてケアプランを作成しました。同時に，バイタルサインや食事摂取量，排泄状況，全体的な様子等を細かく記録するための書式も用意しました。正式な記録様式とは別に「ひとことノート」を用意し，関わった職員や家族が思いついたことや感じたこと，その時々の川村さんの様子等を自由に書き込めるようにもしました。家族が面会に来られない時には細やかに連絡を行い，面接室に簡易ベッドを設置して家族が施設で長時間過ごす時の休憩スペースも確保しました。家族が面会に来ている時は相談員も川村さんの居室に顔を出し，家族とのコミュニケーションを豊かにするように努めました。

看取り介護を始めてからも川村さんの状態は次第に低下していきました。そのような中，長女を中心としてご家族はほぼ毎日川村さんのところに来て，長時間川村さんのそばで過ごされていました。相談員が居室に行くと，ご家族から川村さんが若かった頃の思い出話が語られたので，頷いたり問いかけたりしながら傾聴するように心がけました。

10日ほど経ったある日，早朝から呼吸状態に変調が見られたので，看護師か

ら嘱託医に連絡したところ，間もなく臨終であろうという判断であったので，家族に連絡して施設に来ていただきました。家族や職員が見守る中，次第に呼吸数や心拍数が減少し，その日の午後に息を引き取られました。

　長女は，川村さんが息を引き取られた後，しばらくの間は感情を高ぶらせていましたが，すぐに落ち着きを取り戻して「よい看取りができました。ありがとうございました」とその場に居合わせた職員に感謝の言葉を述べておられました。

　川村さんが亡くなられた後は，葬儀の手配を補助し，諸手続の内容と方法をお知らせするなど，亡くなられた後も引き続きご家族を支援していきました。また，慰留金品を確認してご家族に引き渡し，施設でのお別れ式を準備するなどの業務を担いました。

3）特別養護老人ホームのソーシャルワーカーのソーシャルワーク業務

　この事例では，生活相談員として入居利用者である川村さんとの直接的な関わりはあまり多くありませんでした。当然，直接的に利用者と関わって援助を行うことも多くありますが，今回のように間接的に援助を行うことも珍しくありません。ある実践（今回であれば，看取り介護）を行うために必要な環境を整備し，環境をメンテナンスしていくことも相談員の重要な職務です。そこでは多職種共同でのカンファレンスの運営，家族や外部機関との連携や協力関係の構築，外部機関への申請や支払いの補助，関係する職員のサポート，ボランティアの育成やマネジメント，物理的な環境の整備，研修計画の立案，研修のコーディネート等が期待されます。時には様々な関係者の間で対立や意見の相違が表面化することもあります。カンファレンスや関係者との協議を通じてそれらを調整することも職務の一部です。高齢者施設は，利用者が亡くなっていく場でもあります。亡くなっていくプロセスをしっかり支えられるような組織へと組織全体を成長させることも，ソーシャルワーカーに期待されていることです。

　夜間や休日であっても，利用者が亡くなった時などには出勤することもあります。期待されるものが多く，責任が重い仕事であり，専門的な知識とともに，

多くの人と協力関係を作っていける人間的な成熟が求められる専門職です。

（3）社会福祉協議会のソーシャルワーカー──コミュニティソーシャルワーカー

1）事例の概要

「野口さんが，ふれあい・いきいきサロン（以下，サロン）に来なくなった」と「地区社協のネットワーク会議」で話題になりました。その次の週，やはり，野口さんはサロンに来なかったので，住民と社会福祉協議会の春日ワーカーとでサロンの誘いにいったところ「ちょっと用事があって」と断られてしまいました。

再度，ネットワーク会議では「いつも元気で，サロンを楽しみにきていた野口さんが来なくなった，住民が声をかけても断る理由はなぜだろう」と話し合われ，春日ワーカーが訪問してみることになりました。

すると，家の中のあちこちでゴミが散乱しており，話しかけてみると物忘れが疑われる状況であることもわかりました。そこで，春日ワーカーは，野口さんの支援を続けるとともに，ネットワーク会議でこれを報告し，サロンに来やすい環境の整備，サロン参加者の認知症への配慮を進めました。

さらに，認知症の人が地域で暮らすにはどういった支えが必要かということを話し合う機会も設け，地域で暮らすことの支援と住民同士が支え合う地域づくりを進めています。

2）事例の展開過程と社会福祉協議会のソーシャルワーカーの関与

① 基本属性

野口さんは78歳の女性で，持ち家に一人暮らしです。つい最近夫を亡くし，子どもは県外に住み家族を持っています。特に身体上の介護は必要なく，自立して暮らせると思っている人です。

② 支援に辿り着くための過程

野口さんは，数年前からサロンにボランティアとして参加していました。サロンとは，高齢者を中心に，その地域の住民同士でお茶を飲んだり，おしゃべりをして楽しむ場のことです。ボランティアは，お茶の用意をしたり，部屋の

清掃をしたり，おしゃべりを促進したり住民の立場で共に楽しむのが役割です。その野口さんの夫が最近亡くなり，落ち込んでいるのか，サロンに来ない日が続いたため，ネットワーク会議で野口さんのことが話題になりました。ネットワーク会議とは民生委員，地区の自治会，ボランティアグループ代表，サロンの代表，子ども会の代表，地域包括支援センターの社会福祉士，社会福祉協議会のソーシャルワーカーで構成し，それぞれの状況を話し合う会議のことです。

　サロンで住民が気づき，ネットワーク会議で心配の度合いが強まった野口さんに対して，地域住民は，声かけや見守りを続けていきましたが，それでも野口さんはサロンには来ることはなく，社会福祉協議会の春日ワーカーが訪問することとなりました。

　③　開　始　期

　春日ワーカーは，近隣住民の伊井さんと一緒に早速野口さんのお宅を訪問しました。伊井さんとはサロンでもともと知り合いだったこともあり，野口さんは「汚い部屋だけれども」と言って家の中へ入れてくれました。

　野口さんは，サロンに来られなくなった理由について「ちょっと用事があって」といって言葉を濁しているように感じました。春日ワーカーは「お一人暮らしで，最近気になっていることはありませんか？」と聞いたところ野口さんは「大丈夫です」と返事をしたきり口を開くことはありませんでした。春日ワーカーは「何かあったらいつでも連絡ください。またお邪魔します」と言って家を後にしました。帰り道，伊井さんと一緒に，ちょっと元気がなさそう，もともときれい好きの野口さんの部屋の中が散らかっているよう，いつもはお茶を出してくれるのに今日はお茶をださなかったということを振り返り，社協でも内部で支援が必要な人として検討してみること，伊井さんのご近所でも見守りをさりげなくし続けることとしました。

　④　展開期Ⅰ（個別支援）

　伊井さんを中心とする住民のサロンへのお誘いと見守りが続く中，ある日，野口さんから社協に「冷蔵庫の扉が壊れてしまって，何とかしてほしい」と連絡が入りました。早速春日ワーカーが訪問したところ，冷蔵庫の野菜室には飲

みきれないほどの牛乳が数十本入って，それが重くなり戸が閉まらない状況でした。

　春日ワーカーは，野口さんの冷蔵庫の掃除を一緒にしつつ，ほっとした野口さんが，お茶でも飲みましょうかと言ったところ，お茶の場所がわからなくて困っている状況を目の当たりにしました。また，新聞の集金が来た際に，新聞配達員にお財布を広げてここから取って頂戴というジェスチャーをしている様子を見て，野口さんが認知症かどうかはわからないけれども，飲みきれないほどの牛乳を買ってしまう，お茶の場所が分からなくなっていること，お金の区別がつかないことに，認知症なのか，その他の理由で生活がしづらい状況が発生しているのではないかと察知しました。

　野口さんの状況を知った地域住民は，野口さんが「ちょっと用事があって」と言われた理由が，お茶の用意に自信がなくなってこられなくなってしまったのではないかと推察しました。そこで，サロンに来ても，居心地の悪い思いをしないサロンにしましょう，認知症あるいは，認知症とはまだ言えないけれども，誰もが気兼ねなく来やすい環境を作りましょうとサロンに人を迎え入れる配慮が話し合われ，実行されました。

　一方，春日ワーカーは，地域包括支援センターの社会福祉士につなぎ，いずれ訪問が必要になる可能性が有ることを情報提供するとともに，一人暮らしの高齢者に使いやすい行政サービス，介護保険，日常生活自立支援事業について野口さんが気兼ねを感じないように配慮して情報提供しました。

　⑤　展開期Ⅱ──地域支援

　半年後，野口さんはサロン通いを続け，住民のさりげない助けをかりながら，お茶の用意をする役目を担っています。また，介護保険も利用し始めると同時に，日常生活自立支援事業で預貯金通帳の管理や金銭管理のサービスを利用するようになりました。

　ネットワーク会議では，野口さんが地域での生活が続けられていることを皆で喜びあいました。しかし，一方で，野口さんのことは，たまたまサロンに来ている人だからうまくいったのであり，認知症の人まで支援することは難しそ

うだし，一人暮らしは大変だと住民が感想を漏らすと会議は沈黙しました。そこで，春日ワーカーは，野口さんのこれまでの支援について，そもそも野口さんに変化が見られたことを気づいたのは専門職ではなく身近な住民同士の気づきだったこと，サロンで野口さんが今まで通り楽しく生活できていること，介護保険，日常生活自立支援事業の利用で一人暮らしも可能なことを振り返り，行政や専門職任せにしないで，ネットワーク会議で皆が協力しながら，自分たちでできること，専門職につなげること，が誰であってもできるような地域の仕組みにすることを検討していきませんかと提案し，ネットワーク会議の新たな取り組みが始まりました。

3）社会福祉協議会のソーシャルワーク業務

　社会福祉協議会のソーシャルワーカーは，個人の問題を地域全体の問題として捉え，支援を行うことも重要な視点です。個人・家族への支援（個別支援）と地域づくりへの支援（地域支援）を一体的に展開しようとする視点をもち，個人，家族，地域社会を横ぐしで通すソーシャルワークを進めていきます。

　住民，自治会，民生委員・児童委員，地域の福祉施設・事業所，ボランティア団体，行政それぞれを連絡調整するという役割も持ち合わせながら，新たな社会資源の開発，さらには，行政の地域福祉計画等への働きかけといった，地域福祉を推進する要の専門職としての役割が期待されています。

参考文献

相談援助実習研究会編『はじめての相談援助実習』ミネルヴァ書房，2013年。

第2章	ソーシャルワークを体験する

　この「演習」という授業は体験学習の機会です。社会福祉士国家試験には「演習」と「実習」の科目はありません。各大学や専門学校の行う単位認定が国家試験と同等の重みをもちます。したがって，「演習」や「実習」には国の定めた具体的な学習過程が提示され，どこの大学・専門学校でも概ね5段階に設定され，合計75回の授業で，皆さんが卒業後ソーシャルワーカーとして働くために必要な実践力を備える準備をしていきます。

　演習は1コマにつき1課題を素材に学びます。それぞれの課題について，事前学習が必要となります。授業の前に内容を確認して準備をしておきましょう。「演習」の授業で大切なことは，これまで学んだ知識を実践と似た体験をすることによって，自分の言動と関連づけて練習してみることです。よくわからなかった専門用語や知識は必ず事後学習で「調べ学習」をして次の機会に使えるようにしておきましょう。

　授業に勝る受験勉強はありませんが，特にこの「ソーシャルワーク演習」の授業で「ソーシャルワーカーらしい思考の仕方」が身に付くと，社会福祉士国家試験，特に事例問題など，どのように考えて解答していったらよいのか考え方がわかるようになります。この授業を活用して意識的に予習や復習をして勉強していたか，単に時間を過ごすために何かしていただけたか，まずその差は「ソーシャルワーク実習」の実習計画書の作成の段階で見えてきます。そしてその差はその後の国家試験さらには就職後の実践に「技能」の格差になって現れてきます。「備えあれば憂いなし」と言います。さあ，実習に向けて，国家試験に向けて，そして実践に向けてこれまで学んできた知識を実際に使うことができるか，体験学習を始めましょう。

演習の各回において，自身の振り返りのために「演習振り返りシート」を作成し，担当教員に提出しましょう。「演習振り返りシート」は第2章章末にあります。教員の指示に従いシートの用意・記入・保管をしていきましょう。

1　なぜソーシャルワーカーになるには体験学習が必要なのか

（1）演習の目的と内容

1）演習の目的

　ソーシャルワーカーの仕事は，その仕事の一部が「相談援助」と表現されるように多くの場合誰かからの「相談」から始まります。言い換えれば，まず見知らぬ誰かの「あのー」「ちょっと良いですか」といった問いかけに応えることから始まるともいえます。時には，ソーシャルワーカーの側から，「お話をきかせていただけますか」と問いかけることから関係が始まる場合もあります。いずれの場合も，ソーシャルワーカーの仕事はコミュニケーションから始まると言ってもよいかもしれません。

　そこで，この授業では「演習」での最初の体験として，一緒に学ぶ仲間と「出会い」「知り合い」「紹介し合う」体験をしてみます。

2）演習の内容

　この演習では，初めて「出会った」人と短時間で「知り合う」ことができるよう，コミュニケーションを体験してみます。そして，そのコミュニケーションがどの程度相手を「知る」ことができるものだったか確認するために，第三者に「紹介する」（自分の言葉にして説明する）体験をしてみます。

　ソーシャルワーカーがその仕事で出会う人は，多くの場合初対面です。その初対面の人と相手が「話しやすいな」「この人なら自分の悩みや不安を聞いてくれるかもしれない」と思ってもらえるようなコミュニケーションをとっていくために大切なことは「少しの勇気」です。どんなに経験を積んだソーシャルワーカーでも最初の出会いは緊張するものです。誰でも毎回「少しの勇気」を重ねて専門職としての力量を洗練していきます。皆さんも今からソーシャルワーカーを目指す最初の体験学習が始まります。「少しの勇気」を奮って声を

出し，言葉を探してみましょう。

　この演習のテキストには初対面の人と話す時，使ってみると便利なコミュニケーションのツールを用意しました。指導の先生の指示にしたがって作業をしながら，仲間との学び合いを進めていきましょう。

3）この演習を体験するにあたって──演習への参加の仕方

　この演習だけでなくこれからこの演習の授業に臨む際，必ず守ってほしいことがあります。それは他人の体験を揶揄（からかう）したり，演習以外の場所で口外（うわさばなしをしたり，SNS などに投稿したり）しないことです。

　前述したように，この授業は徐々に難易度を上げながらそれぞれの養成課程を通じて，みなさんがソーシャルワーカーらしい実践を習得できるよう，その技能をスキルアップするための学習課題が用意されています。当然のことながらソーシャルワークを学び始めたばかりの皆さんには難しい体験も多くあります。最初から上手くできることの方が少ないと思います。上手くいかない時は，他の人と一緒のグループ学習が負担に思える時もあるかもしれません。しかし，この演習で一緒に学ぶ仲間は単に偶然一緒になった勉強仲間ではなく，お互い人権を尊重し，一人ひとりの人の幸福を目指す仕事（ソーシャルワーク）を志す仲間でもあります。そんな仲間を信頼し，また尊重し体験学習の過程を共に歩んでいきましょう。

　自分が「少しの勇気」をもって困難な学習に取り組んでいるように，仲間も「少しの勇気」をもって自分の苦手に取り組んでいることに共感的理解を寄せて，お互いエンパワーできるよう学び合う姿勢をもって下さい。また，お互いの体験や情報を相手の許可なく SNS などに掲載することはプライバシーの侵害です。「権利擁護」の視点と関連させて十分注意して下さい。

┌─── 演習にあたっての事前学習 ─────────────────────
│
│　これまで学んだ，あるいは同時に学んでいる「ソーシャルワークの基盤と専門
│　職」のテキストに目を通しておきましょう。特に「社会福祉士の倫理綱領」「コミ
│　ュニケーションの基礎知識」など確認しておくとよいでしょう。
└───

（2）演習の進め方

1）自己紹介

教員の指示にしたがって以下の作業をしましょう。

① まず，6人から8人のグループに分かれましょう。そして，他の人と相談せず，まず1人でワークシート1を記入してみましょう。長い文章でなくてかまいません。思いついた事，言葉をメモしておきましょう。

② グループの中で，なるべく初対面の人とペアを組みましょう。じゃんけんやくじびきなどして2人1組を作って下さい。

③ ワークシート1を見ながら，お互い自己紹介をしてみましょう。お互いに，相手の話を聴きながら，ワークシート2に話の内容，話を聴いて感じている印象などメモしておきましょう。

④ 最後に，「○○さんは……な人です」といったイメージをフレーズにまとめておきましょう。

ワークシート1　自己紹介シート

それぞれの項目について，5つ以上書き出してみましょう。

私の好きな事	私の得意な事	私が自慢できる事	特に紹介したい事

2）他者紹介

① グループの他のメンバーに自己紹介し合った仲間を紹介してみましょう。グループの中で紹介し合う順番を決めましょう。

② 紹介に備えて，以下の準備作業をしましょう。

　①ワークシート2を見直して，この点は忘れずにグループメンバーに紹介したいと思う点に線などを引いておきましょう。

　ⅱワークシート2の一番下の，「○○さんは……な人です」というあなたが
　　相手に抱いた印象をメンバーにわかってもらうためには，どんな順番で線
　　を引いた点を説明していったらよいか，話す順番を考えてみましょう。ま
　　た，話す順番に線の横に番号をふっておいてもよいでしょう。

　ⅲ一度，頭の中で，具体的に言葉にして紹介してみましょう。

③　線を引き，番号をふったワークシート2を見ながら，仲間をグループメン
　バーに紹介してみましょう。話しの始め方は，以下のどちらでもよいでしょ
　う。自分なりに説明の仕方を工夫できる時は，自分なりの方法で説明してか
　まいません。

　ⅰまず，「○○さんは……な人です」と言ってから，「私がこう思ったのは…
　　（ワークシート2の内容）…だからです」と説明する。

　ⅱ「○○さんは，…（ワークシート2の内容）…だそうです」「そこで私は○
　　○さんは……な人だと思いました」と説明する。

④　紹介を終わったら感想を書きとめましょう。

　ⅰワークシート3の①に他者紹介を終わって感じたことをメモしておきまし
　　ょう。

　ⅱ相手の印象を聞いてワークシート3の②にその内容をメモしておきましょ
　　う。

⑤　教員の助言や解説を書きとめておきましょう。体験が終わった際，教員が
　この演習での体験学習で皆さんに学びを深めてほしいこと，気づいてほしい
　ことを解説してくれます。その内容をワークシート3の③にメモしておきま
　しょう。

ワークシート2　他者紹介シート

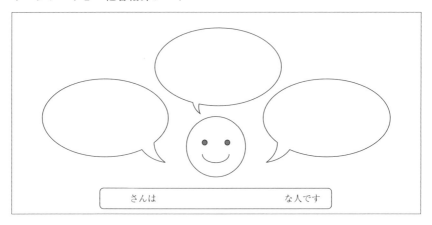

さんは　　　　　　　　　　な人です

ワークシート3　振り返りシート

①　体験して感じ考えた事	②　相手の感想	③　教員の助言

（3）体験の考察

　さて，いかがでしたか？　「少しの勇気」をもって声を出したり，相手の話
を聞いたりすることができましたか。今まで何気なく使っていた「コミュニ
ケーション」という言葉ですが，専門職が用いるコミュニケーションは日常の
会話とは少し異なります。「相談援助」のテキストなどを参照してコミュニ
ケーションとは，どのような他者との応答を意味するのか，確認してみましょ
う。コミュニケーションの体験学習はこれで終わりではありません。
　これから演習の授業の中で皆さんの講義科目での知識の積み上げと関連させ，
学習到達度の目標設定の難易度を上げながら，日常の会話レベルのコミュニ
ケーションを，専門職らしい，相互理解可能な意思の疎通に洗練していく学び

が継続されていきます。

　この学びの過程で大事なことは，毎回自分の体験を丁寧に振り返り，「できたこと」「課題として残ったこと」を具体的な言葉にして自覚していくことです。その際，自分なりの評価にとどめず，仲間の感想や教員の助言を参考にして，講義科目のテキストを読み直して，自分の体験をどのような言葉（専門用語）に当てはめてみればよいのか，試しに話したり，書いたりしてみましょう。

　上手く表現できなかったり，間違っている時は教員が助言・修正してくれます。体験しては振り返り，身に付いた力と課題を自覚していくことで，等身大の自分が「自己覚知（今まで知らなかった，気づかなかった自分に出会い理解すること）」できるようになります。

（4）振り返りの課題——事後学習

　今回，初対面の人と「出会い」「知り合い」「紹介し合う」体験をして，どのような事を感じたでしょうか。素直な印象を言葉にしてみましょう。特に自分自身について，どんな発見があったか言葉にして書きとめておくとよいでしょう。少し難しいかもしれませんが，今回の体験から学び，考えたことを講義科目で学んだ知識や演習の授業の中での教員の助言と関連づけて，述べてみましょう。

2　ソーシャルワークや社会福祉士の役割を学ぶ

（1）演習の目的と内容

1）演習の目的

　ソーシャルワークや社会福祉士について，他人に説明できるくらいにしっかり理解することとともに，子どもでもわかるように，わかりやすい言葉や表現を用いて説明する技術を身に付けることを目的としています。

　皆さんは，社会福祉士という名称を用いたソーシャルワークの専門職を目指すのですから，ソーシャルワークや社会福祉士についてしっかり理解していな

ければなりません。そうでなければ「社会福祉士資格取得を目指すけれど，社会福祉士って何だかよくわからない」「ソーシャルワークの専門職になることを目指すけれど，ソーシャルワークって何だかよくわからない」という困った事態に陥ってしまいます。

　ソーシャルワークの対象者・利用者には，子どももいるし，知的な障害をもった人もいます。そのような人に対しても，しっかり自分たちの仕事内容を伝えられるコミュニケーション能力が求められます。法律の条文のような表現では，理解してもらえません。内容理解を深めるとともに，コミュニケーション能力を高めましょう。

２）演習の内容

　事前学習としてソーシャルワークや社会福祉士について調べ，それを10歳前後の子どもに説明する演習を行います。

３）この演習を体験するにあたって──演習への参加の仕方

　子どもに対して，自分が説明できるようになることを目標とします。実際に子ども役の学生に説明をして，目標達成に向けて努力して下さい。他の学生が行っている説明を参考にしながら演習を繰り返し，しっかりと説明できるようになって下さい。

　説明をしている学生に対して，他の学生はアドバイザーです。説明内容やコミュニケーション方法について問題点を指摘したり，アドバイスしたりして下さい。

演習にあたっての事前学習

① 「社会福祉士及び介護福祉士法」における社会福祉士に関する規定を書き写してきましょう。

② 福祉専門職による相談と友人などによる相談は何が違うのか，自分なりの考えをまとめ，レポートとして授業に持参しましょう。その際，専門職によるソーシャルワークの対象者とはどんな人々だろうか，何を目的としてソーシャルワークを行うのだろうか，なぜ専門職による援助が必要なのだろうか，心理カウンセラーによる相談と社会福祉士による相談は何が違うのだろうか，等といった点に着目するとよいでしょう。

（2）演習の進め方

① 　まず，4名を基本として数名のグループを作って下さい。グループができ
　たら，説明すべき内容について少し話し合いましょう。

② 　グループの中の誰かが10歳の子どもの役になって，その子（学生）にソー
　シャルワークや社会福祉士について説明する演習（ロールプレイ）に取り組
　んで下さい。

　　子ども役の学生は，最初に「社会福祉士って何ですか」「ソーシャルワー
　クって何ですか」と質問して，演習をスタートさせて下さい。説明が始まっ
　たら，10歳の子どもを想定して，わかりにくければ「わからない」と伝えて
　下さい（例えば，「そんな難しい言葉じゃわかりません」「説明が早すぎてわかりま
　せん」など）。

③ 　一回り演習を行ったら，どのように説明したらよいのか，話し合いましょ
　う。その後，再び演習に取り組んで下さい。

④ 　法には，対象者と行為について書かれていますが，目的は書かれていませ
　ん。社会福祉士の業務の目的とは何でしょうか（何を目指すのでしょうか）。
　グループで討議して下さい。

⑤ 　下記の問題は社会福祉士の援助の対象になるでしょうか。その理由を含め
　てグループで討議して下さい。
　　　・2歳の女児が母の同棲相手から暴行を受け，頭蓋骨を骨折して入院した。
　　　・雪深い地域で，雪降ろしが困難になっている高齢者がいる。

（3）体験の考察

　信頼される専門職であろうとするなら，自分たちの仕事や専門性をしっかり
と説明できなければなりません。説明できないとすれば，自分でもよくわかっ
ていないということです。今日の演習をふまえてさらに考察を深め，その結果
をノートに記述して下さい。同時に，説明すべき内容を理解しているだけでは，
適切な説明はできません。説明する相手の人に合わせて，比喩や言い換え，具
体例の例示などを活用することも重要です。言葉遣いも重要になるでしょうし，

専門用語を日常生活で使う言葉に置き換えることも必要でしょう。それらが適切にできたでしょうか。この演習を振り返り，ソーシャルワークや社会福祉士の役割とコミュニケーション技術について考察を深め，その結果をノートに記述して下さい。

（4） 振り返りの課題──事後学習

　社会福祉士にはどのような問題や相談が持ち込まれるでしょうか。この演習を参考にして，下記の例にならって5つ挙げて下さい。

　　・介護が必要な夫を妻が介護してきたが，妻に進行した胃がんが見つかり，
　　　介護の継続が困難になっている。

3　人権・権利を考える

（1） 演習の目的と内容

1） 演習の目的

　「人権」という言葉はよく耳にしますが，「人権」とは一体何でしょうか。まず，皆さんがイメージする「人権」とは何でしょうか。

　「人権」とは，まず日本国憲法第11条において，「国民は，すべての基本的人権の享有を妨げられない。この憲法が国民に保障する基本的人権は，侵すことのできない永久の権利として，現在及び将来の国民に与へられる」とあります。いわば人が人として生まれながらに持っている権利です。例えば，「生きていきたい（生存権）」「幸せになりたい（幸福追求権）」「自分のやりたい仕事に就きたい（職業選択の自由）」「学校に行って勉強をしたい（教育を受ける権利）」などがそうです。

　しかし社会の中では，このような「人権」が侵されてしまうことがあります。特に社会福祉の支援を受けている人々，いわゆる「社会的弱者」の中には，人権が軽視されている人々がいます。今回は障害者の支援施設での事例を基に，

「人権・権利」について考えてみたいと思います。

2）演習の内容

　皆さんが将来，障害者支援施設の職員として働くことを想定してみましょう。障害を持った利用者の人々は，様々な生活上の暮らしづらさを持っています。例えば，障害ゆえ自分の意思表明を上手く相手に伝えられない人がいた場合に，その人の支援者である職員は，職員の判断で何かを決めてしまったとしましょう。それは，たとえ障害者本人にとって良かれと思っていたとしても，本人への確認なく決めることは権利侵害といえるでしょう。しかし，施設という限られた人と空間の中では，気づかずに行ってしまったり，言ってしまうことが，利用者の権利侵害につながることがあります。よって以下の事例を通して，利用者の人権，権利を護るということを考えられるようにしましょう。

3）この演習を体験するにあたって——演習への参加の仕方

　人権・権利侵害は，障害者支援施設の利用者だけではなく，私たちを含めどこでも起こり得ることです。ですから，まずは自分の周りでも起き得るという，我が事柄として取り組んでみましょう。そして人権・権利に対する認識と意識を常に持ち合わせることのできる，ソーシャルワーカーになることを目指して下さい。

演習にあたっての事前学習

① 基本的人権とは，どのようなものでしょうか。調べてみましょう。

② 権利侵害とは，世の中のどのような場面で起きているでしょうか。調べてみましょう。

（2）演習の進め方

　グループでの話し合いやロールプレイを通して，事例をもとに人権・権利について考えます。まず3人のグループになり，事前学習の内容をそれぞれ発表し，人権・権利についての共通認識を持って下さい。その次に事例を読み，田中職員と佐藤職員に分かれて，それぞれの立場から利用者の人権について発言してみましょう。もう一人は田中職員と佐藤職員のやり取りを観察して，意見

を述べてみましょう。

> ── 事　例 ──
>
> 　障害者支援施設での出来事です。利用者の鈴木さん（49歳男性）は重度の知的障害を持っており，半年前からこの施設の生活介護を週3回利用しています。最近鈴木さんの両親が高齢のため鈴木さんの介護ができなくなり，先日より施設入所支援のサービスを受けることになりました。鈴木さんは自宅で生活している時から，外出することが大好きで，生活介護利用時以外は，両親とよく出かけていました。施設入所支援サービスを受け始めて3日目の夜，夜勤の職員が居室の見回りをしていたところ，鈴木さんが居室にいません。施設内のトイレや食堂，浴室も探しましたがどこにも見当たらず，改めて居室を見たところ，通常鍵のかかっている窓が開いており，鈴木さんが窓から外に出てしまったようでした。夜勤の職員は急いで当直職員と他のフロアの職員に応援を求めて，施設の外に探しに行ったところ，近くの国道脇を裸足で歩く鈴木さんを見つけました。
>
> 　その後も夜間に鈴木さんが居室からいなくなることが続き，臨時のケース会議の席で田中職員から「夜間だけ居室の外から鍵をかけて，鈴木さんが外へ出られないようにしてはどうか」との提案がありました。それを聴いた佐藤職員から「外から鍵をかけて出られなくするのは，鈴木さんを監禁することと同じだ。鈴木さんに対する人権侵害ではないか？」との意見が出ました。しかし田中職員は「夜間に外に出るのは危ない。特に近くの国道は夜間でも交通量が多いが，鈴木さんには危険という意識がない。鈴木さんの生命に関わる問題である。命には代えられない」と続けました。2人の意見を聞いていた他の職員も，これからの鈴木さんの夜間の対応について，どうすればよいか苦慮しています。

①事例を読んで，以下について話し合ってみましょう。

　・田中職員の「鍵をかける」という意見について，どのように考えますか。

　・佐藤職員の「人権侵害になる」という意見について，どのように考えますか。

　・もし，自分がこの施設の職員であったら，どう判断しますか。

②次に田中職員役と佐藤職員役に分かれて，「鍵をかける」「人権侵害になる」という考えを基に，話し合ってみましょう。もう1人は2人のやり取りを観察し，気づいたことを記録してみましょう。

③順次交代をして，田中職員役，佐藤職員役，記録者を体験してみましょう。

（3）演習の考察

　この演習では，人権・権利とは何か。またどのようにして人権・権利を護る
かをロールプレイを通して体験してみました。

　利用者の鈴木さんにとって，夜間の外出は施設生活という限られた生活空間
から出ていきたいという思いなのか，外出が好きで一人になった夜間に，散歩
感覚で外出したかったのか，理由ははっきりわかりませんが，いずれにせよ危
険という意識のない鈴木さんが1人で夜間外出してしまうことは危ないことと
いえます。その行動に対して援助者としてどのように対応していくか。鈴木さ
んの人権・権利を護りながら，鈴木さんの安全も守っていくことを考えなけれ
ばなりません。鍵をかけて外に出られなくすることは，容易に考えられること
ですが，鈴木さんの行動を制限する，捉え方によっては鈴木さんを閉じ込めて
おくという身体的虐待となり，人権侵害になりかねません。反面，夜間外出を
してしまうと，事故に遭う可能性は大きくなります。利用者の生命を護るとい
う，施設の大切な役割を果たせなくなります。

　具体的対応としては，夜間施設内にセンサーを取り付けて，外出が確認され
たらセンサーが反応し職員が対応するといった，セキュリティサービスを利用
することが一つの方法と思われます。また状況によっては，サービス利用契約
書に「夜間の外出を防ぐため，部屋に鍵をかける場合もある」との但し書きを，
契約時に取り交わすことも必要になってくるでしょう。しかし，何よりも大切
なのは，援助者として利用者の人権・権利を護るという意識を持つことではな
いでしょうか。

　援助者として，利用者の人権と安全を守ることは重要な責務です。利用者に
とって何が必要で何が大切であるかという，利用者主体を問う意識が大切であ
り，そこでは利用者の人権・権利を護ろうとする，援助者の態度が問われるこ
ととなります。利用者にとってより良い生活とは何か，利用者一人ひとりを大
切にしていくということは，どういうことなのか，人としての当たり前の生活
とはどういうものであろうかという問いを，常に持ちながら支援していくこと，
それが利用者と援助者の関係を築いていくことでもあり，人権・権利を護る支

援につながっていく基盤となるのではないでしょうか。

（4） 振り返りの課題——事後学習

　この演習を通して，人権・権利について，どのように考えましたか。400字
程度でまとめて下さい。

4　社会福祉士の倫理綱領を学ぶ

（1） 演習の目的と内容
1） 演習の目的
　この演習では，辞書を調べる，参考文献を読む，インターネットで関連する
新聞記事や論文を調べることを通して，「社会福祉士の倫理綱領」を理解する
だけでなく，その中で求められている専門職としての知識を深めることを目的
としています。なお，2020年6月に「ソーシャルワーク専門職のグローバル定
義」を基にこの倫理綱領が改訂され，実践の拠り所となる「価値と原則」を
「原理」とし，集団的責任，多様性の尊重，全人的存在などが追加されました。
　そしてこの演習を通しての到達目標としては，倫理綱領を理解するとともに，
社会福祉士として様々な情報を図書館やインターネットを活用して検索する能
力，参考となる文献資料から必要となる情報を読み込む力を養うことです。
2） 演習の内容
　社会福祉に関する様々な専門職団体が専門職団体としての倫理綱領を定めて
います。本演習では，倫理綱領の内容を理解するために，図書館の情報検索な
どを活用したり，インターネットを活用するなど様々なツールを使って，倫理
綱領等で述べられているわからない言葉や内容を調べることを通して学びます。
3） この演習を体験するにあたって——演習への参加の仕方
　ソーシャルワーカーは，クライエントに対するソーシャルワーク実践を行う
にもさまざまな知識が求められます。したがって，本演習を通して自ら積極的
に調べて内容を理解すること，また調べる上で安易にインターネットの情報を

コピー・アンド・ペーストすることなく，内容を理解して他のメンバーとディスカッションできるようにして下さい。

―― 演習にあたっての事前学習 ――

① 日本社会福祉士会による「社会福祉士の倫理綱領」を読み，その中でわからない言葉を辞書等で調べておきましょう。
② 倫理綱領の中で重要と思う項目に関する論文や新聞記事を取り上げ，その内容をまとめておきましょう。

（2）演習の進め方

　この演習を1回で完結させるのか，2回に分けるかによってやり方は異なってきますが，ここでは2回に分けて実施することを前提にします。

1）用語を調べよう

① 　4～5人のグループを作ります。
② 　班長を決めます。
③ 　日本社会福祉士会による「社会福祉士の倫理綱領」及び行動規範に記載されているわからない用語をグループで確認し合います（事前に調べる場合，『社会福祉用語辞典』や『広辞苑』などの辞書を使い調べます。インターネットで調べる場合は，Japan Knowledge Lib などを活用すれば，事柄や言葉，さらには用語・情報などを調べることができます。事前に調べた用語はワークシート4に整理して，他のメンバーに説明できるようにして下さい）。
④ 　わからない用語をお互いに説明し合い，倫理綱領等の内容を理解しながらグループ内で精読します。
⑤ 　「社会福祉士の倫理綱領」の中で，専門職として最も気を付けるべき項目をグループで3つ選びましょう。
⑥ 　全体に報告しましょう（どのような項目を重要と考えたか，なぜそれが重要と考えたのか）。

2）関連論文・新聞記事などの調査

① 　福祉サービスに関する事件や事故に関する新聞記事・論文を調べます。

例えば，虐待，金銭的搾取，殺人，放置放任など，実際に社会福祉士が関わっていたかどうかまでは問いません。

　多くの図書館には各種の新聞のデータベースが入っており，関連する記事を調べてプリントアウトすることができます。例えば，朝日新聞の「聞蔵Ⅱ」，毎日新聞の「毎索」，読売新聞の「ヨミダス」，日本経済新聞の「日経テレコン21」などがあります。パスワードが設定されている場合がありますので，不明な場合には図書館のカウンターで確認して下さい。

　関連論文などについては，国立国会図書館雑誌記事索引，CiNii Articles，メディカルオンライン，マガジンプラスなどを利用して検索してプリントアウトしておいて下さい。

② 調べてきたことは，ワークシート5に整理して授業に持参して下さい。
③ 調べてきた事件や事故などに，もしあなたが社会福祉士として関わっていたとしたら社会福祉士としての倫理綱領や行動規範のどこに違反しているかを考えましょう。
④ グループの各メンバーがどのような内容の事件や事故などを調べてきて，各自がどう考えたのかをグループ内で報告します。
⑤ 社会福祉士の専門職としてどう行動すべきか，グループで話し合い，全体に報告します。

（3）体験の考察

　どのような専門職であれ，社会的役割や責任を果たすために職業倫理があります。社会福祉士の倫理綱領や行動規範は，クライエントの生活を守るためにソーシャルワーカーが専門的業務を行う上で守らなければならないものとして定めています。

　そのためソーシャルワーカーはこの倫理綱領や行動規範を十分に理解して行動する必要があり，この演習を通した学びは，クライエントへの関わり方に対して一つの示唆を与えてくれるものでもあります。つまり面接技術が優れているとか，制度的知識が豊富であるだけでは，クライエントとの専門的援助関係

ワークシート4　倫理綱領における用語の確認

わからない用語	その意味

ワークシート5　倫理綱領に関連する論文及び新聞記事

新聞記事等からみられる内容（具体的にどのような事件・事故であったのか）	社会福祉士として関わっていた場合，倫理綱領や行動規範違反に該当する項目	出典（論文及び新聞記事等）

を築くことはできません。クライエントからの専門的な信頼を得るためにも倫理観の高いソーシャルワーカーに成長することが求められています。

（4）振り返りの課題——事後学習

演習を終え，以下の課題をまとめて下さい。

・倫理綱領や行動規範の中で，あなたが最も重要であると思うものを3つ挙げ，その理由を述べて下さい。

・上記の倫理等に反した場合，どのような社会的問題が発生するのか，具体的に考えましょう。

5　自分の価値観と他者の価値観の違いを考える——価値観①

（1）演習の目的と内容

1）演習の目的

人は，さまざまな場面で，各々が何が大切で，何が大切ではないという判断をしていることがあります。この判断を価値観といいます。価値観は人それぞれに違います。その理由は，価値観が，人それぞれにもつ経験や感覚といったものから生まれているからです。では，ソーシャルワークにおいて，価値観について考えておかなければならない理由はなぜなのでしょうか。ソーシャルワーカーは，クライエントの価値観を理解して，自己決定をどう尊重し，支援するかといったことを考える際の根拠としても，クライエントの価値観を理解しておくことは重要だからです。

この演習では，人はそれぞれの価値観をもっており，何らかの優先順位，美意識，好き嫌いなどがあり，各人によって違うことを体験する機会とします。

2）演習の内容

「価値観」を理解するために，学生同士が，何らかのテーマ（共通の話題）を設定し，それについて話し合うことを通して，自らの考えと他者の考えを共有する機会を体験します。さらに，グループごとで一つの答えが出せるよう，考

えをまとめてみます。

　こうした機会を通して，自己理解，他者理解のための方法を体得するとともに自分自身の価値観や判断の傾向などについて気づくことができます。さらに，個人ではなく集団での生活，集団での決定における個々人の尊重についても考えてみましょう。

3）この演習を体験するにあたって──実習への参加の仕方

　全員が何らかの役割を持っていることを自覚し，自分の意見や考え，その理由を説明できるようにしましょう。また，発表は，批判しない態度で，相手を見て，聴きましょう。そして，グループの考えとまとめる時は，多数決で決めることはしないようにし，意見を出し続けましょう。

┌─── 演習にあたっての事前学習 ─────────────────┐
① 「価値観」の意味について複数の辞書で調べておきましょう。
② 「身近な人と自分の価値観の違い」について気づいたことを書いてみましょう。
③ ①②の調べた内容を1,200字程度にまとめて授業に持参すること。
└─────────────────────────────────┘

（2）演習の進め方

　次の例題を読みステップ1～6の順に話し合いましょう。

　　「大学生活が始まったばかりのある日，初めて友人グループ5人と遊びに行きました。昼食をとる時間になり，レストランに入りました。用意されていたメニューは，次のようになっていました」。

MENU

1．地元の野菜たっぷりの野菜サンドイッチ	850円	（税別）
2．地元の名産を使ったハンバーグステーキとライス	1,500円	（税別）
3．お店自慢のスパゲティナポリタン	850円	（税別）
4．地元の漁師がその日に釣り上げたお刺身定食	1,200円	（税別）
5．なんでも食べてみたい人に幕の内弁当	1,500円	（税別）

6．サラダ   500円（税別）

7．昔ながらの味！　プリンアラモード   850円（税別）

8．コーヒー   500円（税別）

ワークシート6　私が選んだメニューとその理由

選んだメニュー	その理由
1回目	
2回目	

ワークシート7　グループのみんなが選んだメニュー

名　前	1回目	2回目

ワークシート8　グループで1つに決めたメニューとその理由

決めたメニュー	
決めた理由	

① あなたは，何を選びますか。1つだけ選んで下さい（グループ内で話し合わ
　ずに決めて下さい。1〜2分が目安です）。

② グループ内で各自選んだものを発表して下さい。その時，なぜそれを選ん
　だのかも教えて下さい。

③ 皆の意見を聞いて，もう一度，あなたはメニューを見返しました。さて，
　あなたは何を選びますか？

④　グループ内で各自選んだものを発表して下さい。なぜそれを選んだのかも
　教えて下さい。
⑤　レストランはとても混んでいました。皆さんが1つのメニューを選べば早
　く食べ終わることができます。さて，皆さんは1つにするならどのメニュー
　にするか話し合って下さい。
⑥　グループ内で選んだものを全体で発表して下さい。その際，どうやって，
　決まったのかも教えて下さい。

例題を以下に用意します。あなたの考えをグループで話し合いましょう。

「Aテーブルでは，10歳くらいの子どもと親が，サンドイッチとハンバーグ
をそれぞれ頼んで昼食をとっていました。Bのテーブルでは，同じように昼食
を取りに来た親子がいました。6歳ぐらいの子どもが，Aのテーブルのハン
バーグを見ながら，プリンを食べたいと言い，親はコーヒーだけでいいと言い
注文していました。あなたはA・Bの親子を見てそれぞれどう思いました
か？」

（3）体験の考察

　この演習を通して，他者と一緒に何を食べるかといった選択の場面において，
人の価値観は，どういった基準で判断しているのかについて考えてみましょう。
また，各個人の判断のほかに，全体で決定しなければならない場合，どういっ
た基準で判断していくのかについても考えてみましょう。そこにある価値観に
は，単に嗜好だけではなく，年齢，グループの構成，経済的な問題も左右し，
さらに子どもの養育など他者の生活支援では，栄養や健康といった面の配慮な
どよりよい支援が志向されます。
　また，各個人の判断のほかに，全体で決定しなければならない場合，どうい
った基準で判断していくのかについても考えてみましょう。
　この演習を通して，正解は1つではないという問いが生活の諸場面ではたく

さんあります。生活において，どういったことが自分と他者で価値観が違うと思うのか考えてみましょう。

（4）振り返りの課題──事後学習

　他者の価値観を理解したい時，ソーシャルワーカーは，どうやってその人を理解しようとするのでしょうか。1,200字程度であなたなりの考えをまとめて下さい。

6　ソーシャルワークにおける価値を考える──価値観②

（1）演習の目的と内容

1）演習の目的

　ソーシャルワーク実践においては，クライエントの人生のある場面で，特に生活のしづらさを感じている場面で，何らかの決定に関わっていくことがあります。その決定において，クライエントとソーシャルワーカーの価値観が違う場合，ソーシャルワーカーは，クライエントの価値観に関わって（介入して）支援していくということになります。また，クライエントとその家族の中でも価値観が違う場合，その両者にソーシャルワーカーは関わっていくということも多くあります。

　この演習は，人にはそれぞれ「このように生活したい」という希望があり，そこに生きる意味と価値があることを学ぶとともに，個人・家族のそれぞれの考え（価値観）の違いについて，多面的に理解することの大切さについて理解します。

2）演習の内容

　障害者が，親元を離れて一人暮らしをするという場面において，ソーシャルワーカーはその人と家族をどう理解するのか，そして，どう支援するのかについて考え，話し合う機会を体験します。

3）この演習を体験するにあたって──実習への参加の仕方

この演習は，ソーシャルワーカーが生活支援をする時，個人・家族が直面しているそれぞれの希望，悩み，苦しみ，とまどいなどをどう理解していくかを体感します。また，支援する際に，ソーシャルワーカーとして，ソーシャルワーカー自身は，誰を対象に，何を目的に，どこで，どう支援する人なのかについて考えていくこととします。

他者の希望，苦しみ，とまどい，悩みを共有する時のソーシャルワーカーの姿勢はどのようなものか，その時に持っておくべき価値や倫理とはどういうものなのか考えながら真摯に取り組みましょう。

```
── 演習にあたっての事前学習 ──

  次の①～③の語句について辞書ならびに「社会福祉士の倫理綱領」前文を読んで，
 自分なりに説明ができるよう，それぞれ200～300字程度でまとめてくるとともに，
 ④の病気について調べてきましょう。
      ①　人間としての尊厳
      ②　社会主義
      ③　多様性の尊重
      ④　ダウン症候群（21トリソミー）
```

（2）演習の進め方

次の事例を読み，①～⑤の順に話し合いましょう。

```
── 事例　ダウン症の女性の夢 ──

  私は，27歳の女性です。お医者さんからダウン症があると言われた私の母は，私
 が生まれた時，失望のどん底で，私を殺して自殺までも考えて，泣き暮らしたそう
 です。
  小学校4年生までは地域の小学校に通っていましたが，小学校の先生に転校を勧
 められ，特別支援学校に転校しました。お友達と別れてしまって寂しかったことを
 覚えています。でも，転校したらそこで友達もできました。
  私は5歳の頃から書道をしています。今では，ある書道団体の師範の資格をもっ
 ており，母が主宰する書道教室で小さい子どもたちに書道を教えています。
  母は，今70歳です。母は最近，「私が死んだら，あなたは福祉施設に行くのよ」
```

と言います。

　でも，私は30歳になったら，一人暮らしをしたい，東京ディズニーランドの近く
に住もうと決めています。

　私の願いを叶えて下さい。

① 　事例を読み，「まず，あなたがどう感じたのか」を書いて下さい。

② 　グループ内で，それぞれがどう感じたのかを発表し，共有して下さい。

③ 　次の⒤〜ⅳについて，あなたの考えを書いて下さい。

　⒤なぜ，お母さんは子どもを殺して，自分も死のうと思ったのか，その気持
　　ちや背景を考えて下さい。

　ⅱ小学校４年生の時，学校の先生に転校を勧められた理由を考えて下さい。

　ⅲ70歳の母が「私が死んだら，あなたは福祉施設に行くのよ」と言った際の，
　　70歳の母の気持ち，27歳の女性の気持ちをそれぞれ考えて下さい。

　ⅳ30歳になったら，一人暮らしをしたいという，27歳の女性の気持ちを考え
　　て下さい。

④グループで，ステップ⒤からⅳについて，それぞれの考えを発表し，共有し
　て下さい。

⑤27歳の女性の「私の夢を叶えて下さい」を，ソーシャルワーカーならどう対
　応しますか。グループ内で話し合い，まとめて下さい。

（3）体験の考察

　この演習を通して，本人（27歳の女性）とその母親の希望や判断に違いがあ
る場合，それぞれが，どういった基準で判断しているのかについて考察しまし
ょう。また本人の希望を達成させるために，何がそれを難しくしているのか，
地域社会，社会資源，福祉制度も視野に置きながら考察しましょう。その上で
ソーシャルワーカーとして何が支援できるかについて考察しましょう。

（4）振り返りの課題——事後学習

　演習を通して，あらためて，ソーシャルワーカーとなるためには，自らの考えと人の考えが違うことを理解したと思います。その体験を通して，どういった場合に，人の意見を尊重でき，どういった場合は譲れないのか，あるいは判断に迷うか自らの傾向を1,200字程度にまとめてみましょう。

7　言葉を中心にしたコミュニケーションを考える
——コミュニケーション①

（1）演習の目的と内容

1）演習の目的

　皆さんは将来，ソーシャルワーカーになるために，何を大切にしていったらよいのか，たくさんの学びをしています。その中の一つである言語コミュニケーションについて，ここでは学んでいきます。

　1つ目は，私たちは，人と接する時の基本的な態度として，どのようなことを心がけているのでしょうか。例えば，一般的に正装する，立ち振る舞いに気を配る，相手の人に良い印象を与え不快感を与えないよう，言葉以外の要素から発せられるメッセージに配慮します。一方では，言葉遣い，会話など言語コミュニケーションにより，声の強弱や長短，抑揚を意識しながら，言葉を使うことが必要です。人との出会いでは，きちんと人の話を聞くことや，言葉遣いや細かい心遣いを体験しながら，相手のことを考えていくことを演習で体験してみましょう。

　2つ目は，日常では，自分の意思や感情，考えのすべてが，言葉で相手に伝わると思っていることが多いといえますが，コミュニケーションには多くの障害があり，うまくいくことばかりではないことをここでは体験し，むしろ，うまくいくことの方が少ないことを，理解しましょう。そのためには，普段の生活から人と接する時は，自分の感受性を磨いて，間違いは早期に修正をしていくことが大切です。しかし，専門の技術のみを習得しても，コミュニケーションがうまくいくとは限りません。最も大切なことは，一人ひとりの人間が，自

分と異なる価値観，人間観，宗教，性格などをもっているということを理解し，そして，相手を尊重する姿勢を持つことです。

　3つ目は，効果的な言葉のやり取りによって，相手との信頼関係を築いたり，的確に情報を伝えたり，体験を共有したり，共感したりすることの重要性と，難しさについて演習で体験してみましょう。具体的には伝言ゲームやロールプレイを通して，普段は，無意識に行っている自分のコミュニケーションの癖や，スタイルに気づくとともに，良いコミュニケーションを築いていけるように学びましょう。

2）演習の内容

　対人援助を専門とする人には，人と上手に関わる能力が求められ，コミュニケーションはその基本となりますので，コミュニケーションの目的，方法，手段など，コミュニケーションの基本的な事柄を理解します。

　コミュニケーションにおいては，ときとして，聞き違いや思い違いなどによって，正しくメッセージが伝わらないという問題が発生することがあります。したがって，メッセージの送り手と受け手との間で，メッセージがどの程度共有されるかは，対人援助を円滑に進める上で重要な問題です。専門職として，「利用者の思いを正しく理解しているか」「利用者に何が伝わり，何が伝わってないか」について，常に配慮する必要があるのです。

　コミュニケーションの中でも，最も一般的な方法であります，言語コミュニケーションについて，口頭伝達ゲームや，ロールプレイを通してコミュニケーションの難しさなどを体験し，よりよい言語コミュニケーションを成立させるための基礎知識の習得を目指します。

　①　コミュニケーションとは

　コミュニケーションは，「社会生活を営む人間の間に行われる知覚・感情・思考の伝達。言語・文字・その他の視覚・聴覚の訴える各種のものを媒介とする」と定義されています（『広辞苑　第7版』から引用）。

　②　言語コミュニケーション

　私たちがコミュニケーションをとる方法の一つに，言語コミュニケーション

があります。

　　・「言葉」で自分の意思や感情，考えなどを伝えます。

　　・文字や文章を使って「書く」という手段で伝えます。

　③　代表的な言語コミュニケーションの種類

　　・話し言葉（声の高低，速度，アクセント，間の取り方，発言のタイミング）

　　・書き言葉（文字・メモ・文書）

3）この演習を体験するにあたって――演習への参加の仕方

　この演習では，初めての人と会う時の基本的な態度や言葉遣い，話す側，聞く側のそれぞれの立場を変え体験し，客観的に自分のコミュニケーションのスタイルや癖に気づいてみましょう。また効果的な言葉のコミュニケーションが積み重なっていくことで，人は励ましたり，励まされたり，勇気づけたり，勇気づけられたり，元気になっていく心のありさまをこの演習で体験的に学び，活用していけるようにしていきましょう。そのことがやがて良い援助関係を築いていける基礎的な力になります。

┌─── 演習にあたっての事前学習 ────────────────────
│
│　①　普段，使っている言葉や言い回しなど，あなたの話し方について，その特徴を
│　　　整理してみましょう。
│　②　あなたの話し方が，相手に与える印象や，理解にどんな影響を与えているか考
│　　　えてみましょう。
└───

（2）演習の進め方

1）初対面の人に，どのような言葉で話しかけますか

①　　1グループ6人程度のグループを作り，司会者，書記，発表者を決めます。

　　ⅰ司会者はグループの話し合いの進行役を務めます。

　　ⅱ書記はグループで出た意見を記録します。

　　ⅲ発表者はグループの意見を簡潔に整理し，発表します。

②　　各グループ単位で，討議をします。

③　　各グループの討議の結果を発表します。

２）コミュニケーションで何を大切にしていますか

①　１グループ６人程度のグループを作り，司会者，書記，発表者を決めます。

　　ⅰ司会者はグループの話し合いの進行役を務めます。

　　ⅱ書記はグループで出た意見を記録します。

　　ⅲ発表者はグループの意見を簡潔に整理し，発表します。

②　各グループ単位で，討議をします。

③　各グループの討議の結果を発表します。

３）伝言ゲーム

①　１グループ８人程度のグループを作り，列の間隔を２メートル程度もうけ
　　て並びます。

②　グループの先頭は，示された文章を２番目の人に伝言し，２番目以降の人
　　は，順次，同様に前の人から聞き，次の人に伝言をしていきます。

　　ⅰ伝言は１回のみとします。

　　ⅱ聞き手に聞き返すことはできません。

　　ⅲ次の伝言を受ける人に，聞こえないように話して下さい。

③　すべてのグループが終了したら，列の最後の人は黒板に伝言の内容を書い
　　て下さい。

４）ロールプレイ──テーマ「高校時代の思い出」について

①　２人１組で，向き合って座ります。一方が聞き手に，もう一方が話し手に
　　なり，インタビューをします。次に，立場を変えてインタビューをして下さ
　　い。それぞれが，聞き手と話し手の立場をプレイします（５分）。

②　５分話したら，それぞれの立場を体験した感想について話し合いましょう。

（３）体験の考察

　　ここでは，言語コミュニケーションの基本を学びましたが，コミュニケーシ
ョンとは何か，私たちが必要としているコミュニケーションは人と人との対人
コミュニケーションです。そして，話し手，聞き手，相互の役割を交換しなが
ら進めていくものです。コミュニケーションはよく，キャッチボールにたとえ

られます。ソーシャルワーカーは投げることのみに関心を向けますが，ボール
をキャッチする受け手であることをよく理解しておくことが重要です。

　将来，福祉専門職に就くと，たくさんの利用者（クライエント）や家族と面
接をしていきます。そして多くの利用者や家族は，自分より数倍の人生を生き
抜いた人々です。常に利用者やその家族を尊重できる謙虚な姿勢が求められ，
ソーシャルワーカーの基礎となる価値や倫理が厳しく求められます。

（4）振り返りの課題——事後学習

　（2）1）～4）の体験をふまえて，以下の3点について考えてみましょう。
さらに，「話し手が留意しなければならないこと」「聞き手が留意しなければな
らないこと」について，まとめてみましょう。

　　　・コミュニケーションがうまくいかない原因は？
　　　・効果的なコミュニケーションとは？
　　　・コミュニケーションに必要な能力・力は？

8　非言語コミュニケーション（面接での座る位置）を考える
　　——コミュニケーション②

（1）演習の目的と内容

1）演習の目的

　非言語コミュニケーションには，ソーシャルワーカーの身ぶりや表情，視
線や姿勢，声の調子や話す速度，服装等がありますが，これに加えて，クライ
エントが相談しやすい位置関係や距離があります。この演習では，援助者とク
ライエントの1対1でのインテーク場面を想定して，どこに座ったらお互いが
緊張しないで相談しやすいのかを考えていきます。

2）演習の内容

　援助者がクライエントと面接する際の座る位置を，援助者役とクライエント
役の2人1組になって体験し，面接しやすい位置を考えていきます。

3）この演習を体験するにあたって――演習への参加の仕方

　インテーク場面なので，援助者とクライエントは「初めて会った」と想定しますから，知り合い同士のペアになった場合は「初回面接」であることを意識して下さい。また，イスに座ってお互いの視線を合わせるだけでなく，インテーク場面ですから，言語的コミュニケーションとしての会話をしながら，お互いに相談しやすい位置をペアで考えて下さい。

― 演習にあたっての事前学習 ―
　普段友人と1対1で学生ホールやレストランで会話する時に，お互いどの位置に座って話をしているかノートに書き出してみましょう。

（2）演習の進め方

① 　2人1組となって教室の机を確認し，1対1の面接に適当と思われる机を選び（2個以上の机を併せてもよい）配置しましょう。

② 　1対1の面接場面での座る位置を，できるだけ多く図（机1とイス2）で示してみましょう（個人ワーク）。記載方法は，援助者を◎，クライエントを○，矢印はイスの向き，とします。

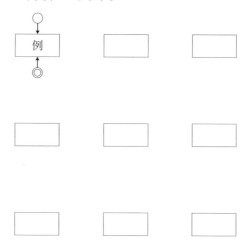

③　援助者役とクライエント役を決め，図に示した位置に座ってしばらく面接
をしましょう。2人が図で示したすべての位置に座り，援助者とクライエン
トのお互いにとって相談しやすかった位置を3つ選びましょう（よかったも
のから左に記載して下さい）。

□　　　□　　　□

④　③で選んだ3つを，担当教員が黒板に書くので，今度は黒板に示されたす
べての位置に座り，援助者とクライエントのお互いにとって相談しやすかっ
た位置を3つ選びましょう（よかったものから左に記載して下さい）。

□　　　□　　　□

⑤　④の左の図（1番よかったもの）を3点，真ん中の図（次によかったもの）を
2点，右の図（3番目によかったもの）を1点とし，担当教員に報告して下さ
い。クラス全体で得点の高かった上位3つを，下に示して下さい。

□　　　□　　　□

（3）体験の考察

1）クライエントの違和感

　クラス全体で得点の高かった上位3つ（⑤の図）が，本当に「相談しやすい
位置」であるとは限りません。クライエントが相談室に入ってきた時に，イス
の位置を見て違和感があったら，その面接は失敗といえるでしょう。担当教
員から「この位置関係はインテークでは相応しくない」との説明があった場合，

どうして自分たちは選んでしまったのかを振り返って下さい。

2）クライエントが相談しやすい位置

　援助者役とクライエント役で選択が分かれた位置はなかったですか。その場合，どちらの意見を優先しましたか。この演習では「援助者とクライエントのお互いにとって相談しやすい位置」を考えてもらいましたが，本来は「クライエントが相談しやすい位置」を考えるのがソーシャルワーカーですね。

3）机の大きさに合わせたイスの配置

　実際の面接場面では，機関・施設の相談室ごとに机の大きさが違いますから，この演習で得点の高かった上位3つは，あくまでもこの教室の机の大きさの場合です。よって，援助者は自身の所属する機関・施設の相談室の机ごとに，「クライエントが相談しやすい位置」を考える必要があります。皆さんも実習施設の相談室の机の大きさ，それに合わせてイスがどのように配置されているかを観察しましょう。

（4）振り返りの課題——事後学習

　面接は言葉によって進められていきますが，この演習で学んだように，実はクライエントが相談しやすい「面接室の環境づくり」も大切です。この他にどのような工夫・準備が必要であるかを考えましょう。

　この演習では1対1の面接でしたが，援助者1人とクライエント2人の1対2の場合では，クライエント同士の関係や机の大きさがとても影響し，座る位置が限定されてしまいます。この演習と同様な方法で体験してみましょう。

9　グループワークの展開過程
——準備期・開始期・作業期・終結

（1）演習の目的と内容

1）演習の目的

　ソーシャルワーク技術の一つに集団援助技術（グループワーク）があります。この演習では，参加者に対するプログラム例を通じ，グループワークの展開を

理解します。参加者全員が持つ経験や背景を共有させることにより，課題の解決を図ることを理解します。また，相互性を促し，参加者の意欲や必要な生活能力の形成を促進することを理解します。さらに，援助の媒体や進め方にバリエーションがあることも理解します。

2）演習の内容

　グループは個人に対して影響を与えます。グループが個人の喜びや安心になる場合もあれば，不安，恐怖を抱き，居心地が悪く，苦痛を感じさせる場合もあります。グループでは参加者の相互作用が働きます。このグループダイナミックス（集団力の働き）を活用して，参加者一人ひとりの援助を行うことを体験します。

3）この演習を体験するにあたって──演習への参加の仕方

　以下の課題（演習にあたっての事前学習）を読み，ロールプレイの準備をしましょう。今回は，放課後等デイサービスに通う障害児の保護者グループのロールプレイを行います。今回のテーマは，「子育て中のイライラに対する対処方法」について話し合います。

```
── 演習にあたっての事前学習 ───────────────
① 　障害特性（例として知的障害）を学習しておきましょう。
② 　グループワークの原則と展開過程についてまとめておきましょう。
③ 　参加者の日頃の暮らしの様子，子育ての悩み，子育て中にイライラしてしまう
　　場面を自分なりに設定し，このセッションで話したいことを決めておきます。
```

（2）演習の進め方

1）ロールプレイの準備

　　① 　事前学習で調べてきたことを話し合いましょう。

　　② 　保護者の役柄を以下の点をふまえ設定しましょう。

　　　　ⅰ児童の障害と日常生活の様子

　　　　ⅱ子育ての悩みや不安

　　　　ⅲ子育て中にイライラしてしまう状況

ⅳ参加者が期待していることや不安

2）グループワークのロールプレイの体験

① 7～9人に分かれます。そのうち，1人はソーシャルワーカー役，1人は記録，他は参加者役に分かれます。参加者役の際は，1）で設定した役柄になりきって演じてみましょう。

② 次のグループセッションの進め方に沿ってグループワークを行います。司会は，ソーシャルワーカー役の方です。まず，次の目的とルールを読み，本日の流れ（ⅲからⅴ）を説明します。次に，ⅲⅳについて話し合い，ⅴで終わります。

　ⅰ目的

　　　今日は，放課後等デイサービスに通う児童の保護者に集まっていただき，「子育て中のイライラに対する対処方法」について話し合います。

　ⅱグループでのルール

　(A)毎日の生活で，できるようになりたいことを実現しましょう

　(B)よい点をみつけましょう

　(C)目標をみつけましょう

　(D)お互いを助け合いましょう

　(E)楽しく過ごしましょう

　(F)黙っていたい時，見ていたい時は，パスと言いましょう

　(G)ここで話したことは，ここで終わりにして下さい

　ⅲ1週間の生活の中でよかったことを言いましょう（1分以内参加者は聞きっぱなし）

　ⅳ参加者の「子育て中にイライラすること」と「その対処方法」について，体験や意見を聞きます（この際，ソーシャルワーカーは参加者が発言をしたら，Aさんは○○と話していますが，そういった時どう考えますか？どう行っていますか？　など，他の参加者の発言をしやすいように促し，すべての参加者に発言してもらうよう配慮します。）

　　ⅴ終わりの声かけで終了します。

　③　ロールプレイで行った役柄に沿って，グループワークを行った感想を
　　述べましょう。

（3）振り返りの課題——事後学習

　集団援助と個別援助は別物ではなく，表裏一体の関係にあります。集団援助
は，「集団」の力を利用し，「個人」を援助していくことです。その際，メン
バー一人ひとりと支援者との関係，メンバー同士の関係，グループ全体とその
展開過程の3側面にも配慮します。そして，グループワークの最終目標である
利用者同士の相互作用により，利用者同士の「相互援助体制」を作ることを目
指します。

1）個人の理解

　グループワークにおける準備段階で，援助者は「波長合わせ」を行います。
これは，援助者が参加者の生活状況やニーズ，感情などを事前に理解すること
を指します。参加者同士の「相互援助体制」を構築するためにも，個人を理解，
把握しておくことが求められます。

2）個別性の視点

　イライラする自分に自己罪悪感を抱く方もいます。「語る」という行為は，
自分や他者に対する不安や緊張を伴います。援助者は，参加者同士の相互性を
見ながら，参加者個人が安心して語れる場を心がけます。そうすることで，グ
ループワークを通し，葛藤体験をしても，仲間に受け入れられる経験，似たよ
うな課題や悩みを抱えているのが自分一人ではないことの気づきにつなげます。
また，自分の現状や関わり方の特徴など自己を知る，生活上の困難に対処する
個人の力を伸ばすなど，参加者自身の力を促していきます。

3）グループの力を活用

　グループ内では，グループダイナミックスが生まれます。個人で考えるのと
は違い，複数の参加者の意見が行き来する中で，親密性，寄る，依存，相違，
反発などの動き，さらに，一体感，役割などが生まれます。また，お互いの良

いところや注意することを取り入れようとし，1つの方向性を導こうとします。このこうした集団力の動きは，参加者全員が「語り」を共有することにより生まれます。こうした集団力の動きに着目しながら，援助者が参加者の相互性を促し，参加者個々の個別性を導きます。

4）グループワークの展開過程を意識する

　グループワークの展開過程は，1回の話し合いの中での展開過程と，長期的な展開過程があります。1回ずつの話し合いを積み重ねていく中で，長期的な展開過程が生まれてきます。

　今回は，開始期のグループワークを体験していただきましたが，準備期，開始期，作業期，終結期では，援助者の役割，関わり方が変化します。

　準備期において援助者は，集団形成の計画を立てていきます。参加者の募集，参加者の課題や強みなどの「個別性」に着目した援助者による「波長合わせ」を行いながら，問題・目標の明確化をしていきます。また，参加者，及び参加者同士の動機づけを行っていきます。

　開始期は，援助関係の樹立の大切な時期です。参加者は参加と語る事への不安や緊張があります。これらを取り除くように支援していきます。援助者は，参加者の「個別性」を大切にしながら，施設や機関への期待，利用者同士の複雑な人間関係，背景，関心，共通点を知ることが大切です。そのために，援助者ではなく参加者全員に発言の機会を作ることが重要になります。

　作業期は，課題に取り組み，展開し，目的達成のために明確な成果をだす時期です。援助者は，参加者同士の「相互援助構築」に特に配慮をしていきます。ここでは，個人への援助，手段への援助，集団での作業への援助をしていきます。

　終結期は，集団援助を終わりにします。参加者が次の生活にスムーズに移っていけるように援助します。終結後の計画を個人，集団に確認していきます。

　なお，すべての場面で記録をとります。また，セッション後に評価をし，記録をまとめます。

5）事後学習

　ロールプレイの記録をまとめましょう。その際，グループの相互性に着目しつつ，参加者の経験や思いを共有する意義，展開における工夫や配慮についてまとめておきましょう。

10　ロールプレイの展開過程

（1）ロールプレイの定義と目的

　ロールプレイ（role playing）は，役割演技と訳され，場面と人物が設定され，即興で自発的にその人物の役割を演じる心理劇の手法でモレノ（J. L. Moreno）のサイコドラマの技法を発展させたものです。カウンセラーとクライエントの面接場面を設定したカウンセリングのロールプレイでは，各々が役割を演じた後に面接過程を両者の立場から振り返り，感情の交流や理解の仕方，面接の進め方や構造，クライエントの見立てなどを検討し合い，さらに指導者との応答を通じてスーパービジョンも併せて行われます[(1)]。

　ロールプレイの利用目的は，以下の3つに大別することができます。

① 技術訓練を目的とするもの（新入社員の受付，電話の受け方，接客などの練習をします）

② 問題解決を目的とするもの（問題状況における解決策や対策の見直しを図ります）

③ 自己理解や個人の成長，人間関係等の考察を目的とするもの[(2)]。

　社会福祉のロールプレイを考えた場合，上記の③自己理解や個人の成長，人間関係のあり方に焦点を当てたものに該当するケースが多いです。その中でもソーシャルワーク場面のロールプレイを実施する場合，その学習の目的には，次のようなものがあります。

① 援助者やクライエント，観察者の役割を体験し，振り返ってみること
によって，相談や援助のあり方について学習すること。

② 援助者役の体験では，自分の対話のスタイルや他者理解の仕方，援助
者としての態度，行動の傾向，特徴，癖などに気づくこと。クライエ
ント役や観察者役からのフィードバックを自己理解の参考にすること。
自分の課題に挑戦し，新たな態度，行動を自分のものとして取り入れ
る訓練をすること。

③ クライエント役の体験では，クライエントの心理を知る機会とするこ
と。援助者からの働きかけが自分にどのような影響を与えたかを味わ
うこと。クライエント役としての体験を援助者にフィードバックし，
援助者の気づきを促すこと。自らのクライエント体験を今後に活かす
こと。

④ 観察者の体験では，会話のプロセスに敏感になり，コミュニケーショ
ンについての理解を深めること。フィードバックを通じてのプレイ
ヤーの気づきを促すこと，などがあります。[3]

なお，上記の目的を踏まえたロールプレイの展開過程は図2-1の通りとな
ります。

（2）ロールプレイの手順

「雰囲気づくり」とは，リラックスした状態で，ロールプレイできるように
気持ちの開放を図ったり，先入観を持たないクリアーな状態に近づけるように
したりすることです。

「事例の配布」とは，資料を基に想定された事例を説明し，事例の背景の説
明を行うことです。

「役割分担・場面設定」とは，事例を基にクライエント役，援助者役，観察
者役を演じる際のポイント等を説明し，イメージづくりを行うとともに，その
際に役を演じるポイントを基に役づくりを行うことです。また，考える時間

図2-1　ロールプレイの展開例

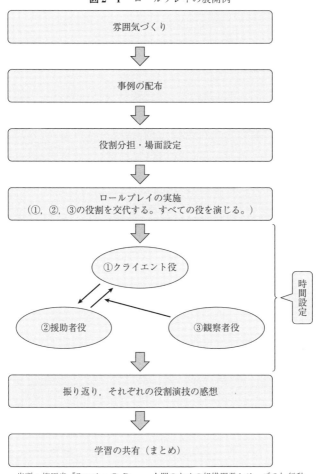

出所：柳原光『Creative O. D. ——人間のための組織開発シリーズ2』行動
科学実践研究会，1978年，を基に筆者作成。

（thinking タイム）を与え，それぞれの役になりきることが重要となります。

　「ロールプレイの実施」については，図中の①②③の役割を演じ，順次交代
し，すべての役を演じます（図2-1）。さらに，適当な時間設定（事例によって
も違う）をし，すべての役を演じることができるようにします。

① クライエント役

事例を読んだり，事例の説明やその背景を知ることによって，クライ
エント役になりきって疑似的な体験をします。また，ロールプレイン
グ終了後に援助者からの問いかけや技法に対して，感じたことを伝え
ます。

② 援助者役

援助者として，クライエントに対してどのような技法を用いて行った
のかを意識しながら進めていきます。また，クライエント役に援助者
からの問いかけや技法に対して，感じたことを聞いていきます。

③ 観察者役

クライエント役，援助者役それぞれの役を観察しながら気づいたこと
をメモするなどし，クライエント役，援助者役の感想等を聞いた上で，
観察結果を伝えます。

ロールプレイ終了後，それぞれの役を演じて，工夫した点，配慮した点，感
想などを相互に率直に伝え合いましょう。次に，相互評価の際にお互いの面接
技術について助言し合いましょう。良かった点，改善をすべき点などを報告し
合い，面接技術を磨いていきます。その時にストレングスの視点を持って，助
言をし，「改善をすべき点」についても，「～のようにすると，さらに良いので
はないか」など建設的な表現を用いるよう努めるとよいでしょう。

ロールプレイ終了後，振り返りを行い，前述のように順番（クライエント役，
援助者役，観察者役）に相互評価します（図2-2）。さらに，振り返りの資料を
基に指導者による，スーパービジョンも受けるとよいでしょう。

最後に，学習の共有（まとめ）をします。ここでは，それぞれの役を演じた
際の「気づき」を情報共有します（「気づき」を次につなげていきます）。スー
パービジョンによって明確になった課題を今後の学習につなげる意味において
も，それぞれの課題について共有するとよいでしょう。

図2-2　ロールプレイの循環

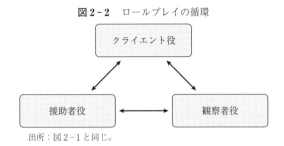

出所：図2-1と同じ。

11　ロールプレイを通して考える──クライエントを理解する①

（1）演習の目的と内容

1）演習の目的

　ロールプレイを用いて，ソーシャルワーカーの関わり方や発せられる言葉の内容が，いかにクライエントの気持ちを揺さぶるかを，体験的に学びましょう。その体験をもって，ソーシャルワーカーとして必要な対応について考えを深め，言語化して説明できるようにすることが，この演習の到達目標です。

2）演習の内容

　実子への虐待を行う母親への，児童相談所ソーシャルワーカーの対応について，ロールプレイを通して体験的に学びます。次頁以降にある台本をもとに，母親，ソーシャルワーカー役を交互に体験してみましょう。

3）この演習を体験するにあたって──演習への参加の仕方

　まず2人組を作ります。その後，ソーシャルワーカー役と母親役に分かれ，台本に沿ってロールプレイを行って下さい。最後まで終われば，役割を交代します。ロールプレイとは，その役になりきって擬似的に体験することをいいます。台本を読み，その役柄だとどのような思いをするか，どのような身体的態度をとるか，考えて実践して下さい。

（2）演習の進め方

1）ロールプレイ事例の背景

　隣人から，「昼夜なく子どもの泣き声と『ごめんなさい』という声が聞こえ
る。子どもはまだ幼いはずなのに学校に行っていない様子で気になる」という
通報が児童相談所に入ったことから，児童相談所のソーシャルワーカーが母親
と子が住む自宅を訪問。母親は最初は拒否していたが，母親自身子育てにひど
く悩んでいたこともあり，自宅内に通した。部屋は乱雑に散らかっており，食
べ終わった後のカップ麺やペットボトルなどが散乱している。子どもは部屋の
隅で眠っており，学校には行っていない。

2）ロールプレイ

母　親：どこか，適当に座って下さい。

援助者：ありがとうございます。（座りながら部屋を見渡して）6）の検討箇所
　　　　（67頁参照）お子さんは，寝ていますね。今は平日の10時ですが，学校
　　　　には行っていないのですか？先生には連絡していますか？　いつもこ
　　　　うですか？

母　親：……（沈黙の後）私も仕事が忙しくて。

援助者：子どもの泣き声が聞こえると，近隣から連絡がありました。

母　親：……（沈黙の後）だって叱らないと子どもは成長しない。

援助者：お子さんの成長のために，ということなんですね。

母　親：（泣きそうな声で）あの，私だって一生懸命に頑張っているんです。私
　　　　一人で子どもを抱えて。でも，この子は言うことを聞かず，私の足ば
　　　　かり引っ張るんです。私だってこんな生活嫌です。
　　　　お金があればなんとかなります。お金をなんとかして下さい。それと

　　　私，普段から気持ちが落ち着かなくて誰かが私のことを叱っているよ
　　　うな。私が悪いのかもしれませんが，私の……。

援助者：(母親の言葉を遮るように) お母さんは皆さんがんばっていますよね。
　　　ただ，今の生活状態からして，第1に子どもとお母さんとの生活を再
　　　建していくことが必要です。

母　　親：……(沈黙)。

3) 母親としての意思表示

　ロールプレイで母親役を行ってみて，あなたはどのように感じましたか？
文章化してみましょう。

4) ソーシャルワーカーの対応についての意見提示

　このソーシャルワーカーの対応について，あなたはどのように評価します
か？　△△の箇所は妥当である，◆◆の箇所は○○の対応をする必要がある，
といったように具体的に考えてみましょう。

5) あなたの意見を発表しよう

　3)，4)であなたが考えた内容を，同じく演習を受講するメンバー同士で
共有してみましょう。また，メンバーからどのような意見が出たか書いてまと
めましょう。

6) 適切だと考えられるセリフを考えよう

　4)の内容をふまえ，ロールプレイ台本中の 6)の検討箇所 部分はどのよ
うなセリフが適切だと考えますか？　演習メンバー同士で話し合い，書き表し
てみましょう。

(3) 体験の考察

1) 児童虐待と児童相談所

　児童虐待は身体的虐待，性的虐待，ネグレクト (育児放棄)，心理的虐待の4
つに分かれます。

　児童虐待の防止，子どもや家族への支援の第一線機関は児童相談所です。児
童相談所に寄せられる虐待相談件数は年々増加しています。厚生労働省が発表

している「平成30年度児童相談所での児童虐待相談対応件数」を見ると，件数は15万9,850件となっています。

2）「家族全体」を支えるという視点

　児童虐待への対応は迅速に，かつ虐待を受ける子どもの安全確保をはじめ子どもの権利擁護を最優先に行われることが求められます。しかし，それは虐待者の気持ちや置かれている状況を無視してよいということではありません。子ども単独への支援のみならず，家族全体を支援していく発想がソーシャルワーカーには求められます。

　この事例では，母親自身が子育てに悩み困っており他者の助けを求めていること，一人では解決しきれない課題を母親が多く背負っていることが読み取れます。その時に，いかに母親の感情に沿い，母親自身の現状への思いに耳を傾けつつ解決策を思考していけるかが，ソーシャルワーカーに問われます。

（4）振り返りの課題──事後学習

　ソーシャルワーク場面において，クライエントから発せられる言葉や感情を受け止めるために，ソーシャルワーカーにはどのような姿勢が求められるかを考え，文章化してみましょう。

12　地域における支援事例を通して考える──クライエントを理解する②

（1）演習の目的と内容

1）演習の目的

　地域における支援事例で，ソーシャルワーカーは，制度上の福祉サービスの利用相談のみならず，その人の生活世界を理解しながら，地域住民との関わりも含め，その人の地域生活における生活課題を理解し支援する視点に立ちます。その解決にあたっては，既存の福祉サービスにつなぐだけではなく，その人に必要な社会資源の開発をする視点も重要です。また，社会資源は専門職だけで創るのではなく，むしろ住民が主体となって地域づくりを進めることが可能と

なる方法を志向します。

　この演習では，コミュニティソーシャルワーカーとして，単に福祉サービス
が必要な人をクライエントとして捉えるのではなく，まずはそこに暮らす住民
として捉える姿勢から考えていきましょう。

　クライエントを理解するためには，クライエントが自分の力では解決できな
い部分に焦点を当て支援していくだけではなく，クライエントの持つ強さにも
目を向けて支援していくことが求められます。その人が，私たちソーシャル
ワーカーの力を活用しながら自立して生活する関係性を構築することは地域自
立生活支援における重要な視点です。

　コミュニティソーシャルワーカーが直面する生活課題は，さまざまな状況，
内容に及びます。地域住民でもあるクライエントを理解するには，その人が生
きている世界で理解することが強く求められます。地域に暮らす人々の困難の
発見と気づきから問題解決までの総合的な支援力を養うことが到達目標です。

2）演習の内容

　一人暮らしをしている住民に関わりはじめた社会福祉協議会のコミュニティ
ソーシャルワーカーの支援事例を通し，あなたがコミュニティソーシャルワー
カーであったらどのように住民を理解して支援を進めていくかを体験的に学習
します。

3）この演習を体験するにあたって──演習への参加の仕方

　この演習では，まずコミュニティソーシャルワーカーの役割を事前に理解し
て下さい。

　そして，クライエントの情報を注意深く読み取り，あなたの頭の中で，「ど
のような人なのだろうか」「どうしてこのような生活をしているのだろうか」
などと，問いを持ち想像しながら生活状況を考えてみましょう。事例の内容が，
あなた自身の体験や持っている知識だけでは十分に想像することが難しいかも
しれません。しかし，あなたのできる範囲で「私が真央（仮名）さんだった
ら」と置き換えて，真央さんの気持ちに近づこう，生活を理解しよう，という
姿勢で取り組むことは，今後のソーシャルワーク実践でも役立ちます。

（2）演習の進め方

　この演習は，次の3つのステップを踏んで進めていきます。まず，事例の状況を理解するためにしっかりと読み込みます。次に，6つの問いについて「あなた自身の考え」をまとめます。その後，5〜6名のグループに分かれ，進行役を決め，その人が中心となり，6つの問いについての意見をグループ内で報告し合い，全体へ報告します。

1）事例概要

　80歳になる真央さんは，この地域に約50年暮らし続けています。28歳の時，同じ職場の男性と結婚しました。近所の人からは，「昔は，休みの日は夫婦そろってよく旅行に出かけていた」と聞いています。定年後は，自宅を開放し，放課後の子どもたちの集える場を作るなど，地域の子どもたちのためのボランティアに取り組み，現在各地で実施されている子どもの学習支援や子ども食堂を地域で行っていました。

　5年前，夫が心臓病で急死してからは，子どもたちへのボランティア活動はやめ，閉じこもりがちになり，現在は近隣との交流もなく，一人暮らしです。3年前より，真央さんの家は，ゴミが散乱し不衛生な状況が目立ってきました。近隣住民は，当初は片付けの手伝いを真央さんに声かけしたりしていましたが，真央さんは断り続けました。だんだんとゴミの量も増え，近隣住民は，火事でも起きたら困ると，行政や民生委員に対して度々苦情も含めた真央さんへの心配ごとを相談していました。

　たまりかねた民生委員は，社会福祉協議会のコミュニティソーシャルワーカーに相談します。社会福祉協議会は，真央さんを見守る体制づくり，そして，真央さんの介護サービス利用も想定し，地域包括支援センターのワーカー（社会福祉士）にも情報提供し，まずは民生委員，地域包括支援センターの3者で訪問することにしました。

　訪問すると，呼びかけに応じて真央さんが出てきました。家の周りは拾ってきた置物が壁に沿って積み上げられ，玄関から家の奥まで足の踏み場もないくらいビニール袋に入れられた物が積み重なっていました。かび臭く，生ごみが放置されているような臭いも漂っていました。民生委員が，真央さんに「最近の調子はどう？　この前説明した生活の相談に乗ってくれる市の人を連れてきたよ」と声かけをしたのち，地域包括支援センターのワーカーは，「定期的にこの地域を回っています。今日は民生委員さんから聞いて，真央さんに会いたくて来ました」と声をかけました。そして，物が溢れ整理ができない中でいることは真央さんの生活にとって良くないのではないかと考え「掃除を手伝いましょうか」と伝えました。

　しかし，当の真央さんは「困っていません」「ゴミなんて一切ないんです」と言います。民生委員に対しても「何度もゴミを片付けるよう言われるけれど，これ以上私の生活を邪魔しないで。お節介はこりごり」と言います。かなり強い口調だったので民生委員，ワーカーは返す言葉が見つからず困ってしまいました。そこで，社協のコミュニティソーシャルワーカーは「はじめまして。一人暮らしと聞いていますので，お体のことなど，何かお困りのことがあったらここへ連絡して下さい。またご様子を伺いたく訪問させて下さい」と社協の電話番号が大きく書かれた名刺を渡して帰ることにしました。

　社協のコミュニティソーシャルワーカーは民生委員と真央さんについて，今後どうやって見守りをしていくか話し合っていました。近隣住民，真央さんの地域の自治会・町会のメンバーは社協の福祉委員でもあるため，真央さんのことを改めて聞いてみようということになりました。その後，社協のコミュニティソーシャルワーカーは，真央さんの教え子でその地域に暮らしている方に話

を聞く機会がありました。以下はその内容です。

　　「ずいぶん前ですが，私は○○小学校の３年間，真央先生が担任でした。真央先生は本当に面倒みがよく，私たちを自分の子どものように教え，遊んでくれました。また，私がいたずらをした時には，自分の親よりも真剣に叱ってくれたように思います。卒業し，就職してから先生の自宅を訪ねた際にも，ご夫婦で喜んで迎えてくれて，今どうしているのか気にかけてくれました。また，小学校時代の様子を懐かしそうに話してくれました。本当に人間味のある温かい人です。それからは私も忙しくなって交流もないままにいます」。

さらに，近隣住民からの話も聞くことができました。以下はその内容です。

　　「ご夫婦とても仲良かったのですが，ご近所づきあいはどちらかというと真央さんではなく，夫の克哉さんでした。ですから，克哉さんが亡くなった時は本当に力を落とされて，外に出られなくなりました。お子さんもいらしたのですが，ほとんど見たことはないのでわかりません。私たちも真央さんが一人暮らしになった時は声かけをしたり，一周忌にお花を届けたり，おかずのおすそ分けをしたりしたのですが，だんだんと疎遠になってしまって……」。

　コミュニティソーシャルワーカーはこの話を聞き，わずかでしたが真央さんの歴史と人柄に触れて，真央さんを見る視点が変わったように感じました。そして，今の生活状況だけを見て理解するのではなく，真央さんの生きてきた歴史など，今の真央さんの表面からは見えない内面も理解していくことの大切さを感じ，真央さんに再度会って話がしたいと思ったのです。
　その上で，民生委員，地域包括支援センターと真央さんの支援についてケース検討会の開催を企画しています。

2）考察（個人ワーク）

事例を読んで，次の問いに対してのあなたの考えを書き出してみましょう。

① 　真央さんはどのような人生を辿ってきたか，今の生活をどう思っているか。夫の死をどう受け止めているか。

② 　真央さんに再度会って話す際，ワーカーとして心がけておく姿勢，話す内容はどうするか。

③ 　真央さんの生活をどのように支えるか。そのために知っておきたい基本情報はどういうものか。

④ 　近隣住民と真央さんの関係をどう再構築するか。

3）意見交換（グループワーク）

グループに分かれ，①から③について意見交換をしてみましょう。他の学生はどう考えていたか，どのような考えがあるか学び合いましょう。その後，全体へ報告してみましょう。

（3）体験の考察

1）クライエントを理解するということ，クライエントが暮らす地域を理解するということ

地域における支援では，クライエントと出会う時には，本人だけではなく，家族や関係者，地域住民等の気づきにより情報が入ります。支援を必要としている人には，複合的な生活課題をもっている人も少なくありません。しかし，その人の生きてきた強さを見出し，適切な情報提供があれば地域生活の継続は可能な人も多くいます。

しかし，一方で，また認知症のため金銭管理ができなくなった人，家庭での介護が限界で老人ホームへの入所を考えるなど，すでに自分の力で課題を解決することが難しい人，支援が必要な人もいます。

どちらにせよ，その人がそれまでどんな人生を，どのような家族関係，人間

73

関係の中で，どういう思いを持って自らの力で生きてきたか，地域の中でどのように暮らしてきたかという生活史や関係史，思いなどの内面を見ていく癖をつけましょう。

　なぜなら，真央さんのように，家族を持ち，社会の中で役割を持って生きてきた人が地域の生活者だからです。

２）クライエントの生活を想像するということ

　若いワーカーが相談を進める中でよくあるのが，クライエントが抱えている問題がワーカー自身の経験したことのない出来事で，想像もつかない状況である，ということがあります。しかし，ワーカーはそこにこそしっかりと向き合っていかなければなりません。クライエントを理解していくとは，「自らがそのクライエントの立場であったならばどんなことを考えるだろうか」と，クライエントの立場になって考えることが極めて重要なのです。そして，その時に必要となるのが「他者が生きてきた生活世界を描く力」です。この力は，自ら経験してきた出来事や持っている知識を総動員するとともに，実践を通した事例を蓄積し，その人が生きてきた世界を理解する姿勢を持ち，アセスメントを繰り返すことで可能となります。

３）クライエントの強みに目を向けるということ

　私たちは，とかく利用者の「自分ではできないところ」や「問題点」にのみ目を向けて支援してしまうことがあります。例えば，身体の障害により働くことができない，子どもを養育する能力がない，など「～することができない」という側面に目が向きます。もちろん，自分の力では自立することが難しい，支援を必要としている部分を明確にしていくことは重要であることは言うまでもありません。さらに，それに加えて，本人自身の強み（ストレングス）や本人が有する社会環境の強さ，例えば，「～することが好きだ」「～したい」という側面や協力的な家族がいること，近隣の協力を得やすいことなどの強みに目を向ける必要があります（ストレングス視点）。そして，そのクライエントの強みに気づき，引き出し，それを支援計画に組み入れていくことは，クライエントのエンパワメントにつながります。

（**4**）**振り返りの課題──事後学習**

　あなたよりも世代の上の方（例えば父母や祖父母，アルバイト先の先輩など，あなたより20歳以上の人）を選び，面談を通して生まれてから現在までの生活史を，世の中の移り変わりとともに聞き取りましょう。次に，その中から，その方が経験した大きな出来事（ライフイベント），例えば，進学，就職，結婚，出産などの中から，話していただけることを1つ選び，詳しく話を聞きましょう。

　そして，①どのような出来事があったか。②その方は，その出来事に対してどう感じていたか。③それを聞いたあなたは，何を感じたか。以上の3つの点を1,200字程度のレポートにまとめてみましょう。

　なお，レポートをまとめるにあたり，人名や地名，会社名等の固有名詞は，Aさん・B市・C社などのアルファベットで表記しましょう。年齢は○代でかまいません。また，本レポートを，担当教員以外の者が読むことはありません。

13　個人と制度を考える

（**1**）**演習の目的と内容**

1）演習の目的

　クライエントが直面する可能性のある生活課題を，その状況に応じて多方面から視野に入れることができるようにするとともに，各課題にどのような制度を結びつけることができるか検討できる力を養います。それら作業を通して，人の暮らしは全体としてどのように成り立つか学び取ることが，この演習の到達目標です。

2）演習の内容

　不慮の事故により脊髄損傷となった男性が，在宅生活を送る上でどのようなことに困るかを想像し検討するとともに，そうした課題を解決するための制度・社会資源について考えていきます。

3）この演習を体験するにあたって──演習への参加の仕方

　この演習では，生活課題を解決するための制度や資源を検討することになり

ます。そのため，受講生はどのような制度・資源が存在するか調べるための文献等を持参する必要があります。これまでの大学の講義等で使用しているテキストのうち，障害者福祉について記載されているものを持参しましょう。

　ほか，文献の一例を挙げれば，内閣府より毎年刊行している『障害者白書』があります。インターネット上で公表されていますので，環境が整えば，各クラスで受講生が自由に閲覧できるようにしておけばよいでしょう。

┌── 演習にあたっての事前学習 ──────────────────────┐

　① 事前に本節の事例（76頁）を読み，どのような困り事があるか，またそれに対応できる制度にはどのようなものがあるか調べておきましょう。

　② 調べた内容は，「事前学習表」に書き込んでおき，演習時に持参しましょう。

└──┘

（2）演習の進め方

　事例を読み，建一さんの在宅生活上で想定しうる困難，その困難に対応しうる制度・社会資源について，演習メンバーで検討しワークシート9・10に記載し，そしてその成果を発表しましょう。その後，グループメンバーとの演習を通してどのような学びが得られたかを，話し合いましょう。

1）事 例

　建一さんは男性（40歳）。専業主婦の妻（40歳）と大学1年生の長女（18歳）の3人家族です。建一さんは建設現場での仕事中に事故に遭い，脊髄を損傷しました。一命はとりとめましたが，首から下の機能が麻痺し，生活上の様々なことが独力では難しくなり，介護が必要になっています。

　近く退院し，通院によるリハビリテーションを受けながら自宅で暮らすこととなりました。在宅生活を送るにあたり建一さんには，これからどのような生活上の課題が生じると想定できるでしょうか。また，そうした課題を解決する制度や社会資源にはどのようなものがあるでしょうか。

2）事前学習表

ワークシート9　想定される困難と対応しうる制度・社会資源

想定される困難	対応しうる制度・社会資源

　また，次頁の円の上段には想定される困難，下段にはそれに対応しうる制度を書き込みましょう。

ワークシート10 建一さんの生活課題ワークシート

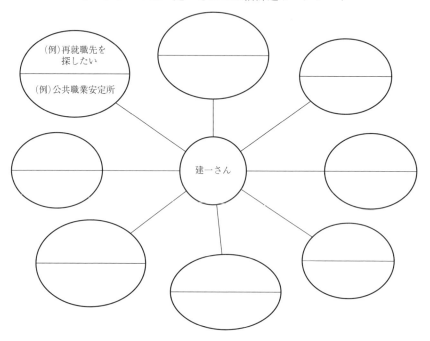

(例)再就職先を
探したい

(例)公共職業安定所

建一さん

（3）体験の考察

1）全体性の原理

　この演習は，戦後日本の社会福祉研究を牽引してきた1人である岡村重夫の研究からヒントを得て考案しています。健康であること，生活を営むのに必要な金銭があること，職業が安定していること，必要な福祉サービスを受けること等。個人が生活を営むにあたっては，複数のニーズがあり，それぞれのニーズを満たす社会制度とそれぞれ関係を結んでいくことになります。演習の中で，複数の生活課題とそれに対応する社会資源が出たことでしょう。考えるべきは，そのうちの1つでも生活課題が解決しなければ建一さんの生活全体は成り立っていかないということです。複数の制度や社会資源を活用しながらの暮らしを，いかに「トータルに（全体的に）」支えていけるかが，ソーシャルワークにおいては重要になります。

2）本人の視点から考える大切さ

　岡村は，個人と複数の社会制度との間の「社会関係」において，その主体的側面から見えてくる生活上の困難への解決を，社会福祉の固有の視点であると示しました。主体的側面から，つまり個人の側から見る困難に着目していくことになります。

　この演習では，事例演習という性質上，建一さんがどのようなことに困るか受講生同士で「想像」していきました。実際のソーシャルワークにおいてはソーシャルワーカーによる見立ても必要になりますが，基本は「本人」が何に困っているかを理解することです。

（4）振り返りの課題——事後学習

　あなたの暮らしは，どのような人々・組織・機関との関わりの中にありますか。あなたを中心に，それぞれの関係をA4用紙1枚に図式化してみましょう。

14　記録の技法を学ぶ——面接場面の逐語記録を基にした相談票の作成

（1）演習の目的と内容
1）演習の目的

　ソーシャルワーカーにとって記録の作成は大切な業務の一つです。支援した経過を記録に残し，それをもとに次の支援を展開するとともに，クライエントや家族に対して説明責任を果たすことにも活用されます。この演習では，ソーシャルワーカーとクライエントのインテークでの逐語記録から相談票を作成して，誰が読んでも相談内容が把握できる記録を作成するには，どこに留意する必要があるのかを考えていきます。

2）演習の内容

　ソーシャルワーカーとクライエントの逐語記録（会話のありのままを文章化したもの）から相談票の作成を行い，記録技法の基本的な事項について学びます。

3）この演習を体験するにあたって——演習への参加の仕方

　ソーシャルワーカーの実際の面接では，クライエントと言語による面接を行いながら，重要な箇所についてメモを取り，面接終了後に相談票を作成します。しかし，ソーシャルワーク演習を初めて受講する皆さんが，面接しながらメモを取ることは慣れてないので，この演習ではまずはメモを取ることに専念し，メモから相談票を作成することにします。

┌─── 演習にあたっての事前学習 ───────────────────
│
│　テレビやラジオの「人生相談」などを見聞きして，相談内容についてメモを取る
│練習をしておきましょう。
└──

（2）演習の進め方

①　クラスの中から援助者役（特別養護老人ホーム・生活相談員）とクライエント（利用者）役（鈴木幸子さん）の2人を選び，逐語記録[4]のとおり面接を行って下さい。他のメンバーはその内容をノートにメモを取って下さい。

援助者1：こんにちは。私はこのホームで生活相談員をしている○○○です。お電話で伺いましたが，もう一度家族構成を教えて頂けますか。同居されている方はどなたですか。

利用者1：主人の母，主人，私，子ども2人の5人家族です。

援助者2：皆さんの年齢を教えて頂けますか。

利用者2：主人は48，母は75，私は40，子どもは高1と中3です。

援助者3：おしゅうと（お舅）さんは？。

利用者3：5年前に心臓病で急に亡くなり，母もショックを受けたようでした。

援助者4：今一番お困りのことは，どのようなことですか？

利用者4：最近ボケてきたようで，外にフラフラと出歩いたり，火を付けたままだったりで，私がくっついてないといけない状態なんです。

援助者5：おしゅうとめ（お姑）さんは，自分の身の回りのことはどの程度できるのですか。

利用者5：歩いたり，食事したりはできますが，外で嘘をつくんです。例えば
　　　　ご飯を食べさせているのに，近所には嫁は昼飯も食べさせてくれな
　　　　いって言ってます。

援助者6：夜はお休みになっているようですか？

利用者6：休む時もあるんですが，夜ゴソゴソと起き出すこともあるので，私
　　　　も気になって寝れない時があります。

援助者7：このような状態はいつ頃からですか？

利用者7：2年ぐらい前からです。前には私はパートにも出ていたのですが，
　　　　父が亡くなってからはパートも辞め母をみてます。

援助者8：トイレはどうしてますか？

利用者8：たまにお漏らしするので雑巾がけをしてます。夜オムツを着けたこ
　　　　とがありますが，寝ているあいだに取ってしまうんです。

援助者9：お子さんたちは何か手伝ってくれますか？

利用者9：上の子は部活で夜は8時頃の帰宅だし，下の子は受験のため塾に行
　　　　っており帰りも遅いです。

援助者10：ご主人はどうですか？

利用者10：仕事で帰ってくるのが遅く，午前様の時もあります。

援助者11：そうですか。あなた一人で介護されているのですね。それは大変で
　　　　　すね。ところで，今度こちらの老人ホームに申し込みたい一番の理
　　　　　由は何ですかね。

利用者11：主人は賛成でなく反対なんです。もう少し頑張ってみたらと言われ
　　　　　るのですが，私としてはホームに入れたいと思っています。

援助者12：2年間の介護でお疲れになったんですね。

利用者12：お産の後遺症と医者に言われたのですが，骨盤を支える筋肉が弱い
　　　　　ので腰痛があるんです。だから疲れてくるとギックリ腰のような感
　　　　　じになり動けない時があります。3～4日休めば直るのですが，
　　　　　母がいるので休めないんです。

援助者13：ご主人のごきょうだいはどういう状況ですか？

利用者13：父が死んだ時もゴタゴタがあって，夫は長男ですが，お兄さんたちはそれなりの財産をもらったのだから，それぐらいするのは当たり前っていう考え方で，特に妹は施設に入れるのは反対です。

援助者14：妹さんは，はっきりあなたに言われるのですか？

利用者14：はい。妹夫婦は共稼ぎなので母のことはみられないし，弟の方はあまりお嫁さんが近づいてきません。

援助者15：今回こちらに来るにあたり，ご主人には話されましたか？

利用者15：主人はあまり協力的ではないんです。もう少し頑張ってみたらとしか言ってくれません。

援助者16：あなたの大変さは理解されているようですか？

利用者16：本当に私としては，母のことや私のことをわかってほしいという気持ちがあるんですがね。

援助者17：ご主人様の決意ってあたりはどうですかね。

利用者17：私がどうしてもっていうなら，それは構わないとも言ってます。でも主人としてはホームに入れなくて済むのならといった感じです。やれるだけやってみたらどうだ，とも言われてます。

援助者18：お母さんには話されましたか？

利用者18：母には話していません。

援助者19：お子さんたちはいかがですか？

利用者19：お母さん疲れたから，おばあちゃん施設に入れようかなと話したことはありますが，お母さんがよければいいよって言われました。

援助者20：話を伺ってきましたが，ごきょうだいの気持ちというか，ホンネのところはどうなんですかね。施設入所後にごきょうだいが反対することがよくあるんですよ。ごきょうだいも入所を承諾したにもかかわらず，情がわいて，かわいそうに思ってしまうことがあるので，ホンネのところでのご親族との話し合いが必要と思います。その前に，ご本人とご主人の気持ちを確認するとともに，ご主人にはあなたの気持ちをしっかり伝えて下さいね。

ワークシート11　相 談 票

対象者　鈴木花子　　女　　歳	相談者　鈴木幸子　　続柄

相談目的	

相談内容　　　　　　　　　　　　　　　　　ジェノグラム

□─○

家族構成	氏名　　続柄　　年齢　　備考	日常生活動作	移　動
	鈴木花子		
	鈴木太郎		排　泄
	鈴木幸子		
	鈴木　誠　　　　16		その他
	鈴木　俊　　　　15		

援助内容	（本日の面接で助言した内容）

引継事項	（次回の面接者への引継事項）

出所：横田正雄監修『DVD　ケースの心をとらえる面接』第1巻，ジエムコ出版，1990年を基に筆者作成。

　　　　　そのあたりを話し合った上で再度ご相談にいらして下さい。

利用者20：はい，わかりました。ありがとうございました。

②　面接内容のメモを基に，ワークシート11を作成して下さい。メモの内容で
　　不明な箇所は逐語記録で確認しましょう。なお，援助者役とクライエント役
　　の２人は，逐語記録を基に相談票を作成して下さい。

（3）体験の考察

　4～5人のグループになり，作成した相談票をメンバーに回覧します。その
中に，とてもわかりやすく見やすい相談票があるはずです。自分の作成した相
談票との違いを確認し，どのように書けばわかりやすく見やすい相談票になる
のかを学びましょう。

　また，担当教員が作成した相談票が配布されますので，皆さんが作成したも
のと比べてみましょう。担当教員が工夫している点，皆さんの相談票には記載
されていない箇所を考えて下さい。

　家族の「続柄」を見て下さい。担当教員は誰を「本人」にしていますか。実
は「本人」を誰にするかは原則があります。その理由をグループで考えてみま
しょう。

　実際の現場では，機関・施設ごとにインテークの相談票の様式が違いますし，
アセスメントやプランニング，インターベンションごとに作成する記録の様式
が決まっています。よって，ソーシャルワーカーは自身の所属する機関・施設
の各相談票に合わせて作成する必要があります。皆さんも実習施設の各相談票
を見せて頂いて，機関・施設それぞれの特徴を学びましょう。

（4）振り返りの課題──事後学習

　記録の文体には叙述体・要約体・説明体があり，図表を用いた記録としてジ
ェノグラムやエコマップがあります。「ソーシャルワークの基盤と専門職」
「ソーシャルワークの理論と方法」のテキストで，それらの内容を確認してお

きましょう。また，あなたの日常生活での出来事や心配事などを思い浮かべ，
記録の文体別にまとめてみましょう。

15　導入期のソーシャルワーク演習——振り返りとまとめ

（1）演習の目的と内容

1）演習の目的

　第1回の授業内容で説明したように，「演習」の授業は社会福祉士の養成課
程の学びの中で主要な体験学習の機会として，今後さらに75回続いていきます。
しかし，ただ体験を重ねていくだけでは，皆さんの中にソーシャルワーカーと
して，さまざまな人やその人の暮らし，さらには地域社会の課題にアプローチ
する社会福祉の専門職に必要な法・制度や支援方法の知識，支援方法を駆使す
る技術，そして社会正義や人権尊重の価値観は技能（活用可能な専門性）として
身に付いてきません。

　毎回の演習はもちろん，1段階ずつの演習の終わりは，多くの場合学期や年
度の区切りにあたると思います。そこで，どの段階の演習でも最後となるこの
演習では，それぞれの段階14回分の演習を通観して，授業での体験学習の成果
を確認して次の段階の演習に臨みましょう。振り返りで課題となったことは，
次の演習の始まりまでに，その課題に応じて対策を講じておくと専門性の「積
み上げ」が可能になります。

　そのためにも，今回の振り返りでは努力目標ではなく，具体的な次の学びの
ための取り組み課題が明示できるよう，これまでの演習の成果と課題を具体的
な項目に整理して振り返ることをこころがけましょう。特に自分自身の課題を
明確に言葉にできるよう，他人と比べるのではなく自分自身の体験を素直に振
り返ってみましょう。比べるべきは自分が目標とするソーシャルワーカー像で
す。

2）演習の内容

　この演習では，これまでの14回の演習体験を一人ひとり振り返ります。

これまでの14回の演習は，ソーシャルワークを実践する専門職として必要とされる実践基盤の基礎段階である思考の枠組みや必要とされる基礎技術，さらにはそれらを身に付けるために学習方法をどのように習慣化していったらよいのか，体験的に学んできました。

　各演習での体験やそれぞれの振り返りにも，自分の成長の様子や次の学習の課題が発見できたと思います。今回の授業ではそれを14回分通して評価してみます。手元にこれまでの授業の資料やワークシート，レポートなどを用意して授業に臨みましょう。

3）この演習を体験するにあたって──演習への参加の仕方

　等身大（現在のままの自分の成長・到達度）の自分と「少しの勇気」をもって向き合ってみましょう。誰でも自分自身を良く，甘く評価したいものです。ただし，ソーシャルワーカーの仕事では，クライエントのニーズを明確化する際多様な視点からアセスメントを加えます。当然のことながらストレングスにも着目しますが，解決が必要な課題についても「評価」を加えていきます。それは生まれる前の胎児の頃から，間もなく人生を終えようとする人まで，さらには，その死後の課題まで多様です。そして，それぞれの人なりの，プライドや羞恥心，そして誰にも人権があります。仕事とはいえソーシャルワーカーを目指す皆さんは，他人の人生に関わりそのプライバシーに深く関与する仕事であることを自覚し，そこに関わる自分自身がその仕事に必要な専門的基盤を備えているか，常に自己覚知しようと心掛ける習慣をつけておきましょう。

　ソーシャルワーカーも人間です。その生身の人間が多様な価値観や困難・課題を抱えた人や地域社会と出会うと，相手の感情の揺れに巻き込まれてソーシャルワーカー本来の「利用者主体」や「人権の尊重」の体現に葛藤さえ抱えることがあります。そして，ソーシャルワーカー個人の人生経験や仕事での経験によって成長もすれば，変化もしていきます。これまでの演習の授業で少なからず気が付いたことと思いますが，私たちは意外と自分自身の変化には気が付きません。折々立ち止まって今（現在）の自分と出会い，自分自身を知ることが専門職として必要不可欠な備えともいえるでしょう。

┌─── 演習にあたっての事前学習 ────────────────────
│
│　① これまでの演習の資料・ワークシート，レポートなどファイリングして整理し
│　　ておきましょう。
│　② 「相談援助」のテキストに眼を通しておきましょう。
│　③ ワークシートのコピーを用意しておきましょう。
│
└──

（2）演習の進め方

1）自己評価

① まず，14回の演習を終えて授業への参加態度や，演習の学びを通じて発見
　した課題など感じ・考えていることを，箇条書きでかまわないので，書き出
　しておきましょう。

② 教員の指示や助言を参考にして，ワークシート12に自己評価を記入してい
　きましょう。

2）グループ学習――相互評価

① 4～6人程度のグループを作ってお互いの自己評価について気が付いたこ
　とを話し合いましょう。

② 1）の①で書き出したメモとワークシート12の自己評価を比較して，自分
　1人で体験を振り返った時と，教員の助言を聞きながらワークシートを活用
　して振り返りをした時と自己評価は変化したでしょうか。

（3）体験の考察

1）自己理解

　演習の最初に率直に言語化した自分自身の演習の授業への参加態度や，学習
の到達度などの課題と，ワークシート12で客観的な評価の枠組みを活用して確
認できた自分自身の学習の到達度はどの程度一致していましたか。支援場面で
はソーシャルワーカー自身も一つの人的資源（社会資源）です。自分自身を適
切に活用したり，自分のできないことや苦手な事をチームアプローチの際，
チームを組む仲間に助けてもらったりできるよう，職務の限界性を超えないよ

ワークシート12　演習の授業での体験学習の自己評価

振り返り項目	視　点	自己評価	教員の助言
責　任 (Commitment)	倫理綱領などを参照し，SWr の責任を自覚して学習に臨んだか		
関　心 (Concern)	Cl の生活課題に適切な関心を寄せることができたか		
把　握 (Catch)	Cl のニーズを理解しようと試みることができたか		
接　触 (Contact)	発見したニーズに専門知識を活用して援助関係を構築しようとすることができたか		
矛　盾 (Contradiction)	望ましいとされる実践と自分が体現している試行の矛盾を受け入れられたか		
葛　藤 (Conflict)	様々な学びの課題への葛藤を次の学びへの挑戦的な動機にかえられたか		
挑　戦 (Challenge)	不安や苦手意識を克服して，課題に挑戦できたか		
カタルシス (Catharsis)	様々に生じた否定的な感情を整理したり，乗り越えたりできたか		
創　造 (Creation)	出会った課題を乗り越える方法を自分なりに創造することができたか		
関　連 (Connection)	体験を講義の学びや指導者の助言と関連づけることができたか		
他者へのかかわり (Caring)	自分なりに工夫した関わり方で援助の疑似体験ができたか		
調　和 (Congruence)	関わり方を誠実に自己評価できているか		
達　成 (Concrete)	自分で設定した課題を遂行できたか		
構　築 (Construct)	体験に考察を加えて専門的基盤として蓄積することができたか		

注：SWr：ソーシャルワーカー，Cl：クライエント。
出所：パーカー，ジョナサン／村上信ほか監訳『これからのソーシャルワーク実習——リフレクティブ・ラーニングのまなざしから』晃洋書房，2012年，63頁を参照し筆者が加筆修正。

う自分自身をよく知っておくことが必要です。また，利用者に信用される誠実なソーシャルワーカーであるためには，自分の課題を自己受容し謙虚に自らを振り返ることのできる姿勢も必要です。ソーシャルワーカーが誠実な姿勢を示し続けることで，クライエントの信用が信頼へと深まっていきます。

２）スーパーバイズの活用

　前述したように，自分のことはなかなか自分で気が付きません。自分で自覚するにはいくつかの道具や方法が必要になります。今回活用している自己評価表はソーシャルワーカーが自分で自分の体験や力量を自己評価できるように作成してあります。これは自分で自分に実践を開示して自己評価を加える，セルフ・スーパービジョンの機会でもあります。ソーシャルワーカーは責任の重い仕事ですから，今の自分の専門性の到達度は無論，自分自身の個人的価値観についてもその傾向を知っておくことが必要です。しかし，実際に自分の価値観と向かい合う機会はどのように見つけたら良いのでしょう。前述したチェックシートも自分に都合よくつけてしまえば本来の機能を果たしません。

　そこで，ソーシャルワーカーが自分の実践を適切に言語化して開示することを支え，課題やその解決方法を一緒に考え示唆してくれるのが，スーパーバイザーの存在です。演習の授業では教員がスーパーバイザーの役割をはたしてくれます。時に課題を指摘されたり，自分で自覚していない取り組み姿勢の課題などを指摘されると不愉快だったり，納得できないこともあると思います。そのような時は少し深呼吸して，もう一度教員の指摘を講義やテキストの内容と比べながら考えてみてください。自分を個別化して専門的視点から評価を加えてくれている，つまり，適切なスーパーバイズをしてくれている教員だからこそ，伝えてくれている大事な学びのポイントがあるはずです。

　今後の実習や将来の実践で利用者との間に信頼関係を築くことのできるソーシャルワーカーに育つためにも，スーパービジョンを積極的に活用できるようになりましょう。

演習振り返りシート

学籍番号 ＿＿＿＿＿＿＿＿＿　　氏名 ＿＿＿＿＿＿＿＿＿＿

１．今日の自分をどのように評価しますか

＿＿＿＿＿＿＿＿＿＿＿＿＿＿＿＿＿＿＿＿＿＿＿＿＿＿＿＿＿＿＿＿＿＿
＿＿＿＿＿＿＿＿＿＿＿＿＿＿＿＿＿＿＿＿＿＿＿＿＿＿＿＿＿＿＿＿＿＿
＿＿＿＿＿＿＿＿＿＿＿＿＿＿＿＿＿＿＿＿＿＿＿＿＿＿＿＿＿＿＿＿＿＿
＿＿＿＿＿＿＿＿＿＿＿＿＿＿＿＿＿＿＿＿＿＿＿＿＿＿＿＿＿＿＿＿＿＿

２．今日の授業で気づいたことは何ですか

＿＿＿＿＿＿＿＿＿＿＿＿＿＿＿＿＿＿＿＿＿＿＿＿＿＿＿＿＿＿＿＿＿＿
＿＿＿＿＿＿＿＿＿＿＿＿＿＿＿＿＿＿＿＿＿＿＿＿＿＿＿＿＿＿＿＿＿＿
＿＿＿＿＿＿＿＿＿＿＿＿＿＿＿＿＿＿＿＿＿＿＿＿＿＿＿＿＿＿＿＿＿＿
＿＿＿＿＿＿＿＿＿＿＿＿＿＿＿＿＿＿＿＿＿＿＿＿＿＿＿＿＿＿＿＿＿＿

３．今日の授業でわからなかったこと，困ったことは何ですか

＿＿＿＿＿＿＿＿＿＿＿＿＿＿＿＿＿＿＿＿＿＿＿＿＿＿＿＿＿＿＿＿＿＿
＿＿＿＿＿＿＿＿＿＿＿＿＿＿＿＿＿＿＿＿＿＿＿＿＿＿＿＿＿＿＿＿＿＿
＿＿＿＿＿＿＿＿＿＿＿＿＿＿＿＿＿＿＿＿＿＿＿＿＿＿＿＿＿＿＿＿＿＿
＿＿＿＿＿＿＿＿＿＿＿＿＿＿＿＿＿＿＿＿＿＿＿＿＿＿＿＿＿＿＿＿＿＿

４．自分自身が成長したと思うことは何ですか（どんな小さなことでも）

＿＿＿＿＿＿＿＿＿＿＿＿＿＿＿＿＿＿＿＿＿＿＿＿＿＿＿＿＿＿＿＿＿＿
＿＿＿＿＿＿＿＿＿＿＿＿＿＿＿＿＿＿＿＿＿＿＿＿＿＿＿＿＿＿＿＿＿＿
＿＿＿＿＿＿＿＿＿＿＿＿＿＿＿＿＿＿＿＿＿＿＿＿＿＿＿＿＿＿＿＿＿＿
＿＿＿＿＿＿＿＿＿＿＿＿＿＿＿＿＿＿＿＿＿＿＿＿＿＿＿＿＿＿＿＿＿＿

５．（その他，担当教員の指示に従って記入して下さい）

＿＿＿＿＿＿＿＿＿＿＿＿＿＿＿＿＿＿＿＿＿＿＿＿＿＿＿＿＿＿＿＿＿＿
＿＿＿＿＿＿＿＿＿＿＿＿＿＿＿＿＿＿＿＿＿＿＿＿＿＿＿＿＿＿＿＿＿＿
＿＿＿＿＿＿＿＿＿＿＿＿＿＿＿＿＿＿＿＿＿＿＿＿＿＿＿＿＿＿＿＿＿＿
＿＿＿＿＿＿＿＿＿＿＿＿＿＿＿＿＿＿＿＿＿＿＿＿＿＿＿＿＿＿＿＿＿＿
＿＿＿＿＿＿＿＿＿＿＿＿＿＿＿＿＿＿＿＿＿＿＿＿＿＿＿＿＿＿＿＿＿＿

（4）振り返りの課題──事後学習

1,200字程度で，「ソーシャルワーク演習の体験学習を通じて出会った自分」についてレポートを作成しましょう。具体的な体験を言語化して感じたこと，考えたことを述べてみましょう。レポート作成にあたって，今回の演習での振り返りを参考にして，もう一度14回分過去の演習の授業の資料等を見直してみましょう。自分自身の学習課題が何かしら見つかるはずです。見つかった課題はそのままにせず，自分なりに復習をしておきましょう。

注

(1) 社会福祉辞典編集委員会編『社会福祉辞典』大月書店，2002年，549-550頁。

(2) 平木典子・福山清蔵「ロールプレイング」柳原光編『人間のための組織開発シリーズ 2』行動科学実践研究会，1978年。

(3) 北島英治・副田あけみ・高橋重宏・渡部律子編『ソーシャルワーク演習（上)』（社会福祉基礎シリーズ④）有斐閣，2002年，8頁。

(4) 横田正雄監修『DVD　ケースの心をとらえる面接』第1巻，ジエムコ出版，1990年。

参考文献

岡村重夫『社会福祉原論』全国社会福祉協議会，1997年。

金澤泰子『天使の正体』かまくら春秋社，2008年。

川村隆彦『価値と倫理を根底に置いたソーシャルワーク演習』中央法規出版，2002年。

川村隆彦『支援者が成長するための50の原則──あなたの心と力を築く物語』中央法規出版，2006年。

川村隆彦『ソーシャルワーカーの力量を高める理論・アプローチ』中央法規出版，2011年。

佐藤俊一『ケアを生み出す力──傾聴から対話的関係へ』川島書店，2011年。

白澤政和・尾崎新・芝野松次郎編『社会福祉援助方法』有斐閣，1999年。

ソーシャルワーク演習教材開発研究会編『ソーシャルワーク演習ブック』みらい，2013年。

副田あけみ・小嶋章吾編『ソーシャルワーク記録──理論と技法』誠信書房，2006年。

辻村みよ子『人権をめぐる十五講──現代の難問に挑む』岩波現代全書，2013年。

内閣府（毎年刊行）『障害者白書』内閣府。

バイスティック，F.P./尾崎新・原田和幸・福田俊子訳『ケースワークの原則──援助関係を形成する技法』誠信書房，2006年。

森田ゆり『エンパワメントと人権──こころの力のみなもとへ』部落解放・人権研究所，1998年。

山崎美貴子「相談援助の価値基盤」『社会福祉援助技術論Ⅰ』全国社会福祉協議会，2014年，42-61頁。

大和三重編『ソーシャルワークの理論と方法Ⅱ』みらい，2010年。

渡部律子『高齢者援助における相談面接の理論と実際 第2版』医歯薬出版，2011年。

第3章	クライエントとの出会いと支援の始まり ――ソーシャルワークの支援過程を体験的に 学ぶ①

　第2章での演習では，ソーシャルワーカーや社会福祉士養成に必要な学びにあたっての基本的な姿勢や技術を身に付けることを目的に，コミュニケーションの方法や学習方法を学んできました。第3章では，第2章の学びを前提に，ソーシャルワークの援助過程の最初の段階を丁寧に学んで，基本的な「対象者の理解」と「援助関係を作るための体験的理解」を試みます。各演習のプログラムごとに援助関係の作り方の幅を広げながらクライエントに近づき，クライエントのさまざまな事情や人柄に出会います。

　ソーシャルワーカーは新たな援助に臨む度に，クライエントに合わせてコミュニケーションを工夫したり，相手（援助の対象）を理解しようと，それまで養成課程や援助経験の中で学んできた知識を活用して面接に臨みます。本章では，前半はコミュニケーション方法の洗練を意図して，後半はソーシャルワーカーらしくクライエントと関係形成できることを目指して面接のロールプレイを重ねます。

　1回，1回の学びにおいて，事前学習（体験学習の準備）⇒体験⇒振り返り（事後学習：次回の課題の整理と準備），そしてまた，事前学習⇒体験⇒振り返りという学習過程を繰り返していきます。この過程の繰り返しは学びの過程だけでなく，援助過程をソーシャルワーカーらしく展開していくための練習でもあります。実際の援助においてもソーシャルワーカーはクライエントについて事前に情報を集め，何等かの仮説を持って援助に臨み，援助に評価を加えて課題を修正したり再計画したりして，また次の援助過程を進めていきます。

　言い換えれば，援助にあたって準備をしたり，援助の後評価を加えたり，助言を得たり確認したりしなければ，人の命や人生に責任を負うような仕事はで

きないともいえます。本章の演習のプログラムはこれまでの演習の復習から始まり，コミュニケーションを会話から対話へと発展させ，徐々にソーシャルワーカーらしい面接ができるように洗練し，援助関係を築くことができるよう，体験学習を重ねていきます。事前・事後学習を活用しながら，自分の中にソーシャルワーカーらしい面接の力を培っていきましょう。

そして，1回1回の演習が終わった際は，その演習時間内での発見や気づき，または，その後の課題を明確にするために第2章章末にある「演習振り返りシート」を使って自分自身の振り返りを行いましょう。

1　インタビューから他者を知る——他者理解

（1）演習の目的と内容
1）演習の目的
この演習を，ソーシャルワーク演習の導入体験として位置づけて，クラスのメンバーがお互いに知り合いになることができるよう学びながら，関係形成を試みます。次の演習の授業に際しての不安や緊張を軽減し，安心して臨めるような環境を作ります。そして，他者を理解するために，ソーシャルワークの様々な場面で活用する「インタビュー」（意図的に他者の話を聞く）を経験してみます。

2）演習の内容
以前の演習でも体験した自己紹介と他者紹介ですが，その後の講義科目等での学びを活かして，今回の体験学習に臨みましょう。まず，初めて出会った演習クラスのメンバーを知り，また，自分自身を知ってもらいましょう。このような相互理解をソーシャルワークに欠かせないインタビューとして体験してみます。

3）この演習を体験するにあたって——演習への参加の仕方
クラスにおける学生間の距離を縮めるように意識しながら仲間づくりを積極的に行う気持ちで参加しましょう。そして，これまでの演習で学んだことを思

い出し，コミュニケーション技術を活用してみましょう。

┌── 演習にあたっての事前学習 ────────────────────
│
│　① 自己紹介や他者紹介の意義を考え，他者紹介をする時に相手から何を聞き取れ
│　　ばよいのか考えて，あらかじめ聞き取りの項目を列挙しておきましょう。
│　② これまでの演習や講義資料を確認して，そこで学んだコミュニケーションや面
│　　接の資料を次の授業にもっていけるようファイルしておきましょう。
└──

（2）演習の進め方

1）インタビューをする

① 第三者に他者を紹介するために何を相手から聞き取るのか，事前学習で準備した項目を隣の人と相互に確認してみましょう。

② 2人1組になり，相手を紹介するために必要な情報を互いにインタビューをしてみましょう。

　ⅰまず，ペア間で挨拶をしましょう。この時のペアは，事前に項目確認をした人以外の人と組みましょう。

　ⅱⅰで作成した項目を使って，インタビューを進めてみましょう。

　ⅲ聞き取った内容は忘れないように，必要な事をメモしておきましょう。

　ⅳメモを取る時は，相手の了解を得ましょう。

　ⅴインタビューは5分間で，お互いに交代しましょう。

2）仲間をみんなに紹介してみよう

① 聞き取った内容をみんなに紹介してよいのか相手の了解を得ましょう。

② 聞き取った内容を1分で紹介できるよう，話す内容と順番を考えておきましょう。

③ 紹介する相手に演習クラスで仲間ができ，覚えてもらえるように話の内容を考えてみましょう。

④ インタビューした相手を全員の前で紹介しましょう。

⑤ ペアの相手に紹介された時の気持ちや気づいたことについて意見交換をしてみましょう。

（3）演習の考察

　自己紹介や他者紹介，面接などこれまでの演習でも体験してきたことを復習しながら，さらに一歩内容を深めてソーシャルワーカーの専門性や守るべき倫理規定などを意識してインタビュー（情報収集）と他者紹介（情報公開）の体験ができたでしょうか。

　まず，「受容」「共感」「傾聴」といった人に関わる基本的態度を意識しながらインタビューに臨むことができましたか。その際，"丁寧にあなたの話を聴いています"という応答に，言語コミュニケーションや非言語コミュニケーションをどのように活用できましたか。相手が自分を見ていないのにうなずいて，非言語コミュニケーションを活用した"つもり"にはなっていませんでしたか。

　また，相手が話しにくそうにした時には例示を用いて「Yes」「No」で応えてもらったり，相手の話が広がりをみせたら，確認したいことに「それは誰のことですか」「そしてどうなったのですか」と相手の話の展開をうながしたり，クローズド・クエスチョンとオープン・クエスチョン等も活用できたでしょうか。

　さらに，「演習の進め方」でも確認しておきましたが，面接の際に記録を取ることについては原則として，メモ・録音等をしてよいのか相手の了解を取ることが必要です。面接者だけでなく，相手もあなたを見ています。インタビューは，相互に見るというプロセスです。また，情報の公開についても相手の了解をえることが必要です。面接等で知り得たクライエントの情報は，どのように活用，公開すればよいのか，倫理綱領や法律，専門知識として明らかにされています。守秘義務の理解とともに復習しておきましょう。

（4）演習の振り返り——事後学習

　今回のインタビューについて，これまで学んできたコミュニケーションの留意事項は意識できたか，コミュニケーション方法は活用できたのか，という点について，自己評価を行いましょう。

　これからの面接の体験学習に備えて自分の課題を理解しておきましょう。そのために，今回の演習で自覚した他者との関係づくりにおける課題を列挙し，

その改善・解決の方法を考えて記録をしておきましょう。その記録が自分自身の学習課題になっていきます。

　今後，毎回，演習全体における自己評価を行いましょう。毎回自己評価を加えることで今の自分と出会うことができて（自己理解），変化していく自分に気がつくこと，つまり「自己覚知」ができます。

2　援助関係を作る

（1）演習の目的と内容

1）演習の目的

　クライエントが援助者との援助関係を理解し安心して相談できるように，援助関係について，自分の言葉で説明できるようになることを目指します。また，専門職として対人援助を行う際に備えておくべきもの（姿勢・態度・知識・価値観）を理解し，演習において各自が学ぶ目標（何を目指すのか）と，内容（何を習得しなければいけないのか）を明確にします。

2）演習の内容

　ソーシャルワークとはどのようなものか，クライエントとソーシャルワーカーの関係つまり専門的関係を築く事がどのようなことか，理解ができるようになりましょう。そのために，友人に相談する場合と専門家である援助者に相談する場合の違いについて，これまでの学習成果をふまえた理解となるよう，グループで意見交換を行います。

3）この演習を体験するにあたって──演習への参加の仕方

　繰り返しになりますが，演習の時間の学びを深めるために事前学習ならびに事後学習は，必ず実施しておきましょう。ここでは，ソーシャルワークの専門職に自らが従事するという意識を持って真剣に取り組みましょう。

　お互い，専門職を目指す者同士として相手の学びを尊重し，意見交換の際はお互いの学び合いの機会を活かせるよう，誠実に意見を述べましょう。また，演習の内容について，特に仲間の課題や上手くいかなかったことなどは，次の

演習以外のところで安易に話題にしないようにしましょう。「守秘義務」「プライバシーの尊重」などソーシャルワーカーとして備えるべき姿勢を理解していれば、できていて当然のことです。

┌─── 演習にあたっての事前学習 ───────────────────────

① 専門的援助関係とはどのような関係を指すのか、調べたり、考えてまとめておきましょう。

② 対人援助の専門職が備えておく必要のあるものは何かを考えてまとめておきましょう。

└──

（2）演習の進め方

今回の演習はグループ学習で自分たちの理解を深めます。

① 4人程度のグループになり以下の点を話し合い、グループの意見をまとめてみましょう。

ⅰ 自分たちが友人知人ではなく、専門家に相談しようと思う時はどんな場合か考えてみましょう。

ⅱ ⅰの話し合いの内容を参考に、友人関係と対人援助の関係について、似ている点や異なる点を挙げてみましょう。

ⅲ 以上の話し合いから、専門的援助関係と知り合いへの相談との相違を具体的に表現（3行程度の文章）してみましょう。

ⅳ 事前学習の②で考えたものをグループ内で意見を交換し、ⅲで挙げた対人援助の専門職としての相談ができるように備えるためには、何が必要かグループとしての意見をまとめてみましょう。

② ①の内容をA4 1枚程度に整理して、話し合いの経過と結果がわかるように発表してみましょう。

（3）演習の考察

ソーシャルワークは、専門職によって援助基盤を活用して展開される「相談」から始まる相互関係を利用した支援です。まず、専門職としての「援助基

盤」にどのようなものが必要か確認できたでしょうか。具体的には，「社会福祉士及び介護福祉士法」や「社会福祉士の倫理綱領」などを復習してみるとよくわかることと思います。また，社会福祉士国家試験受験資格の前提となる科目にどのようなものがあるかを見ても明らかでしょう。

　前回の演習でも，単なる人間関係づくりと面接を通しての援助関係づくりの相違について，個人情報保護の点から考えてみました。専門職として知り得た情報の管理は，法律遵守，倫理規定遵守双方からソーシャルワーカーとして自覚が求められるところです。個々の演習では，同様にソーシャルワーカーとして身に付けるべきことが明示され，そのために必要な体験学習の機会が提示されます。

　しかし，演習に臨む皆さんに十分な準備（事前学習）ができていないと，演習の目的を理解できず，ロールプレイなどでも「役割」を演ずるには至らず，単なる「ごっこ（真似事）」に終わってしまいます。今回の演習で比較した「友人関係」と「援助関係」の相違がわからないまま，優しさや思いやりだけで「似て非なるもの」の真似をするだけで終われば，専門性を身に付けたり，向上させる体験にはなりえません。また，日常の自分が職場に行くだけで，別人になることができるわけでもありません。したがって，日頃から他者との関係について振り返って，自分の課題を明らかにすることが必要です。専門職らしい言動は，どれほど経験を積んでも「自然に」できるものではありません。日々の暮らしの中で変化する自分を自覚しながら，「専門的統制」を心がけることが必要となります。

　そのためには，演習の体験の場面で自覚的に自己観察（モニタリング）をしていなければ，振り返り（事後学習）をしても，体験の際の自分の言動や感じていたこと，考えていたことを明瞭に思い出して考察を加える（知識や感性に基づいて自分の体験を評価する）こともできないでしょう。将来専門職として「援助関係」を構築できるソーシャルワーカーになるために，今何を学ぶべきか教員の指導や助言を活用しながら，主体的に事前学習・事後学習を重ねて，1回1回の演習（体験）を実り多い学びの機会にしていきましょう。

（4）体験の振り返り

　演習前と演習後で援助関係の理解は変化しましたか。自分の理解の変化の有無とその理由を考えてみましょう。また，今後演習の授業にどのような心構えで臨みますか。上記の振り返りを参考にして自分なりの学習課題を考え，次の学びの機会に実際に取り組みやすいように項目ごとに箇条書きにしてみましょう。

3　手紙による相談への対応──対象者の理解①

（1）演習の目的と内容

1）演習の目的

　クライエントが訴えている課題を聴き（読み）取って理解できるようにしましょう。そして，クライエントに対する理解を深め，ソーシャルワーカーとして次の援助の展開を考えて実践できるようにしましょう。

2）演習の内容

　相談には多様な手段があります。直接の来訪による対面によるもの，電話やメール，そして手紙による非対面の相談等です。この演習では，手紙による相談への対応を体験してみます。そして，手紙という限られた情報から，クライエントの訴えの概要を理解しようと試みます。また，様々な方法を駆使してクライエントの理解を深め，援助の展開を考えて手紙の返事を書いてみます。

3）この演習を体験するにあたって──演習への参加の仕方

　ここでは，クライエントの理解を深めることを目指しています。ソーシャルワークは本人が問題であると訴えている課題や不安を聴き取ることから始まります。その訴えはクライエント本人にとっては「事実（と認識している事)」ですが，立場や見方を変えると理解が変わることもあります。

　クライエントだけでなく，その相互作用を及ぼす家族や環境にも関心を向け，クライエント自身とともに，家族を含む環境についても共感的な態度で理解できるような姿勢で参加しましょう。

─── 演習にあたっての事前学習 ───

① 手紙から読みとれる藤堂さんの人となりと，藤堂さんを取り巻く環境（状況）を，事実（手紙の内容）に基づいて記述しましょう。
② 藤堂さんは，どんな気持ちや思いでこの手紙を書いたか考えてみましょう。
③ 藤堂さんを取り巻く，息子の嫁，息子，孫の気持ちや思いを想像してその心情を記述しましょう。
④ 藤堂さんを含むこの家族の問題点と良いところをそれぞれ5つ以上，挙げてみましょう。
⑤ 地域包括支援センターの業務内容とその役割について調べて演習に備えておきましょう。

（2）演習の進め方

以下の手紙を題材にグループ学習の準備をしましょう。

令和〇〇年5月21日

地域包括支援センター御中

前略

　初めまして，下田町に住む79歳になる老婆です。今，事情がありまして大田地区の菜の花特別養護老人ホームに明日からショートステイで3週間お世話になる予定です。
　急なお手紙で失礼いたします。近所の友人から地域包括支援センターのことを聞きました。突然ですがお力になってもらいたいと思い，無礼を承知で書かせて頂きました。私は，息子と嫁と孫と4人で暮らしています。夫は，心臓の病気で5年前に他界しました。息子は，働き者で早朝に家を出て深夜の帰宅がほとんどで休日も仕事に行くことが珍しくありません。孫は，子どもの頃は，よく遊んでやったものでしたが，現在は大学やアルバイトが忙しくて顔を合わせることさえ少ない日常です。嫁は，仕事をしていないので日中2人でいることが多いです。嫁は，昔は，私の言うことは，素直に何でも聞いていましたが最近は，私のことをバカにするような言葉を使ったり，ひどい時には，食事も出してくれませんし，お風呂も入りづらいです。自分の小遣いで外食すればいいものですが年金は，すべて嫁が管理しているので私の自由になりません。このところ，嫁の顔を見ると動悸がするような気がして話もできません。嫁は，私のことなど気にもとめていないように暮らしています。
　最近は，少しずつ物忘れがひどくなり，今後のことも心配です。年を取れば誰でも若い人の世話になるものだと思いますが，このような時には年寄りの私が我慢するべきことなのでしょうか。このようなことは，どこのお年寄りも経験することなのか知りたいです。当たり前のことなのですか。どう考えればよいのかわからなくてお手紙を書きました。失礼いたします。

草々
藤堂史子

① 4人程度のグループになり，事前学習で調べてきた内容についてグループで情報を交換し確認しましょう。次に，手紙から読みとれる藤堂さんと藤堂さんを取り巻く環境（状況）（藤堂さんの心情・藤堂さんと家族の関係・藤堂さん家族の抱える課題・藤堂さん家族のもつ力）を事実に基づいて具体的に整理して記述しましょう。そして，藤堂さんとその家族に対するグループ内のお互いの視点や気づきを学び合いましょう。

② あなたは地域包括支援センターのソーシャルワーカーです。藤堂さんに，以下の点をふまえ，返事を書いてみましょう。

ⅰ地域包括支援センターの機能と役割とソーシャルワーカーである自分の職能の役割を確認しておきましょう。

ⅱ今後藤堂さんとどのように関わるつもりなのか，方向性を確認しておきましょう。

ⅲ藤堂さんへの手紙の内容の構成を考えましょう。その際一般的な手紙の書き方も調べて，活用してみましょう。

（3）演習の考察

　この演習では，非対面の一方通行の相談にどのように応えるのか，皆で考えてみました。限られた情報から適切かつ妥当な対応を提案していきます。まず，相談者は，79歳の女性です。近隣の方の紹介であなたが勤務する地域包括支援センターのことを知って，今現在不安に思っていることを相談してきています。事前学習で地域包括支援センターについて，調べ学習をしてもらいましたので，自分の職能や職権，さらには職場にどのような同僚が勤務しているか理解した上で手紙を情報源とした藤堂さんの援助を検討することになります。

　また，藤堂さんの手紙の内容からは，家族に関する情報や藤堂さん自身の生活状況，そこで感じている不安が書かれていましたが，情報量は必ずしも多くありません。この限られた情報から一定の推論をたてるために，事前学習の内容を活かして，藤堂さんの主観的訴え（フェルトニーズ）を適切に理解し，家族の対応の方法が示す可能性（コンパラティブニーズ）を仮説として明確化できた

でしょうか。情報と知識を関連させて考えてみると，情報の理解の仕方にはいくつか異なる視点や理解があったと思います。自分自身の気づきや，仲間との意見交換で，仲間から自分とは異なる視点や理解が提起されたと思います。

　ソーシャルワーカーの援助は専門職による援助ですから，根拠の明確な実践（エビデンス・ベイスド・プラクティス：Evidence based practice）であることが必要です。そして，その根拠はクライエントと共有できるものであり，社会に承認されるレベルと内容であることが必要です。仲間との話し合いの中で，自分の視点や判断の根拠を何等かの根拠（エビデンス）に基づいて説明できましたか。

　まだまだ説明責任（アカウンタビリティ：Accountability）に耐えうるソーシャルワーカーらしい思考が身に付くまでには学びを重ねることが必要です。少しずつ，根拠に基づいて考える習慣を身に付けていきましょう。

（4）演習の振り返り──事後学習

　演習を通じて自分自身の知識基盤について，自己評価してみましょう。そして，今回の演習の成果をふまえて，自分なりに藤堂さんへの返事を完成させましょう（作成した手紙は次回の演習で使います）。

4　手紙の返事にみる理解の多様性──対象者の理解②

（1）演習の目的と内容
1）演習の目的
　前回の演習で共有化したクライエントの状況や生活背景の理解，つまり複数のソーシャルワーカーがたとえ同様の情報を得た場合でも，個々のソーシャルワーカーによって，異なる視点や介入方法が想定されることを学び合い，ソーシャルワークの援助の多様性を理解します。また，その際ソーシャルワーカーの力量（知識・方法〔技術〕価値観：技能）によって，援助内容に多様性ばかりでなく，「差」が生じる危険性があることも学びます。

これらの学びをふまえて，クライエントをどのように理解したか，返事を書く際その内容にソーシャルワーカーらしい配慮を反映できるようにしましょう。また，相手と実際に会っていない中で手紙を書くこと（一方向のコミュニケーション）にも気を付けてみましょう。

2）演習の内容

　手紙の返事を書く際，クライエントにどのような配慮をしたか確認し，グループ内で手紙の返事を読み合いながらメンバーがそれぞれクライエントをどのように理解したのかを共有し，その理解の多様性に目を向けてみましょう。また，クライエントに対する配慮を確認した後に，それを反映した手紙（支援の一技法として）の返事を書いてみましょう。

3）この演習を体験するにあたって──演習への参加の仕方

　仲間との学び合いからソーシャルワークの多様性への関心を高め，クライエントを理解したいということを手紙の返事で相手に伝える時にどんなことに気をつけたか，自分なりの配慮を仲間に説明できるよう考えておきましょう。また，実際に手紙を投函するつもりで，封筒の書き方など基本的な手紙の書き方を調べておきましょう。

┌─ 演習にあたっての事前学習 ─────────────────────┐
│ ① 自分が作成した手紙の返事を読み返し，返事を書くにあたって配慮したことを │
│ 列挙してみましょう。なるべく，便せんや封筒を使って手紙を作成し，実際に投 │
│ 函できる形に完成させてみましょう。 │
│ ② 作成した手紙のコピーをグループメンバーの人数分用意しておきましょう。 │
└───────────────────────────────────────┘

（2）演習の進め方

① 　4人程度のグループになって，お互い書いてきた手紙の返事を読み合って，意見交換しましょう。また，手紙の返事のコピーをメンバーに配り，返事を読み上げ，返事を書くにあたって配慮したことを発表しましょう。次に，発表内容について，さらに説明してほしいことや確認したいことについて質問し合いましょう。そして，お互いの返事について，良い点，さらに工夫した

ら良くなる点を助言し合いましょう。

②　グループメンバーとの話し合いを参考に，もう一度，返事を書き直しましょう。

（3）演習の考察

　この演習では，ソーシャルワーカーからの非対面・一方通行のコミュニケーションの応答を，手紙という手段で試みることを題材に，対面型の面接とは状況やコミュニケーション手段方法が異なっても可能な限りソーシャルワーカーらしい「実践」が展開できるよう体験的に学びました。ソーシャルワーカーとして，クライエントへの理解の姿勢や提供すべき情報など正確・十分に言語化して伝えることができましたか。最初にも示したように，個々の対応によって差が生ずることで利用者（クライエント）に不利になることが，避けたいことです。

　併せて，手紙による応答にはある程度の限界性があることをどのくらい気づいて（自覚して），話し合いや手紙の作成に臨むことができたでしょうか。そして，その時，直接クライエントと関わっている関係機関（大田地区の菜の花特別養護老人ホーム）のソーシャルワーカーとの連携をどの程度想定することができていましたか。単に「返事を書く」ことだけでなく，「どのように返事を書くか」，そして，「返事を書いた後，どのような支援を想定するか」，ソーシャルワーカーとして必要な配慮を考えることができたでしょうか。

　ソーシャルワーカーであるあなたが，藤堂さんの手紙の限られた情報から思い悩んだり，想像をめぐらせたように，藤堂さんもあなたの返事の限られた情報から，何らかの示唆を得るだけでなく，思い込みに陥ったり，不安を強めたりする可能性もあります。その時必要になるのが「つながっていること」です。藤堂さんが，返事をくれたソーシャルワーカーや大田地区の菜の花特別養護老人ホームのソーシャルワーカーと「つながりたい」と思ったり，藤堂さんの様子を観察した同ホームのソーシャルワーカーが「つながる必要性がある」と判断して藤堂さんとのつながりを強化したり（アウトリーチ）できることが必要

です。当然，双方のソーシャルワーカー同士がつながっていること（連携）は大前提です。

　今回の手紙を通じての出会いは，次の援助の機会へつながる出会い（援助の契機）でもあります。1回1回の，多様な形でのクライエントとの出会い（援助の契機）を逃さず捉えるためには，ソーシャルワーカーに相応しい価値観や十分な知識と，知識に裏づけられた多様な援助方法（技術）を技能として備えていることが必要です。併せて，それが社会人としてのマナーやルールを踏まえた対応であることは，言うまでもありません。

（4）演習の振り返り──　事後学習

　手紙の返事を書くにあたって，ソーシャルワーカーとしての思考をめぐらし返事を書くことができたでしょうか。手紙の書き方は，ソーシャルワーカーとして，さらには社会人として十分なものだったでしょうか。そして，この2点を振り返り，上記を意識して返事を書き直してみましょう。さらに，仲間のアイディアなどを参考にして，他の書き方を試すなど，アプローチの仕方を変えて書いてみるなども行ってみましょう。

5　専門職としての聴く・話す体験──面接技術①

（1）演習の目的と内容

1）演習の目的

　これまでの講義や演習で学んできた面接技術，中でもコミュニケーション方法を意識的に活用して習得することを目指します。中でも，特にインタビューを体験し，面接技法の中でも使われる頻度が高い傾聴の方法や態度を習得します。そして，インタビューを体験学習することで，開いた質問や閉じた質問を使い分けて場面に合わせた適切な質問ができるようにします。

2）演習の内容

　この演習では，面接のロールプレイを体験します。面接の内容はお互いの1週間の暮らしについてのインタビューです。まず，相手にどのような1週間を過ごしたかインタビューをします。次に，インタビューの際に面接技術である傾聴と適切な質問に留意し実践的に試みてみましょう。そして，相手から聴きとった1週間の出来事を他者に伝わるように記録してみます。

3）この演習を体験するにあたって——演習への参加の仕方

　これまで学んだコミュニケーション技術，面接方法などを意識的に活用してみましょう。また，面接の相手が顔見知りの友人の場合でも，日頃の友人とのおしゃべりとは異なり，専門職が行う目的をもった会話であることを意識してロール（役割）に集中して臨んでみましょう。特に目的を持った会話は，こちらが一方的に進めることはできないことも理解し，相手に合わせながら相手の気持ちや言葉にならない思いなども引き出すように工夫を重ねてみましょう。

```
── 演習にあたっての事前学習 ─────────────────────

　①　面接における基本的な傾聴と質問技法について調べてまとめておきましょう。
　②　インタビューを受ける準備として，ある週の1週間について，自分の生活や行
　　　動を書き出して整理しておきましょう。
```

（2）演習の進め方

1）　インタビューのロールプレイの体験

①　3人のグループを作り，観察者，インタビュイー（インタビューを受ける
　　人），インタビュアー（インタビューを実施する人）の役割分担を決め，順番に
　　それぞれの役割を体験しましょう。

②　インタビュイーとインタビュアーのペアになって相手の1週間の出来事を
　　インタビュー（10分程度）しましょう。

③　観察者はインタビュアーの傾聴や質問技法を評価することを前提に，イン
　　タビュイーとインタビュアー両者の様子を観察しながら，気が付いたことは，
　　どんなに小さなこともメモしておきましょう。

2) 相互評価

① 3人のインタビューが終了したら，順番に以下の点について相互評価をしてみましょう。

　ⅰインタビュアーは自分が工夫した点を説明してみましょう。

　ⅱインタビュイーはインタビュアーの工夫をふまえて自分の感じたことを伝えましょう。

　ⅲ観察者は自分の観察に，両者のやり取りに対する説明や感想を加味して観察結果を伝えましょう。

② ①の話し合いをふまえてお互いの面接技術について助言し合いましょう。

（3）演習の考察

　これまでも何度か演習での授業で面接の体験を重ねてきましたが，その学びと今回の演習に備えての復習を重ねて，自分なりの課題を意識しながら面接体験に臨むことができたでしょうか。そして，今回の演習では自己評価だけでなく他者の実践を相手の専門性の向上につながるような観察をすることも併せて求められました。適切な観察をして，それを明確に言語化して専門性をふまえた評価として表現することができたでしょうか。

　今回の面接のロールプレイでは，インタビュイーがあらかじめ1週間の体験を整理して，聞かれたら何をどのように話そうか準備をしてきているので，比較的順序良く，5W1H（When, Where, Who, What, Why, How）なども意識して，話してくれたのではないかと思います。実際のインタビューでは，インタビュイーは順番や内容など考えながら，あるいは思い出しながら自分の興味・関心の印象の深いところから話してくれます。また，インタビュアーが聞きたいことをインタビュイーが話したいと思っていないかもしれません。そして，話の内容を深めたり，情報を確認するためには，必要に応じて話の内容を確認するフィードバックも必要となります。

　このようなインタビューは面接の中でも，特に「何を聞きたいか（確かめたいか）」が明確な面接でもあります。その目的を達成するためには言語・非言

語の応答を駆使して傾聴を心掛け，さらに聞き取った内容の精度を高めて可能な限り正確な理解を図っていくことが必要となります。そのためには，相手の話しやすさとともに情報確認としてのクローズド・クエスチョンやオープン・クエスチョンの活用も必要です。聞き取った内容を確認しながら，次の質問方法を想定して話し方を工夫できたでしょうか。インタビューでは，受診⇒判断⇒発信をインタビュイーの話のテンポや動機を阻害しないよう，相手のペースで進めていくことが必要です。

　さらには，インタビュアーとしてだけでなく，評価者として前述のような留意点を意識して面接に臨むことができたでしょうか。すでに本章1で指摘したように，インタビューとは相互に見ることであり，ソーシャルワーカーがどのように見たかだけでなく，見られていることがわかりましたね。他者を評価する視点は自己評価の視座でもあります。仲間の体験が有意義なものになるよう努力することが，自己評価の時には意識が難しい「評価に臨む責任の自覚」にもつながり，専門性の洗練の機会にもなります。こうした学び合い，高め合いが可能となることも演習の授業のおもしろさでもあります。

（4）演習の振り返り――事後学習

　面接技術の体験に必要な事前学習は十分だったかどうか，自己評価を加えて自らの課題を明確にしましょう。また，相手から聴きとった1週間の出来事を，記録技術を意識して記録に起こしてみましょう。

6　受容的な関わり――面接技術②

（1）演習の目的と内容

1）演習の目的

　インタビューを体験し，面接技法である基本的応答技法を習得しましょう。そして，面接では，単に面接技法を身に付けるだけではなく，クライエントとの援助関係の構築を目指します。

2）演習の内容

　この演習では面接を事実確認ではなく，クライエントの想いを共感的に理解しようとすることで，クライエント自身への理解を深め，クライエントの個別化を図るとともに，利用者主体の援助関係の形成を体験的に学びます。まず，クライエントに将来の夢や希望についてインタビューします。前回の演習と異なり，事実を聴取するインタビューではなく，相手の思いや願いなどの抽象的な内容を「察したり」「くみ上げたり」する面接である難しさがあります。もし，「将来の夢や希望」といった質問に答えにくいようであれば，異なる質問をしたり，補足や例示をしたりするなどの工夫をしましょう。次にインタビューの際に必要となる面接技術である基本的応答技法を体験的に学んでみましょう。そして，相手から聴きとった将来の夢や願いを記録してみます。

3）この演習を体験するにあたって──演習への参加の仕方

　自分のコミュニケーションの特性を理解し，自己覚知できるよう心掛けましょう。クライエントの意味世界を共感的に理解できるような応答技法を意識してみましょう。そして，上記を活かして，自分自身に援助者として求められる「援助関係づくり」の課題を演習の授業で取り組むべき学習課題としましょう。

┌──── 演習にあたっての事前学習 ────
│
│　① 　クライエントとの援助関係の構築に結びつく面接ができるようになるためには，
│　　　どのようなことに留意すべきか，体験に臨む自分に助言するつもりで，まとめて
│　　　おきましょう。
│　② 　非言語コミュニケーションにはどのようなものがあるか考えたり，調べたりし
│　　　ておきましょう。また，その意義について調べてまとめてみましょう。
└────────────────────────────────

（2）演習の進め方

①　3人のグループを作り，基本的応答技法について，グループメンバーの理解を共有化しておきましょう。

②　インタビューのロールプレイを体験しましょう。まず，3人で，観察者，インタビュイー（インタビューを受ける人），インタビュアー（インタビューを

実施する人）を決め，順番にそれぞれの役割を体験します。インタビュイー
とインタビュアーのペアになって相手の将来の夢や願いについてインタビュー（10分程度）しましょう。そして，観察者はインタビュアーの基本的応
答技法を評価することを前提に，どのような点を観察するのか確認してみましょう。そして，インタビュイーとインタビュアー両者の様子を観察しながら，気が付いたことをメモしておきましょう。

③　相互評価をしてみましょう。3人のインタビューが終了したら，順番に相
互評価をしてみましょう。まず，インタビュアーは自分が工夫した点を説明
し，インタビュイーはインタビュアーの工夫を踏まえて自分の感じたことを
伝えましょう。次に，観察者は自分の観察に，両者の説明や感想を加味して
観察結果を伝えましょう。そして，前述の話し合いを踏まえてお互いの面接
技術について助言し合いましょう。

（3）演習の考察

　この演習では，従来の面接のようにクライエントの生活や体験の事実を確認
したり，事実に基づいた判断を重ねていくのではなく，「将来の夢や願い」と
いった抽象度の高い質問をすることによって，クライエントが自分の中に創造
している意味世界を理解しようとすることで，クライエントを個別化した理解
を試みました。併せてソーシャルワーカーが，自分の世界を語る他者を否定せ
ず，共感的に話を傾聴し続けることで，他者はソーシャルワーカーが自分を受
容してくれようとしていることを実感し，このような中で信頼関係が形成され
ていきます。このような「信用」が重なっていくことで利用者（クライエント）
の中にソーシャルワーカーに対する安心が芽生え，より強固な信頼関係に至り
ます。

　ソーシャルワーカーは，相手のペースに合わせながらも信頼関係の構築を意
識しながら面接を進めていきます。インタビュイーが「将来の夢や願い」を日
常意識しているとは限りません。そうした他者に対してのインタビューでは，
日常意識していない心の奥にある思いを引き出することが求められます。その

ような他者の意識や無意識を言語化させ，その言葉の意味を明確化し，他者と
ソーシャルワーカーとの関係のなかで確認し，理解を分かち合っていきます。
そこでは，語る相手がそれぞれの夢や願いの話を続けやすいように促し，質問
を繰り返す時にも特定の情報を引き出す閉ざされた質問と他者が自由に応えら
れるような開かれた質問をするなど開かれた質問を適宜組み合わせて使用して
いくことも重要です。こうして，他者の考えや感情を引き出し，その気持ちや
状況を積極的に承認し保証していくような共感的理解が求められます。

　他者の気持ちや感情を共感的に無理なく引き出すためには，非言語的な関わ
りも意識する必要があります。例えば，視線や顔の表情，座る姿勢，声の調子
やトーン，口調などの違いは，他者には敏感に伝わり，面接の内容も左右しま
す。

（4）演習の振り返り──事後学習

　事前学習の①〜②について，自己評価を加え，相手から聴きとった将来の夢
や願いを記録してみましょう。

7　日常生活から面接への展開──生活場面面接①

（1）演習の目的と内容
1）演習の目的
　面接室で約束した時間に行うのではなく，生活場面の面接をロールプレイで
学習します。クライエント役を体験してみることで，利用者（クライエント）
の生活や気持ちの理解を深め，日常生活の場での面接とはどのようなものなの
か体験的に学びましょう。
2）演習の内容
　この演習では，特に面接のための場所を設定せず，ソーシャルワーカーがク
ライエントの生活の中や，ちょっとしたコミュニケーションの機会を捉えて
（援助の契機），日常から意図したコミュニケーション，そして面接へと展開し

ていきます。クライエントもソーシャルワーカーもあらかじめ面接することを了解し，そのために用意された場所を活用した面接（構造化面接）とは，面接の始め方や展開の仕方がどのように異なるかを確認しながら学びます。そのために，特別養護老人ホームにおける事例を用いてロールプレイを行います。そして，ロールプレイを実施しながらクライエントの気持ちを理解し，その気持ちに応じた対応を考え，実践してみましょう。

3）この演習を体験するにあたって──演習への参加の仕方

　まず，特別養護老人ホームの特性や，最近の利用者の特性について理解を深めた上でロールプレイができるように準備しておきましょう。次に，構造化面接と生活場面面接との相違をふまえて，自分なりに面接の展開の仕方を工夫してみましょう。そして，ソーシャルワーク実習の際，入所施設での実習ではこの生活場面面接と似た体験をすることが多くあります。併せて，実習への事前学習として取り組んでみましょう。

　　演習にあたっての事前学習

　①　生活場面面接とはどのような面接か調べまとめておきましょう。
　②　生活場面面接と構造化面接（面接室における面接）の違いを列挙してみましょう。
　③　入所施設というクライエントの生活の場で面接をする際，その尊厳を大切にした面接を展開するためには，どのようなことに留意すべきか，面接の際に確認できるようまとめておきましょう。

（2）演習の進め方

　以下の事例の場面を読んで，その後の面接場面を展開してみましょう。

　　実習が終わる最後の日にデイルームにいると，レクリエーションを企画し実施した際のメンバーであった入居者の安岡与太郎さんがあなたに近寄って来ました。「職員には言わないでほしいのだけれど，あの時，トイレに間に合わなくてズボンと椅子を汚してしまったんだ」「その時，新人職員の大谷さんが私のお尻をつねったんだ」「こんな屈辱はなかったよ。この気持ちを誰かに聞いてもらいたかったん

だ」とあなたに打ち明けました。その時あなたは，安岡さんが服や椅子を汚してしまい，大谷さんに小さな声で謝っていた場面を思い出しました。

① 特別養護老人ホームの実習中の出来事です。事例を読んで以下の点をふまえ，安岡さんの役柄を設定して，面接の準備をしましょう。

ⅰ今，どんな気持ちなのか。

ⅱ何を学生（実習生）に聞いてもらいたいのか。

ⅲなぜ，小さな声で謝ったのか。

ⅳこの後学生にどうしてほしいのか。

ⅴ安岡さん自身が周囲に望む自己イメージとは。

ⅵ大谷さんに対してどのような感情をもっているのか。

② 事例を読んで交代しながら学生役，クライエント役に分かれて，2人でロールプレイをしてみましょう。

ⅰクライエント役は，①で想定した安岡さんになりきって学生に応答しましょう。

ⅱ学生は生活場面面接の特性を踏まえて安岡さんの話を聴いてみましょう。

③ ロールプレイを振り返りましょう。

ⅰ学生役のあなたが発した第一声は，どんな言葉や態度ですか。また，その意図は何か考えてみましょう。

ⅱ学生役のあなたが注意や配慮して対応した内容を列挙してみましょう。

ⅲ学生役のあなたは，どんなことに躊躇したり，困ったりしましたか。

ⅳ安岡さん役の学生の感想を聞きましょう。

（3）演習の考察

生活場面面接は，施設の敷地や建物のちょっとしたセミ・パブリックなスペースでの何気ない挨拶や会話から始まることがあります。あるいは，クライエントの変化や何気ない様子にニーズの潜在化を危惧したソーシャルワーカーの声かけから展開される場合もあります。いずれの場合にもどちらかといえば

クライエントの「相談にのってもらう」といった動機は希薄で，ソーシャルワーカーが会話を面接としてのコミュニケーションへと展開していくよう促す場合が多くみられます。クライエントの動機が不十分で，面接の場所も日常生活の場であれば，ソーシャルワーカーはその機会（チャンス）を速やかに面接へとつなげられるよう意図的な関わりを展開する必要があるでしょう。しかし，その際にもクライエントの日常生活の延長線上という環境で他のクライエントの目や耳，その関心のある中で，話を聞くことに十分な注意と配慮が必要です。

　他の利用者の関心や視線のある中で話を聞いてよいのかどうか，まず，クライエントの意思確認をした上で，適切な面接場所を探します。面接室ではなくても，少し周囲の視線を遮るような場所や，落ち着いて話すことができるような椅子や机のある場所など，クライエントの話しやすさを尊重して場の設定をすることが必要です。その場で話をしてよいか，面接の最初にクライエントの意思確認はできていましたか。

　社会福祉施設は個室化が進んでいますから，クライエントの個室へと移動するのも一つの方法です。しかし，クライエントとの関係形成が十分でなかったり，クライエントの状態によっては緊張感の高まる個室での面接は避けた方が良い場合もあります。入所施設での暮らしが長くなれば長くなるほど，クライエントにとって施設の暮らしは日常化していきます。クライエントが要援助課題を抱えていなければ，単なる宿所提供でよいのですが，施設のサービス利用者であるクライエントは，改善・解決を必要としているからこそ，社会福祉施設を利用しているのです。

　ソーシャルワーカーは，クライエントが日々の暮らしに違和感が生じないように，しかし，彼／彼女らが顕在的・潜在的に示す困りごと（ニーズ）には速やかに気づきアプローチすることが必要となります。クライエント役を通して，クライエントの気持ちを共感的に理解できましたか。今回の体験は実習生として行いましたが，安岡さんが顕在化させたニーズをきっかけ（契機）に，安岡さんに共感的理解を寄せながら対応方法を想定できましたか。クライエントが，あるソーシャルワーカー（この場合は実習生）に開示した，「誰にも言わないで

ほしい」という訴えの場合，援助につなげるか，その場の事として聞いておく
か，どう対応すべきか対応方法に迷うかもしれません。利用者の最善の利益に
責任を負うソーシャルワーカーはどのように行動すべきか考えてみましょう。

（4）演習の振り返り──事後学習

　会話から生活場面面接へと展開できましたか。自己評価をしておきましょう。
また，前回の面接での「基本的応答技法」を活用して安岡さんの想いを共感的
に聴き取ることができたかを確認するために，ロールプレイの内容を記録に起
こして評価を加えてみましょう。

8　言葉だけでなく話す人を理解する──生活場面面接②

（1）演習の目的と内容

1）演習の目的

　生活の中で発するクライエントの言動の背景にある感情への理解を深めまし
ょう。クライエントの感情を理解するためにはどのような関わりが必要なのか
考えてみましょう。また，構造化面接（面接室における面接）と異なる生活場面
面接の特色を理解しましょう。

2）演習の内容

　今回の演習も引き続き特別養護老人ホームでの一場面です。ある日，ソーシ
ャルワーカーのあなたに対してクライエントからの突然の問いかけがありまし
た。生活場面でのクライエントの何気ない問いかけが生活場面面接に移行する
ロールプレイを体験してみましょう。

3）この演習を体験するにあたって──演習への参加の仕方

　さまざまなクライエントの言動の背景にある彼／彼女の気持ちを理解しよう
とコミュニケーションを展開し，生活の中で自然に発せられる相手の言葉に丁
寧に対応する姿勢を持ち，積極的に聴く態度で臨みましょう。

┌─── 演習にあたっての事前学習 ───
│
│　① 生活場面面接の留意点を復習しておきましょう。
│
│　　・面接の際注意すべきことを列挙しておきましょう。
│
│　　・上記とこれまでの自分の演習体験を比較して，自分の課題を箇条書きにしてお
│　　　きましょう。
│
│　② クライエントが，あいまいに語る言葉や話に潜在化させているクライエントの
│　　感情や気持ちを引き出させるような聴き方を考えておきましょう。
│
└──────────────────────────────

（2）演習の進め方

1）ロールプレイの準備

　以下の事例を読み，生活場面面接のロールプレイの準備をしましょう。

┌──────────────────────────────┐
│　　ユニットへ行くと89歳で認知症がある田上洋子さんがあなたの傍に歩いて来て，│
│「私に早くお迎えが来ないかと待っているの。いつ来るのだろうか。教えてもらえ│
│ないかしら」と神妙な顔つきでソーシャルワーカーの私に言いました。　　　　　│
└──────────────────────────────┘

　① 特別養護老人ホームでの出来事です。以下の点をふまえ，田上さんの役柄
　　を設定してみましょう。

　　ⅰどんな気持ちで，あなたの傍に来たのか。

　　ⅱ何を伝えたいのだろうか。

　　ⅲどんな表情でどのように声をかけてきたのか。

　　ⅳどんな気持ちで毎日の生活を送っているのだろうか。

　② クライエントはソーシャルワーカーのどのような応答を期待しているのか。
　　この事例の続きを考えておきましょう。

2）生活場面面接のロールプレイの体験

　① ソーシャルワーカー役，クライエント役に分かれて，2人でロールプレイ
　　をやってみましょう。

　　・クライエント役の際は，1）-①で設定したクライエントになりきって演
　　　じてみましょう。

　② それぞれの役割を演じて感じたことを意見交換しましょう。

ⅰ全員のロールプレイが終わってから意見交換をしましょう。

ⅱまず，自分が田上さんをどんな設定でロールプレイに臨んだかを説明した上で感想を述べましょう。

3）グループで振り返りをしよう

①　ソーシャルワーカー役の自分を振り返ってみましょう。

ⅰあなたが対応した第一声は，どんな言葉や態度ですか。声の大きさやイントネーションなど具体的にメンバーに伝えましょう。

ⅱその意図を説明しましょう。

ⅲそれに対してのクライエントの感想はどのようなものだったか伝えましょう。

②　お互いにメンバーの試みで良かった点，改善すると良い点を助言し合いましょう。

（3）演習の考察

　ソーシャルワークの援助の対象は母親の胎内に育つ子どもから，100歳を越える高齢者まで年齢の幅は広く，さらにその生活のあり方は様々です。ソーシャルワーカーはどんなに努力してもすべてのクライエントの人生を自分自身の人生経験を基にして理解するのは不可能です。特に今回の事例のようにまだ学生である若く人生経験が少ない実習生が，90年近く人生を生きてきたクライエントの人生を理解したり，「お迎えを待つ」という死生観を理解したりするのは容易なことではありません。また，「お迎え」を「自宅に帰るお迎え」として理解した人もいるかもしれません。

　高齢者だけでなく，ソーシャルワークの援助の対象となる人々は病気や障害が原因で間近に死を意識して日々を送っている場合があります。クライエントが死期を認識して残りの人生をいかに生きるかを援助することをターミナルケアと言います。ソーシャルワーカーには，生きることを援助することとともに，生き抜いた先に穏やかな最期を迎えることができるよう援助することも求められます。

　人の生活には誕生もあれば死もあります。高齢者にとって暮らしの場である特別養護老人ホームの日常で，ふとクライエントが自らの死について語るのは極めて自然なことです。しかし一方で現代社会は核家族化が進み，自分の家で高齢の家族が亡くなることを見送ることも稀になりつつあります。誰にも死や死の看取りはどこか，遠いことになっているかもしれません。

　先に指摘したように死を意識した田上さんの発言を「ここから自宅へ帰りたい」という気持ちと誤解して受け取ったロールプレイもあったかもしれません。こうした行き違いに気がついた時，クライエントの気持ちを傷つけないように，話の内容を修正しながら面接を展開できたでしょうか。言葉は状況や立場によって，使い方や理解の仕方が異なります。クライエントの意図や気持ちを確認しながら面接を進めていくことができたでしょうか。

　これまでの講義や演習で学んできた受容や共感を今回の演習でも活用できたでしょうか。前述したようにソーシャルワーカーの個人的体験には限界があり，事例のような場面でクライエントの言葉の意味世界に共感的理解を試みても，ソーシャルワーカー個人の体験をもとにその正解を「そうぞう」（創造・想像）しようとすると限界が生じてしまいます。クライエントへの共感的理解にはコミュニケーション技法の駆使は大前提ですが，クライエントがその生活の中に根差したニーズを顕在化させる際，併せて必要となるのは人間の暮らしや人生の理解と，長短にかかわらずその人の人生をその人なりに一生懸命生きている人の尊厳を見失わない姿勢です。思いがけないクライエントの言動に揺れながらも，ソーシャルワーカーらしく思考し対応する努力ができましたか。

（4）演習の振り返り──事後学習

　ロールプレイを体験して，以下の点をふまえ，クライエントの問いかけに応答している時の自分自身を振り返ってみましょう。また，ロールプレイの記録を作成しておきましょう。

・どのように田上さんの心情を理解しようとすることができただろうか。

・自分なりに工夫できた点はどのようなところだろうか。

・何が一番困っただろうか。

9　生活場面のグループワーク──生活場面面接③

（1）演習の目的と内容

1）演習の目的

　この演習では，クライエントの集団にアプローチする体験をし，集団の中で個々のクライエントの話を聴く際の留意点を体験的に理解します。入所施設では，プログラムを用意してグループワークを展開する場合と，生活場面を活用してグループワークを展開していく場合があります。ここでは，生活場面面接でのグループの力を利用した個人に対する援助を体験的に学びます。

2）演習の内容

　援助の場面は多様で，ソーシャルワーカーとクライエントの関係は必ずしも1対1とは限りません。特に入所施設では居住環境自体が集団生活であり，ソーシャルワーカー1人とクライエント多数の場面は生活のそこここに生じます。今回は，養護老人ホームにおける集団への介入場面のロールプレイを体験してみましょう。

3）この演習を体験するにあたって──演習への参加の仕方

　クライエントが個人の場合と集団の場合とアプローチの違いを意識して演習に臨みましょう。また，個別援助技術と集団援助技術の援助特性を理解し，グループがグループメンバーに与える影響力，逆にグループメンバーがグループに与える影響力などを意識しながら生活場面面接のロールプレイを実施してみましょう。

┌── 演習にあたっての事前学習 ──

① 「ソーシャルワークの理論と方法」のテキストなどを参照して，集団援助技術（ソーシャルグループワーク）のソーシャルワーカーの役割と基本的技法を調べてまとめておきましょう。

てまとめておきましょう。
② 養護老人ホームの利用者の特性や高齢者が集団になった場合の援助の留意点など確認しておきましょう。

（2）演習の進め方

以下の事例を読み，生活場面面接のロールプレイの準備をしましょう。

「ここの食事は，いつもまずい」と入所中の杉岡宏さんが大きな声を出して箸をテーブルに置いて食べるのをやめてしまいました。なごやかだった食事の雰囲気が，急に気まずい雰囲気に変わり，会話も途切れて食堂のBGMだけが流れています。この場には，他の職員は誰もいません。ソーシャルワーカーのあなただけがたまたま杉岡さんの隣に座っていました。

1）ロールプレイの準備

① 一人ひとり事前学習を参考に，事例を読んで自分なりの杉岡さんの役柄を設定しましょう（どんな考えや気持ちか，なぜ，ここで大きな声で言ったのか等）。
② 事前学習を参考に，養護老人ホームの生活や食事場面についてグループでの理解を共有化し，それぞれ自分が設定した杉岡さんの理解を深めておきましょう。

2）集団のロールプレイの体験

① 1回目のロールプレイ
　ⅰ5人1組になり，グループワークの波長合わせを意識してそれぞれソーシャルワーカー役，杉岡さん（クライエント）役，その他の3人の利用者役に分かれてロールプレイを体験してみましょう。
　ⅱ杉岡さん以外の利用者役の一人を決め，その人が「そんなことないわぁ，美味しく頂いている人も居るわよ」と言ってから次の会話に進みましょう。
　ⅲソーシャルワーカー役のあなたが対応した第一声は，どんな言葉や態度ですか。また，その意図は何か考えてみましょう。

② 2回目のロールプレイ

　ⅰ杉岡さん以外の利用者役の一人を決め，今度は「そうよね，私もまずいと思うの，何とかならないかしら」と言ってから次の会話に進みましょう。

　ⅱソーシャルワーカー役のあなたが対応した第一声は，どんな言葉や態度ですか。また，その意図は何か考えてみましょう。

③ 2回のロールプレイのそれぞれにおいてソーシャルワーカー役のあなたがグループメンバーやその力動（グループダイナミクス）に対して注意したことや配慮して対応した内容を列挙してみましょう。

（3） 演習の考察

　この演習では集団援助技術の活用を意図しました。前述したように，社会福祉の入所施設は集団生活が基本となります。居室自体は個室化が進んでいても，その居室が6～10室集まったユニット等が生活単位となります。言い換えれば，入所施設における6～10人のクライエント集団の生活場面で，ソーシャルワーカーは常に集団援助技術を応用しながら日々の援助を展開しているともいえます。特に今回の演習の場面のように，その生活場面に解決を必要とする人間関係の葛藤や，施設生活（環境）へのクライエントのニーズが顕在化した場合には，その課題をそのままにせず，その場のグループの力動を活用しながら援助へと展開していきます。

　本来の集団援助技術では，事前にソーシャルワーカーが課題の特性に合わせて，グループメンバーを抽出しニーズ調整やメンバーの波長合わせを行って，集団の相互作用を問題解決へと意図的に展開していきます。しかし，入所施設では居室を割り当てる際にも，それほど厳密に利用者の状況を調整することはできません。たまたま「同居」することになったメンバーが施設の生活特性に応じて集団を形成しているだけで，メンバーの背景もそれぞれの生活課題もさまざまです。

　したがって，入所型の施設で展開される前述のような場面での集団へのアプローチは集団援助技術の応用にとどまる限界性があります。しかし，この演習

の2つの場面で体験したように，同じ場面でも1人のクライエントの発言の相違がその後の集団の話合いの方向性を変えていく事もあります。利用者主体といえども，複数のクライエントが同居する入所施設では，クライエントの関係調整はソーシャルワーカーの責務です。クライエントは複数でも，ソーシャルワーカーは1人です。ここに難しさと同時に面白さがあります。こうした偶発的な場面での集団援助技術の展開にも日頃の一人ひとりのクライエントの状況や特性を理解し，話合いの場面で誰にどのように発言してもらうか，最初の発言者を示唆したり，促したりすることもソーシャルワーカーの集団への関与には必要な関わりといえます。

　グループワークという言葉は，ソーシャルワークの分野のみならずさまざまなところの集団で何かをする時に使われるようになっています。しかし，この演習では，事前学習の課題で調べた「集団援助技術の基本的技法」も意識しながら演習に臨んでみましょう。今回体験した2回のロールプレイでは，杉岡さん以外の利用者の反応が異なることによって，グループ力動に変化が生じたことと思います。2回のロールプレイのそれぞれに，どのように対応できたか比較しながら振り返ってみましょう。

（4）演習の振り返り――事後学習

　集団による生活場面面接の展開で，集団援助技術を意識してクライエント集団に介入できましたか。自己評価をしておきましょう。また，2つのロールプレイの内容を記録に起こして，双方の面接の相違と集団への影響について評価を加えてみましょう。

10　福祉事務所における面接

（1）演習の目的と内容

1）演習の目的

　ここまでは，生活場面面接でのロールプレイが続きましたがこの単元からは，

構造化面接（面接室における面接）を学んでいきます。ここからの演習でのインテーク面接（受理面接）においては，その機関におけるサービス提供が適当であるかどうかを見極め相談者と契約を結びます。契約を交わすかどうかという意味は，クライエントになるのかどうかの判断を行うことです。そこでは，支援する側に限られた面接時間の中で「サービス利用要件」を確認する必要があります。以下のような点に留意して面接ができるようにしましょう。

　　・事前学習を通じて福祉事務所の機能と役割を実践的に理解した上で，そこでの面接の特徴を理解しておきましょう。
　　・社会福祉の諸制度とその利用要件との照合が求められる場面での面接ができるようにします。

2）演習の内容

　この演習では社会福祉の専門相談機関である福祉事務所での生活保護相談のロールプレイを体験します。これまでの演習と異なり，機関の相談窓口には何かの相談がある（主訴をもった）クライエントが，その後のサービス利用を目的に来所する場合が多く，一定の時間内にその主訴に沿ってサービス利用が可能か判断することが求められます。この演習では，相談者が本人の意図するサービス利用要件を満たしているか確認する面接を体験します。

3）この演習を体験するにあたって──演習への参加の仕方

　生活保護の制度等や利用要件については面接で活用できるよう資料を整理しておきましょう。また，単に資料をコピーして持参するだけでは，クライエントの問いに即応できません。必要事項を整理しておきましょう。

　この演習に限らず事前学習も含めて，調べておく制度等の知識は，必要不可欠なものであり，ソーシャルワーカーが制度を知らないと，クライエントは本来であれば活用可能な制度や資源を利用できずに，不利益が生じることも発生します。特に生活保護の制度は，セーフティネットの意味合いを持ち，判断を誤ると相談者だけでなくその家族（世帯を同一にする人々）の命の危機にもつな

がる制度です。これを機会にソーシャルワーカーの責任の自覚の確認も改めて行いましょう。

　また，これから以降の演習で事例を学ぶ際でも，必ず事例中に登場する各種社会福祉の専門相談機関の役割や機能，法的な根拠等についての調べ学習は必ず行って，より現実的なソーシャルワーカーのロールプレイができるように準備をしていきましょう。

―― 演習にあたっての事前学習 ――

① 　この事例を担当する福祉事務所のソーシャルワーカーとして面接する場合に必要な知識を調べまとめておきましょう。特にインテーク面接において，生活保護受給の対象か否かを判断する際に必要なクライエントの情報と制度を照合できるようにしておきましょう。
② 　ソーシャルワーカーとして面接時に確認（質問）したい内容を列挙しておきましょう。
③ 　生活困窮状態に陥ったクライエントの生活状況について，事例や新聞記事など検索して，イメージをつかんでおきましょう。

（2）演習の進め方

　以下の事例を読み，ロールプレイの準備をしましょう。

　福祉事務所の生活保護の相談窓口に62歳の男性が現れ，「お金がないんだ，生活に困っている。相談にのってほしい」と足を引きずりながら訪れました。そして，「身体の調子が悪く仕事ができない。病院を受診したいけど…」と話しはじめた。

1）ロールプレイの準備

① 　4人程度のグループになり，事前学習で調べた面接に必要な知識について，どんな準備をしてきたか意見交換しましょう。
② 　62歳男性の役柄を以下の点をふまえ設定してみましょう。
　　ⅰなぜお金がないのか，所持金の額はどれだけか。
　　ⅱどのような家族状況か。
　　ⅲこれまでの生活歴や生活背景（健康状態・学歴・職歴・住まいの状況）。

ⅳどんな気持ちでの来所か。

③　各自グループでの意見交換を参考に事前学習で作成した質問リストを修正・加工してみましょう。

2）ロールプレイの体験

①　事例を読んで交代しながらソーシャルワーカー役，クライエント役に分かれて，2人でロールプレイを体験してみましょう（15分間）。

②　クライエント役は1）の②の設定をもとに，ソーシャルワーカー役の質問に対して自分なりに回答してみましょう。クライエントになりきって，心情の部分でもソーシャルワーカーの言動に反応してみましょう。

3）ロールプレイの振り返り

①　すべてのロールプレイが終わったら，お互いの面接に助言し合いましょう。

②　クライエント役は役柄に共感を寄せた時，感じたことを率直にソーシャルワーカー役に伝えましょう。

③　ソーシャルワーカー役での面接の記録を作成しておきましょう。

（3）演習の考察

　事例に提示された内容は短く，提供されている情報はごくわずかです。その情報と福祉事務所という場面とそこで提供されているサービスを関連づけて面接内容の設定ができたでしょうか。専門知識やその場での観察による推論と，感覚的な想像は似ていて異なるものです。ソーシャルワーカーは専門知識をもとに，限られた情報からクライエントの置かれている状況を推測し，クライエントのニーズについていくつかの仮説をたてながら面接に臨みます。仮説は問われればその根拠を説明できることが必要です。「何となくそう思った」ことは想像で，時に思い込みに陥るので注意しましょう。

　そして，面接の中でクライエントから提供される情報やクライエントの非言語情報を観察して，仮説の中から当てはまらないものを取り除き，新しい情報からの推測を加え，アセスメントを確定させていきます。ただ，この際まだクライエントも十分に自分の立場や想いを説明できない場合が多いのが実際です。

クライエントの語りを傾聴しながら，その言動を丁寧に観察してクライエントの生活背景や生活歴への理解を深めて，より正確な推論を立てて，クライエントの状況に応じてその内容をフィードバックして確認していきましょう。クライエントになるかどうかを決定すること，難しいだけでなく責任ある行動が求められていることがわかりましたか。

　初回の面接での確認には限界がありますが，援助の必要性，特に緊急性の確認ができるよう，短時間で面接を効果的に進めていくためには，適切な推論が立てられるように，知識とともに他の関連事例から援助のバリエーションについても学んでおきましょう。1回の面接で終わらずにサービス利用を検討する面接が引き続く場合もどのように2回目を設定していくのか，その説明も必要となります。

　仮に今回はサービスを利用しない場合でも，困ったら再度この相談窓口に来ようという動機づけを形成して面接を終了することが必要です。クライエントが，「誰にもわかってもらえない」「誰も助けてくれない」などと思い込んでしまわないよう配慮した言動が必要です。併せて，過剰な期待を抱かせすぎないよう注意することも忘れてはいけません。面接の終わり方にどのような配慮が必要なのか考えてみましょう。

（4）演習の振り返り──事後学習

　生活保護という制度の特性に応じた面接をどのように理解できたか，生活場面面接の相違を十分理解して面接ができたか，場面によって面接技術を使い分ける必要性を理解できたか，について振り返りましょう。また，ロールプレイの記録を作成しておきましょう。

11 婦人相談所における面接

（1）演習の目的と内容

1）演習の目的

　これまでもいくつかの相談場面のロールプレイを体験してきましたが，今回の面接場面は従来の場面設定以上に緊急な対応の判断を行う必要性が想定されるケースです。そして，事例を通して，婦人相談所（女性相談センターなどの名称がある）の機能と役割，ドメスティック・バイオレンス（Domestic Violence，以下，DV）など，被害的体験をしたクライエントへの面接の特徴，暴力を受けた母子に対する援助に関わるさまざまな社会資源を把握し，具体的活用方法を理解しましょう。

2）演習の内容

　相談機関の窓口にクライエントが被害的内容の相談に訪れた際の面接を体験します。場面は婦人相談所の相談窓口です。危機対応の相談場面のロールプレイを体験してみましょう。

3）この演習を体験するにあたって——演習への参加の仕方

　この演習ではDVの「緊急対応」のインテーク面接の体験と難易度が上がるので，事前に学習も丁寧に行うとともに，これまでの面接技術の振り返りを復習して，自分の課題を意識して演習に臨むようにしましょう。また，共感的態度でクライエントの安心感を増し，速やかに信用されるような対応ができるように工夫してみましょう。

　　演習にあたっての事前学習
---

　① 婦人相談所は，どんな役割を果たしているか，配偶者の暴力に関する被害者援助にはどのようなものがあるか，について調べ，面接の資料となるよう記述しましょう。

　② 緊急対応を必要とする援助にはどのようなケースが想定されるでしょうか。想定されるケースとその援助の留意点を調べておきましょう。

③　厚生労働省や内閣府の HP などを検索して，DV 被害者への対応方法について，リーフレットなどを参考にして，DV の被害者への対応方法や活用できる社会資源を調べておきましょう。

（2）演習の進め方

以下の事例を読んでロールプレイを体験してみましょう。

婦人相談所へ「助けて下さい！」と19歳の女性が急に訪れて以下のような話を始めた。「お腹に赤ちゃんがいると思います。夫の暴力がひどくて逃げ出して来ました。別れたいのでかくまって下さい，お願いします」。女性の顔や腕には赤や青のあざのようなものや切り傷の後も見える。しきりに，周囲の様子を気にして落ち着かない様子でいる。手には婦人相談所のリーフレットを握りしめていた。

1）ロールプレイの準備

①　4〜6人のグループを作り，グループをソーシャルワーカー役とクライエント役の2つに分けておきましょう。

②　ソーシャルワーカーの小グループは，以下の点を話し合って面接の準備をしましょう。

　ⅰ面接時に確認（質問）したい内容。

　ⅱ面接の際，気を付けること。

　ⅲ緊急性が高い援助を要すると判断する際のポイントは何になるか。

③　ロールプレイでクライエントを演じる小グループは，以下の点を話し合って面接の準備をしましょう。

　ⅰ19歳女性の生活状況を想定しておきましょう（成育歴，結婚・妊娠の経緯，健康状態，暴力の状況，親族状況，経済的状況，現在の生活状況など）。

　ⅱリーフレットをもって，どのようにして婦人相談所へたどり着いたのか。

　ⅲ特に現在どのような心境でいるのか，丁寧な設定をしておきましょう。

２）ロールプレイの体験

　1）で準備した資料と事例を参考に，女性役とソーシャルワーカー役2人1組になってロールプレイを体験してみましょう。

３）ロールプレイの振り返り

①　グループでロールプレイを振り返りましょう。

　　ⅰソーシャルワーカーは，どのような点に気を付けて面接に臨んだか説明しましょう。

　　ⅱクライエント役は面接を体験して感じたことを率直に伝えましょう。

　　ⅲDVケースの対応にどのような社会資源が使えるのか事前学習の資料を参照しながら確認しましょう。

②　事前学習の内容や前述の話し合いをふまえて，グループで緊急対応の面接でソーシャルワーカーが気を付けるべきことはどのようなことか，具体的に挙げてみましょう。

４）学びの共有化

　グループでの話し合いの結果を発表し，他のグループの発表や教員の助言から学びましょう。

（3）演習の考察

　今回の演習では，現在，夫からの暴力被害にあっている女性の保護の依頼への対応場面を体験的に学びました。これまでの演習の面接と大きく異なるのは，面接の前にまず女性の安全を確保することが必要な点です。女性の訴えの真偽はわかりません。もしかしたら女性の被害妄想かもしれません。しかし，このような場合，被害女性を追って加害的立場の夫が後を追いかけてきている可能性があります。また，話の内容は夫婦のプライバシーあるいは，犯罪として警察が関与する可能性もある内容になることもあります。速やかに安全とプライバシーが確保できる場所に移動することが必要です。面接を受け付けるにあたって，まず面接場所の設定ができたでしょうか。

　次にDV関係を解消しようと勇気をもって逃げ出してきた女性を，支持的に

受容することが必要です。事前学習で確認できていると思いますが，DV 関係から被害者が逃げ出すのは簡単なことではありません。加害者は様々な方法で被害者の行動を抑圧して，心理的にパワーレスな状況に追い込みます。まずは，その状況から逃げ出してきたことを肯定的に受け止めていることを相手に伝わるように言語・非言語表現を駆使することが必要です。

　このケースの女性を婦人相談所として対応し，併せて DV 被害の証明や妊娠の可能性の確認など，速やかな医療機関との連携も不可欠です。危機状態への緊急対応を可能にする連携には日頃の多機関連携が円滑であることが前提です。個々の制度やサービスに合わせて，支援ネットワークについても調べ学習ができていましたか。

　如何でしょうか。緊急対応の面接で上記のような特性を踏まえた対応ができましたか。もちろんソーシャルワーカーが自己紹介したり，女性の状況確認を速やかに行うことも必要ですが，まずは来談者の安全確保と安心の提供が優先です。本章第10節から専門相談機関での面接の体験を重ねてきていますが，援助内容やクライエントの特性によって，インテーク場面の対応の仕方も様々です。ソーシャルワーカーは基本を踏まえつつ，必要に応じて適切な対応ができるよう専門知識や援助のバリエーションについても学びとトレーニングを重ねていく事が必要です。ワンパターンの対応ではなく，臨機応変な対応が求められるのです。ソーシャルワーカーとして必要な対応について，現在の自分の学習到達度を確認しておきましょう。

（4）演習の振り返り──事後学習

　面接場面の記録を作成し，緊急対応の面接について，面接の際の留意点，自分自身の課題をふまえ，今回の演習から学んだことを書きとめておきましょう。

12　障害者相談支援事業所における面接

（1）演習の目的と内容

1）演習の目的

　在宅生活を送るクライエントは自分自身の生活課題と家族の抱える生活課題の間で，両者の課題解決において葛藤を抱えることがあり，時に家族のために自己犠牲を払って問題解決をしようとすることがあります。クライエント自身の人生を尊重しつつ併せて家族の問題解決を図る援助方法を理解し，実践できるようになるため，以下の点を意識しましょう。

2）演習の内容

　この演習では障害者（統合失調症）の自立（律）援助の相談場面を体験します。クライエント本人と家族の課題の間で自己決定に悩むクライエントの援助を体験します。相談支援事業所の相談場面のロールプレイを体験してみましょう。

- クライエントの生活の中で抱える不安や葛藤などを理解しましょう。
- クライエントの複雑な気持ちを理解し，クライエント自身がその気持ちを整理し，自己決定できるような働きかけをします。

3）この演習を体験するにあたって――演習への参加の仕方

　統合失調症という病気の特性と，クライエントが混乱や不安に陥る生活背景を理解し，その理解を支援に活かした働きかけを考えながらロールプレイに挑戦しましょう。

演習にあたっての事前学習

① この事例を担当する場合にあなたに必要な知識を列挙しましょう。
② あなたが上記で必要だと挙げた知識について面接の際に活用できるように資料としてまとめてみましょう。

（2）演習の進め方

　次の事例を読み，ロールプレイの準備をしましょう。

　障害者からの相談を受付ける相談支援事業所に25歳の女性が疲れた表情で訪ねて来ました。席に座ると以下のように話をしはじめました。「3年前に統合失調症で精神科病院に4カ月間入院し，今は，薬を飲みながら生活を続けています。入院を契機に職場を退職しました」「そして，退院後は，精神障害者の方が多く利用している就労継続支援B型事業所に通い元気を取り戻そうと頑張っています」「また，兄が結婚して家を出て，現在は，海外赴任で当分戻ってきません。それから父と2人暮らしでしたが自活したいと考え始めました」「一人暮らしよりも仲間と暮らせるグループホームに入るのも私らしいと考え，見学にも行ってきました」。

　「そんな時に父が倒れ入院してしまいましたが，体調も回復し近いうちに退院するように言われました」「そこで，病院のソーシャルワーカーさんに相談し，自宅で暮らせるように介護用のベッドや車椅子を借りました」「でも，退院したら私が父の面倒をみるしかないのです。母は，10年ほど前に父と離婚し，今では，私も関わりがありません」「親戚や近所の人とも交流はありませんが頼りにしている民生委員さんがいます。その民生委員さんにここに相談に行くように勧められて来ました」「私は，父親の面倒を看るために自分のこれからの計画を諦めなければならないのでしょうか」「あなたは，どう思いますか」。

1）ロールプレイの準備

① 　ソーシャルワーカーとして面接時に確認（質問）したい内容を列挙しましょう。

② 　ロールプレイで演じるために25歳の女性の役柄を設定して，この後さらに質問したい事柄など列挙しておきましょう。特に潜在的な課題を含め，何をここに求めてきているのか。介護をしようと思った経緯などを設定しておきましょう。

2）ロールプレイの体験

① 　2人1組で役柄を交代しながらロールプレイを体験しましょう。

② 　ロールプレイが終わったら，クライエント役の感想を聞いておきましょう。また，クライエント役は以下の点について，ソーシャルワーカー役に感想を伝えましょう。

　①面接技術や態度について。

ⅱ提供された情報や考え方のわかりやすさ，正確さについて。

3）ロールプレイ体験の振り返り

① 自分の面接結果をエコマップに整理してみましょう。

② 4〜6人のグループになって，お互いのエコマップを比較し，お互い助言し合いましょう。

③ グループで，自分の問題と家族の問題の間で葛藤を抱えるクライエントへの面接の際，どのような情報確認が必要なのか，お互いの学びの成果を交換しておきましょう。

（3）演習の考察

　クライエントの主体性の尊重はソーシャルワークの援助の原則です。しかし，今回の演習で検討した事例の場合，クライエントはどこに主体性の拠り所をおけばよいのでしょうか。自分自身の人生を大切にしたいのはもちろんの事，家族のことも大切にしたい。1人の人間としての自己実現を尊重するのか，家族の一員としての自分の立場や責任を果たすことに自己肯定感を見出すのか，事例のクライエントだけでなく，誰もが葛藤を抱えやすい事柄ではあります。

　従来の日本の家族観やこれを前提とした高齢者の在宅介護の仕組みは，女性が家や家族のために，自己犠牲的に労働対価を伴わない家庭内介護を担うことが前提となっています。現状では，インフォーマルネットワークの中で要介護状態の父の介護を家庭内で担うことができるのは，クライエントのみで彼女は自分自身の生き方や考え方だけでなく社会の仕組みやジェンダー観との間で，どのように主体的に自己決定すればよいのか揺れている状況にあります。

　個人の生き方を優先することと，家族への責任を果たすことどちらを選択するのもクライエントの自己決定であれば，それがクライエントの「生き方」でしょう。大切なのはソーシャルワーカーが関与することで，インフォーマルなネットワークの中でも介護の責任を担うべきは，クライエントだけではないこと，多様なサービス利用が可能であること，介護の問題にはジェンダー・バイアスが存在することなど説明・情報提供をして，今後の選択肢は多様であるこ

とを伝える事でしょう。

　クライエントは自身の障害の特性から，目前の課題やストレスによって不安定になる恐れもあります。関係する医療機関とも連携しながら，クライエントの自己決定を支持的に援助していくことが必要でしょう。また，父親の介護についてもクライエントだけでは把握・説明しきれない情報も想定されます。父親が入院している病院のソーシャルワーカーとも連携して介護負担の軽減を一緒に考えるとよいでしょう。その上で，クライエントがどのような選択をし，今後の方向性を自己決定していくか共に考えることが必要だといえます。連携を意図した支援の想定はできていましたか。さらには援助関係は今後も継続し，今後も迷った時，困った時は一緒に考えることを伝えることはできていますか。

（4）演習の振り返り──事後学習

　面接を終えた時点でクライエントと共有できた情報を基にエコマップと面接の記録を作成し，前述の内容と演習の2）の②でクライエント役が伝えてくれた感想を比較して面接の自己評価を加えましょう。

13　病院における面接

（1）演習の目的と内容

1）演習の目的

　この演習での相談者は課題を抱えた患者本人ではなく，患者の家族です。こうした間接的なニーズの表明に際し，どのように情報を確認していくのか。曖昧に語られることの多い情報の整理に有効な記録技術の一つであるジェノグラムを活用できるようにします。こうした記録の技術が利用者理解に役立てられるようにし，面接時（特にインテーク面接などの際）に来談者やクライエントの問題状況を把握できるようになることが目的です。

2）演習の内容

　地域で暮らす家族への援助について学びます。一つの事例に複数の家族が関

わり，その関係性の中に暮らすクライエントを援助するためにどのように家族状況の確認をすればよいのか。ここでは，事例を読み，まずジェノグラムの作成の仕方を学びましょう。また，面接においてクライエントの生活の全体を理解するための情報収集を目指す質問内容を考えます。

3）この演習を体験するにあたって――演習への参加の仕方

　クライエントの理解を深めるためのジェノグラム以外の書き方を調べておきましょう。

┌── 演習にあたっての事前学習 ─────────────────────
│
│　①　この事例を読んでジェノグラムを作成してみましょう。
│　②　この事例を担当する場合にあなたに必要な知識を列挙しましょう。
│　③　上記の知識のうち，面接に必要な事柄を資料にしてまとめておきましょう。
│　④　来談者の日頃の暮らしの様子や家族の課題を自分なりに設定しておきましょう。
│
└──────────────────────────────────────

（2）演習の進め方

　以下の事例を読み，ロールプレイの準備をしましょう。

┌──────────────────────────────────────
│　地域医療支援病院の「地域連携相談室」のソーシャルワーカーの所へ68歳の男性（無職）が訪れ，困り果てた表情で以下のようなことを話し始めました。
│　「私と同居している娘（次女）が先日，2人目の子どもをこの病院で出産したばかり。じいちゃん・ばあちゃん（68歳男性の両親）も親子4代で暮らせると喜んでいる。ところが，子どもたちの父親である娘の夫が書き置きを残して出て行ってしまった。その夫は，私の長女が勤めている会社に最近勤めはじめたばかりだったのに仕事にも行っていない。それからというもの，娘は沈み込んで食事も喉に通らず，眠れない日が続いて赤ん坊の世話もままならない。次男と三男と私の長兄が娘の夫を探してくれているが手がかりもない。このまま，帰って来なければどうしたらいいのか。明日の退院には，私の妻が子どもを抱いて帰り，世話をすると言っているが，妻はすでに疲れをためて体調が良くない。じいちゃんやばあちゃんの世話もあるのにどうしたらいいんだ。
│　また，病院から出産費を請求されて困っている。娘も妊娠を機に仕事を辞めて収入もないし，私の国民年金の収入と妻のパート代とじいちゃんやばあちゃんの国民年金だけでは，これからの家族の生活はどのようにしたらいいのか」。
│
└──────────────────────────────────────

1）ロールプレイの事前準備

①　4人程度のグループになって，事前学習において作成したジェノグラムを見比べてみましょう（ロールプレイ後にジェノグラムを加筆してみましょう）。

②　各々事前学習において調べておいた「必要な知識」や面接時に確認（質問）したい内容の列挙したことをグループで発表し合いましょう。

③　各自事前学習④を参考にクライエント役柄設定を確認しましょう。

2）ロールプレイの体験

①　クライエント（2人で協力して1人を演じましょう），ソーシャルワーカー（4人の場合観察者）に分かれてロールプレイ（10分）を体験しましょう。

②　役柄を交代しながらロールプレイを体験しましょう。

（3）演習の考察

　地域住民を対象とした社会福祉の機関や関連領域の機関にはさまざまな生活課題を抱えた住民の相談が寄せられます。その相談内容は直接クライエントである住民から寄せられる場合だけでなく，今回の事例のように家族が代わりに相談に訪れたり，児童虐待のように近隣住民からの通報という形で顕在化する場合もあります。今回の事例の場合，相談に訪れた父親はクライエントの代理人であり，家族援助（ファミリーソーシャルワーク）の観点から考えると，重複する問題を抱えた家族の問題を解決していく際のキーパーソンとも捉えることができます。

　相談者は娘の夫の失踪に端を発した不安をきっかけ（契機）に家族の問題を相談していますが，それ以前にこの家族には援助を必要とするような生活の課題はなかったのでしょうか。来談者との面接から可能な限り家族の状況やこれまでの生活歴を確認し，そこに顕在化している課題をフィードバックし，この家族が抱えている本当の課題を明確にし，主訴を確定していくことが必要です。

　これらのことを面接において留意しながら，状況を整理するための技法としてジェノグラムやエコマップを作成できたでしょうか。

（4）演習の振り返り――事後学習

　面接内容の記録を作成し，この記録を材料に以下の点を自己評価してみましょう。また，この演習をふまえて面接の課題を具体的に挙げておきましょう。

- ・誰をクライエントと想定したのか。
- ・その根拠となる情報は。
- ・その判断として活用した知識は。
- ・今回の情報収集と判断をどのように自己評価したのか。

14　社会福祉協議会における面接

（1）演習の目的と内容

1）演習の目的

　ソーシャルワーカーは様々な領域で援助活動に従事していますが今回は，地域の福祉課題の解決を目指す社会福祉協議会の事例です。クライエント本人ではなく，民生委員・児童委員（以下，民生委員）を介して地域に顕在化した課題についての相談がありました。「無縁社会」と言われる現代社会では，このようにクライエント本人ではない方からの相談をどのように対応して支援に結びつけていく（橋渡しをする）のかがポイントとなります。さらには，現時点では，誰がクライエントであるのかを確定できないところでの対応をどのように構想するかが問われます。

2）演習の内容

　社会福祉協議会のコミュニティソーシャルワーカーと民生委員とのロールプレイを体験します。民生委員がなぜ，橋渡しをして相談に来ているのか，事例と今後の民生委員との関わりをどのようにするのかを考えて話し合いを行いましょう。さらにクライエントの事情も聴き取るとともにインテーク面接のセッティングを行うところまで面接を進めましょう。

3）この演習を体験するにあたって──演習への参加の仕方

　演習の時間の学びを深めるために，事前学習ならびに事後学習は必ず実施してきましょう。

```
── 演習にあたっての事前学習 ──────────────

① 　民生委員・児童委員の法的な根拠や役割，活動内容等を調べましょう。
② 　市区町村社会福祉協議会の機能や役割，展開している事業やサービスについて
　 調べておきましょう。特にそこで運営されているボランティアセンターの役割や
　 活動内容を調べましょう。
③ 　この事例で活用が想定できそうな社会資源を調べましょう。
④ 　活用可能な社会資源の情報をわかりやすく記載するエコマップの技法を確認し
　 ておきましょう。
```

（2）演習の進め方

　以下の事例を読み，ロールプレイの準備をしましょう。

```
　地域（市区町村）の社会福祉協議会に民生委員が相談に訪ねてきました。民生委
員の内田さんからは，次のように話がありました。
　内田さんの住む地域に今春，特別支援学校の高等部を卒業する18歳の女性がいて，
卒業後の就職先を担任の先生と探しているのだが，この女性から寄せられた相談に
対して協力してほしい。この女性にきょうだいはなく，父親が早くに亡くなり，現
在は，59歳の母親と二人暮らしをしている。母親は「子どもの将来の自立を考えて，
高校卒業を機に地域で一人暮らしの生活ができるようにしたい」との意向を話して
いる。母親と民生委員はいろいろ話し合い，女性が一人暮らしをする住まいの周辺
に，1人でも多く地域での知り合いを増やし，見守ってもらえる環境を作っていけ
ればと考えた。そして，そのためには社会福祉協議会のボランティアセンターから
ボランティアを紹介してもらえば，一緒に余暇を過ごしてもらったり，人間付き合
いの練習にもなるのではないかと思い，ボランティアのコーディネートをしてもら
えないかと考え相談にきた。
　相談を受けた社会福祉協議会では，女性親子の住む地域担当のコミュニティソー
シャルワーカーがボランティアセンターとの連絡調整も含めて今後の支援のコーデ
ィネーションを担うこととなった。
```

1）ロールプレイの準備

①　母親が民生委員にどんな内容の相談をしたのか，以下の点をふまえ設定してみましょう。

　　ⅰ民生委員と日頃から，どのような関わりがあったのか。

　　ⅱ母親が相談を持ちかけたのには，何か理由があるのか。

　　ⅲ18歳の女性の気持ちや願いは何であるのか。母親は，それを知っているのか。

　　ⅳ民生委員は，これからどのような支援や関わりを持とうとしているのか。

②　コミュニティソーシャルワーカーの機能と役割を確認しておきましょう。

2）民生委員と社会福祉協議会のコミュニティソーシャルワーカーとのロールプレイを体験する

①　民生委員役とコミュニティソーシャルワーカー役に分かれて，２人で交替して15〜20分程度ずつ，ロールプレイをやってみましょう。

②　面接の後，コミュニティソーシャルワーカーはどのような支援を想定するか具体的に列挙してみましょう。

3）援助内容を検討して助言を得る

①　４〜６人のグループになって，具体的な支援の構想について話し合い，グループの考え・意見をまとめてみましょう。

②　グループの考えを発表して教員の助言を得ましょう。

（3）演習の考察

　「親亡き後の支援」は長らく障害，特に知的障害をもった人たちの成人後の生活支援の課題でした。障害者総合支援法によって，家族に依存しない障害者一人ひとりの地域での自立生活が志向されるようになった現在でも，事例のように地域社会の側に彼／彼女らと共に暮らそうとする地域や住民・市民の理解がなければなかなか実現が難しいところがあります。特にこの事例では母親は，障害者を対象としたグループホームなどを活用せず，地域でのいわゆる「普通の暮らし」の実現を望んでいます。

　しかし，実際には女性の障害の程度によらず，24時間体制で彼女の安全・安心を見守りながら日々の生活の自立（律）を支援していこうとすると，話し相手や見守りのボランティアのコーディネートだけではなく，その権利を擁護できる諸サービスの調整や専門職も含めたソーシャルサポートネットワークの構築が必要となってきます。

　そして何より，この事例においてまず取りかかるべきは，当事者である女性の意思確認です。前回の事例でも学んだように，家族はそれぞれに想いや立場があって，家族であっても必ずしもその意見や意思を代弁できる存在ではありません。子どもの将来を心配する母親の気持ちに共感的理解を示しつつも，一個の独立した人格としての女性の意見表明を擁護していくことが必要となります。

　そこで，民生委員の協力を得て母親との信頼関係の形成を図りつつ，女性の立場を代弁できるコミュニティソーシャルワーカーを調整して，直接女性から話を聞く，インテーク面接の機会を設定することが必要となります。民生委員は「相談」に来所しましたが，民生委員自体が地域支援の専門家でもあり，社会福祉協議会にとっては共に地域の社会福祉実践に取り組むパートナーでもあります。したがって，ここで民生委員から寄せられた「相談」は一般の住民からの相談とは異なり，支援における連携を前提とした「相談（情報提供）」と理解することが必要です。

　さらには，この事例のように「個別支援」を「地域支援」に展開する際には，コミュニティソーシャルワーカー自身が参画した「仕組みづくり」が必要となります。民生委員との話し合いにおいて，その場でできる支援の調整にとどまらず，女性をめぐる共生可能な地域社会づくりを意識した支援の調整（コーディネート）を構想して，民生委員に協力を依頼することができましたか。

　この際に，女性の生活環境や現在活用できている社会資源の理解や評価を適切に行ってアセスメントの参考にするためにも，エコマップの活用が必要となります。「ソーシャルワークの理論と方法」の授業で学んだマッピング技法を参照して，適切に資源を発見，記載できたでしょうか。

（4）演習の振り返り——事後学習

　面接の記録を作成し，この記録を材料に以下の点を自己評価してみましょう。また，この演習をふまえて，このような会議に参画する際の自身の課題を具体的に挙げておきましょう。今回の振り返りを「地域福祉援助技術」や「ソーシャルワークの理論と方法」の授業へと関連づけて学びを深めましょう。

　　・必要・適切に社会資源を発見・提案できたか。
　　・社会資源をわかりやすくマッピングできたか。
　　・間接支援，特に地域福祉支援技術に関する知識は活用できたか。

15　自らの成長を確認する——自己評価

（1）演習の目的と内容

1）演習の目的

　ここでは14回までの演習を通観して評価を行います。1回1回の演習でのさまざまな体験を通して，そしてその体験の際仲間や教員から寄せられる助言や指導によって自分自身がどのように変化したのか，「体験と考察の連続性と変化する自分」に視点をおいて，各自の気づきや学びを確認し，自らの課題を明確にしてみましょう。

2）演習の内容

　今回の演習では前回までの14回分の演習について，資料やワークシートを確認しながら以下のような自己評価を加えます。

　　①　毎回の「演習振り返りシート」（第2章章末）を読み直して，自己が成長した点を挙げてみましょう。
　　②　演習を通して，自分の考え方や援助の傾向について気づいたことを挙げてみましょう。
　　③　演習を通して，ソーシャルワーカーを目指すあなた自身の自己の課題

を挙げてみましょう。

④　4人1グループとなり，自分自身の成長したことや今後の課題などを各自がグループ内で発表しましょう。

3）この演習を体験するにあたって──演習への参加の仕方

各回の終了時に作成した「演習振り返りシート」（第2章章末）を整理しておき，自らの課題を見つけておきましょう。

> ── 演習にあたっての事前学習 ─
>
> ①　各回ごとの「振り返りシート」の記述が適切にできているか確認し，準備してきましょう。
> ②　演習全体を振り返り，自らの課題を整理しておきましょう。

（2）演習の進め方

まず，毎回の「演習振り返りシート」を読み直し，演習を通して，気づいたことや自らが成長したと思う点を挙げ，自己総合評価表を各自で作成してみましょう。

次に，4人グループとなり，自分自身の成長したことや今後の課題などを各自がグループ内で発表しましょう。

（3）演習の考察と振り返り

演習を通して，1回1回の授業だけでなく，それを関連づけ，積み上げていくことで自分自身の中にどのような成長が確認できましたか。また，講義科目で学んだ知識はそれぞれの単元の課題と関連づけて適切に活用できましたか。自分1人では気づくことができなかった成長や課題について，仲間と話し合ったり，教員の助言を活用して気づいたり，言語化できることもいろいろあった事と思います。

個々での学びを，全体の振り返りとしてレポートにまとめるとともに，次の学びの課題へと関連づけていきましょう。次章では，これまで学んだような事

例をさらに実際の介入場面へと展開していきます。「ソーシャルワークの基盤と専門職」「ソーシャルワークの理論と方法」などで学んだ基礎知識を復習し，特に，ソーシャルワークの基本的な援助の展開過程について（インテーク・アセスメント・プランニング・インターベンション・モニタリング・エバリエーション・ターミネーション）その具体的な内容とそこでのソーシャルワーカーの役割や機能をテキストで確認し，授業で活用できるよう資料を作成しておきましょう。

<table>
<tr><td>第 4 章</td><td>支援の展開と評価
──ソーシャルワークの支援過程を体験的に
学ぶ②</td></tr>
</table>

　これまで，ソーシャルワークに関する講義科目等で学んできたように，ソーシャルワークの支援はクライエントや地域住民と共有した目標に向かって，双方で共有した計画に沿って，一定の過程（プロセス：Process）によって展開されます。それはソーシャルワークが人権や地域の未来に関わる責任の重い仕事であるゆえ，社会に対する説明責任を問われるとともに，そこに働く専門職には対価が支払われる仕事でもあるからです。いずれにしても，ソーシャルワーカーには，論拠（エビデンス：Evidence）に基づいた説明が求められるといえるでしょう。

　ソーシャルワーカーは，意図的にクライエントとの出会いを作り，永遠と関係を結び続ける家族や友人ではありません。出会った時から別れを見通した援助計画が求められます。出会いからどう別れるかを見通して援助を展開する専門性が大切になります。

　本章では特に，この「援助過程」の理解を学習目標として，一つひとつの過程を丁寧にグループ学習の特性を活かしながら学んでいきます。一緒に学ぶ仲間が活用する知識，仮説の立案方法はそれぞれの興味・関心の寄せ方や支援方法の選択によって異なる場合もあります。仲間と一緒に学ぶことで1人では気が付かない多様な視点と出会うことは，今後の支援のバリエーションともなっていきます。

　「正しい答えを覚える」のではなく，ソーシャルワークの考え方に沿って多様な発想ができるよう，自ら考え，発言することを心掛けて主体的に学んでみましょう。ソーシャルワークの知識を活用して，「ソーシャルワーカーらしく思考する」ことができるようになると，実習や国家試験さらには，実践におい

て新しい体験や考察の機会に臨んでソーシャルワーク実践として選択すべき妥当な回答や方法を選択することが可能となります。

1　ソーシャルワークの始まり

（1）演習の目的と内容

1）演習の目的

　この演習では，まずソーシャルワークにおいて，ソーシャルワーカーがクライエントとの間で「意図的に」関係を作って，一定の手順に従い，見通しをもって過程が展開されていることを理解します。また，援助では，なぜ過程と手順が重要なのか考えてみましょう。これまでに講義で学んだソーシャルワークに関連するテキストなどを参照しながら，援助過程の展開を確認し，クライエントが，どのように出会うのか出会い方にも様々なパターンがあることを理解します。次に，そのパターンによって援助の始め方にも，バリエーションがあることを学びます。

2）演習の内容

　ソーシャルワークの実践場面には，ソーシャルワーカーとクライエントとのさまざまな出会い方（契機）があります。すべてのクライエントが自ら望んで，そして積極的にソーシャルワーカーのところへ相談に出向いてくるとは限りません。時にクライエントは「いたしかたなく」あるいは，「人に勧められてよくわからず」相談機関の窓口にやってきます。この演習では，ソーシャルワーカーとクライエントとの出会いの契機が各々違っても，ソーシャルワーク実践の過程が，まず，援助関係を結ぶ（契約する）ことから始めることを学びます。

　人（ソーシャルワーカー）が他者（クライエント）に援助する際にどのような手順を踏むのか，そしてその際必要とされる配慮はどのようなものか考え，援助のプロセスの理解を深めます。

3）この演習を体験するにあたって——演習への参加の仕方

　事前にソーシャルワークのテキストなどを参照して援助過程（プロセス）の

展開の手順を調べ，そこで過程を追って支援を展開することがクライエントにとってどのような意味を持つのか，ソーシャルワーク実践としてどのような意義があるのか，説明できるようにしてから演習に参加し，より実践的に援助プロセスを理解できるように努めてきています。

　前章までと同様に演習での学びを意義あるものにするためには，最低限必要な知識を事前学習において学んでおくことが必須です。本章でも学びを充実させることができるよう事前学習の内容などを参考にして，演習の際に参照できるようにしておきましょう。また，ノートづくりをしておいて演習の際に参照しても良いでしょう。

── 演習にあたっての事前学習 ──

① 　ソーシャルワーク場面において，ソーシャルワーカーとクライエントがどのような出会い方（契機）をするのかいくつかのパターンを想定して考えてまとめておきましょう。

② 　ソーシャルワークの基本的な援助の展開過程について（インテーク・アセスメント・プランニング・インターベンション・モニタリング・エバリエーション・ターミネーション）その内容をテキストで確認し，2,500字程度のレポートにしてまとめておきましょう。

③ 　ソーシャルワークの開始を想定する際に，相談者（クライエント）との出会いの際にソーシャルワーカーが配慮や留意する点は，どのようなことが考えられるか列挙してみましょう。

（2）演習の進め方

① 　実際に社会福祉の現場でクライエントとソーシャルワーカーがどのように出会うのか，その出会い方（契機）はどのようなものが考えられるか，事前学習①の内容について4人程度のグループを作ってお互いに意見交換してみましょう。

② 　意見交換の結果をいくつかの出会い方のパターンに整理してみましょう。そして，それぞれの出会い方（契機）の違いによって，ソーシャルワーカーはどんなことに気を付けることが必要なのか，事前学習の知識を活用しなが

ら留意点（気を付けるべき点）を列挙してみましょう。

③　それでは，実際にあなたの目の前に以下の⑥〜⑭の4パターンでクライエ
　ントが来たことを想定して2人1組になってロールプレイをしてみましょう。
　また，クライエント役の学生はこれまでの話合いを参考に，⑥〜⑭のパター
　ンのクライエントの心情を想像し，それを口調や態度に表現してみましょう。
　クライエントは，必ずしも自らの問題を意識して進んで相談に来る場合ばか
　りではありませんからそのような場合も工夫して演じてみましょう。さらに，
　ソーシャルワーカー役の学生は皆で話し合った留意点を意識してソーシャル
　ワーカー役を演じてみましょう。

　　⑥クライエント本人が望んで相談にやってきた場合。

　　⑪クライエントが自らの意思ではなく，人に勧められてやってきた場合。

　　⑫クライエントがまったく相談を望まないのに嫌々やってきた場合。

　　⑬クライエントにはまったく相談の意思がないのにソーシャルワーカーが自
　　　宅にやってきた場合。

④　次に事前学習②で調べてきた援助の展開過程について，4人程度のグルー
　プに分かれてお互い調べてきた内容を発表して，確認しよう。特に調べてき
　たことが，今回のロールプレイにどのように役立ったか，確認してみましょう。

⑤　今回の演習全体を振り返ってみましょう。今回は特にクライエントとソー
　シャルワーカーの出会い（契機）の場面に焦点を当てて，ソーシャルワー
　カーが備えておくべき専門性を体験的に確認した点をふまえ，なぜ，ソーシ
　ャルワークの支援には過程があり，そこでの手順が問われるのか，「出会い
　（契機)」の場面について，体験をふまえて考えてみましょう。

（3）体験の考察

　この演習ではソーシャルワークの展開過程のうち，特に最初のクライエント
とソーシャルワーカーの出会い方について，事前学習を活かしながら想像と創
造を組み合わせながら学びました。

　まず，事前学習を活かして援助場面を想像することができたでしょうか。

ソーシャルワーカーが自ら体験できる支援の機会は限られています。ソーシャルワーカーの支援のバリエーションは，他の人の援助経験からどれだけ想像的に学ぶことができるかに大きく影響されます。これまでの講義科目や，外部講師として講義するソーシャルワーカーの話などを参照して，いくつくらいソーシャルワークの出会いの場面を想像できましたか。各自が講義で学んだ専門的な視点やインテークワークの手法を今回の体験と関連づけて，活用していくことができるかも演習の学びの深度に関わってきます。

　次に，その想像した場面によって，クライエントの示すソーシャルワークの利用に対しての動機づけは，積極的なものから消極的，時に拒否的だったりします。さらに，クライエントの年齢や特性，傷病の有無などによってソーシャルワークの理解，援助を活用することへの抵抗感なども異なります。その動機づけの相違などを加味してクライエント像を想像することができましたか。クライエントの特性とソーシャルワークの利用への動機づけを確認すると，クライエント像が創造できると思います。さて，ロールプレイではその創造したクライエント役に共感を寄せながら演じられたでしょうか。本章の演習でも何度もクライエント役を演じる機会が設けられています。こうした機会を利用し，「共感」を意識して利用者理解をできるようにしていきましょう。

　さらに，そのクライエントとどのような出会いができましたか。ソーシャルワークの原則に「個別化の原則」があります。ソーシャルワーカー役を演じた際，ロールプレイ相手が演じるクライエントを個別化して理解しようと心掛け，その話を傾聴して意図的に受容しながら援助関係を構築するよう努力できましたか。前章で学んだことが身に付いているかの確認にもなりますね。出会い（契機）に焦点化した面接はインテーク面接と言われ，短時間の間にクライエントの信用を得て，ソーシャルワーカーがクライエントにとってどんな存在なのか，最低限度理解してもらうことが必要となります。どの程度専門性，知識を自らの体験と関連づけようと意識しながら演習（体験学習）に臨むことができたでしょうか。

　自らの体験を率直に言語化して記録に残すとともに，一緒に体験に臨んだ仲

間の感想や助言もメモして振り返りの参考にするとよいでしょう。

（4） 振り返りの課題──事後学習

　事前学習の内容は体験の準備として十分なものかを振り返り，各々の役割の演じ方を振り返り「出会い（契機）」の相違による"援助関係の構築方法"とそこで活用する知識や方法について自分の体験学習の成果と課題について考察を加えてみましょう。また，今後の演習の授業に臨む際の課題を具体的に言語化しておきましょう。

　「振り返りの課題」は第２章末の「振り返りシート」をコピーして取り組み，教員の指示に応じて提出できるように毎回の演習後に必ず，事後の振り返りとして記述して下さい。特に教員の指示があった場合，パソコンで作成してもかまいません。

2　問題の発見

（1） 演習の目的と内容

1） 演習の目的

　ソーシャルワークの始まり（ケースの発見）は，クライエント本人からの訴え（相談や申請）から始まることばかりではありません。面識のない第三者である場合もあります。ここではまず，「児童虐待の疑い」の通報者である相手の話を聞き，電話をかけてきた相手（通報者）の気持ちや考え等を十分に引き出すとともに，実際に起こっている事象（児童虐待を疑うことになった事柄や経緯）をできるだけ正確に把握できるよう「聴く力」を養います。また，児童相談所における児童虐待の疑いについての通報への対応（法的な手順や権限等も含み）を理解し，具体的な援助行動にどのように結び付くのか過程（Process）を理解します。さらに，電話で相談を受ける際の留意点を学びましょう。

　なお，本章の演習は，１つの事例を始まりから評価をするまで通して使用します。１事例の援助の展開を体験する演習になっていますので連続性を大切に

学んでいきましょう。

2）演習の内容

　ソーシャルワークは，ソーシャルワーカーがクライエントの抱える生活上の
ニーズに出会うところから始まります。その出会い方（契機）は，第1節で見
たようにさまざまです。そして，時にソーシャルワーカーの側が発見している
（見立てている）ニーズとクライエントが感じているニーズが一致しない場合も
あります。

　ここでは，近隣の通報によって児童相談所のソーシャルワーカーが出会った
児童虐待の事例を取り上げて体験的に学んでみましょう。クライエント自身
（親）には自分の子どもを虐待しているという自覚がなかったり，子ども自身
も自分の被害的な状況をニーズとして訴えることも困難であることが多々あり
ます。

　さらに，この事例の契機は電話での通報です。電話での相談を受ける際にど
のようなことに注意するのか考えながらロールプレイを行います。電話の相手
が初めてコミュニケーションをとる相手である場合も多い事に加えて，この段
階では，通報者の話の内容を事実か否か判断することができずに電話対応をし
なければなりません。また，児童虐待を心配して通報してきた人に敬意を払い，
協力に感謝する必要もあります。

　ソーシャルワークにおける電話対応は対面の相談以上に難しい点があります
が，このような通報者対応以外にも，制度利用の相談や，利用者家族からの相
談，あるいは，クレーム対応など，現場ではよく用いる方法の一つです。機関
への通報の対応方法を体験的に学ぶとともに，電話相談の手法を活用できるよ
う，ソーシャルワークの手法の習得と洗練を意識しながら演習に臨みましょう。

3）この演習を体験するにあたって──演習への参加の仕方

　電話での対応は，電話をかけてきた相手（相談者）の顔の表情や様子がわか
らないという特徴があります。前述のように，対面での相談以上に声の調子や
話し方に潜む非言語的要素まで傾聴し，提供される情報を丁寧にフィードバッ
クしながら事実確認を重ねることが必要です。当然確認できることと，あいま

いなこと，さらには情報が確認できないこともあります。それらを理解した上でソーシャルワーカーの役割が果たせるように学んでいきましょう。

その役割を果たすためには事前学習で関連する知識を学んでおくことが大切です。電話相談に限りませんが，確認できた限られた情報からある程度の推論を立てていくためには，根拠となる知識が必要です。演習を意義深い学びにさせるために，ソーシャルワークの技法はもちろんのこと，子ども家庭福祉，発達心理学など最低限必要な知識を事前学習において確認しておくことが必須です。

┌─── 演習にあたっての事前学習 ───────────────────────┐

① 児童相談所の機能やそこで実施されている具体的な児童虐待への対応について調べてみましょう。

② 「児童虐待の防止等に関する法律」について調べてまとめてみましょう（特に，法律の目的，児童虐待の定義，通告，立ち入り，親子分離，措置〔緊急一時保護〕，等を確認しておきましょう）。

③ 以下の事例場面1を読み児童相談所のソーシャルワーカーは，この電話で相談を受ける時に尋ねるべきことや説明すること，留意しなければならないことを列挙しておきましょう。

└──┘

（2）演習の進め方

1）事例場面1

┌──┐

女性の声で児童相談所に電話がかかってきました。ソーシャルワーカーが電話を取るとその女性は以下のような内容を，ポツポツと話し始めました。「あのぉ～……，私の名前は，言いたくないのですが気になることがありまして……」「ここへ電話することなのかどうかもわからないのですけれど……」「近所のお宅の鈴木さんの家のことですが……」「ご夫婦とお子さんが何人かいると思います。その一人が，小学校3年生の女の子です。でも，あまり学校へ行っていないようなのです」「あの，お父さんのものすごい怒鳴り声がよく聞こえるし，お母さんも外で会っても目を合わさず，逃げるように行ってしまって，何だか変な様子なので気になったもので……」「市の広報を見てそちらへ電話しました」。

└──┘

2）演習の流れ

① 　4人程度のグループを作り，以下の点をふまえて事前学習の内容を意見交換してみましょう。

　 ⅰ通報を受けた際，児童相談所はどのように対応するのだろうか。

　 ⅱ電話相談の応談の際，ソーシャルワーカーが留意すべきことはどのようなことだろうか。

② 　電話相談（通報）のロールプレイを体験してみましょう。

　　 はじめに各自で電話をしてきた女性の役柄を設定しましょう（近所の鈴木家のことをどのように見ているのか，実際に何を見たり聞いたりしているのか，何を児童相談所に伝えたいのか等）。また，グループ内でペアを組み，ソーシャルワーカー役と電話をしてきた女性役に分かれてロールプレイを実施してみましょう。

　 ⅰソーシャルワーカー役は①のワーク内容を参照してソーシャルワーカーの役割や応談の留意点に十分注意して演じてみましょう。

　 ⅱ通報者役は， 2 ）の②冒頭のワークの内容を参照して，通報者の気持ちを理解して通報者になりきって，ソーシャルワーカーに相談してみましょう。

③ 　それぞれの役割を交代してやってみましょう。

④ 　ロールプレイを実施した後，ソーシャルワーカーは，次にどのような援助を開始すると考えるのかグループで話し合ってみましょう。

⑤ 　グループ内でロールプレイの後にそれぞれの役割を体験した感想を述べ合ってみましょう。また，お互いの良かった点，改善するとより良くなる点など助言し合いましょう。

（3）体験の考察

　この演習もソーシャルワークの展開過程のうち，特に最初の通報者とソーシャルワーカーの出会い方について，事前学習を活かしながら想像と創造を組み合わせながら学びました。前回と異なり，今回は「児童虐待の通報への対応」について課題が限定されていました。前回の演習では自分の知っている，ある

いは，興味のある場面を設定することができましたが，今回はソーシャルワーカーとして，そして社会福祉士として当然知っているべき社会福祉関連の基礎知識が問われる演習でした。

　まず，事前学習を活かして援助場面を想像することができたでしょうか。児童相談所は社会福祉，特に子ども家庭福祉に関する専門機関です。その組織構造や人員配置，役割や機能を知っていることは，ソーシャルワーカーとして必須の要件といえます。

　2000年に社会福祉法が改正され地域福祉の充実が図られました。ソーシャルワークにおける課題は多様化し，児童だけでなく，高齢者や障害者の虐待被害からの緊急保護，そして孤立状況の住民への支援など，領域を越えた地域でのネットワークによる支援が必要となっています。ソーシャルワーカーには，相談窓口でクライエントの来訪を待つ応談だけでなく，通報など間接的な支援要請などに応えることができるアウトリーチの機能（次回に詳しく学習します）を強化することが求められています。その際必要となるのが，適切かつ速やかな判断です。特に児童虐待の疑いについては，真偽のほどが不確かな相談であっても「48時間以内の子どもの所在確認（安全確認）」が必要となります。しかし現状では，都道府県と市区町村との分権や役割分担も現在改革の途上にあり進捗状況も一律ではありません。実習に臨む際など，それぞれ実習先の自治体の体制整備の現状の確認をして下さい。

　今回取り上げた児童虐待の実際について，専門職らしく正確な知識に基づいて想像したり，推論を立てたり判断したりすることができましたか。児童虐待のような緊急対応を必要とされる相談ではソーシャルワーカーが判断を誤ると人の命が失われる恐れもあります。

　しかし一方で強い，あるいは偏った先入観をもって通報者の話を聞いてしまうと，実際にはない「事件」を生み出して，難しい子育てに必死で頑張っている親に「児童虐待」という誤ったラベルを張ってしまうことにもなりかねません。バイスティックの原則はソーシャルワークの中でも基本的な原則ですが，そこにも「個別化」「非審判的態度」が提起されています。特に今回のように

通報者自身もはっきり確認できていないことが多い相談では，ソーシャルワーカーの聞き方・聴き方が通報者に不必要な偏見を刷り込まないよう，それと同時に，児童虐待と決めつけてしまう安易な，かつ断定的な応答も控えるべきでしょう。このように問題の発見には，専門的知識だけではなく，ソーシャルワーカーが，出来事をどのように受けとめるかという判断力や価値観の自己覚知と洗練が必要になります。

（4）振り返りの課題——事後学習

　ロールプレイの際，自分がソーシャルワーカー役を演じた場面を実際の相談場面であると想定して記録を作成してみましょう。

3　アウトリーチ

（1）演習の目的と内容

1）演習の目的

　前回の演習から続いている事例で，児童相談所のソーシャルワーカーが地域住民からの「児童虐待の疑い」の通報の電話によってクライエントの自宅へのアウトリーチを試みます。今回の事例場面では，アウトリーチについて学びます。

- ・アウトリーチの機能について，まず，ソーシャルワークのテキスト等を参照して，活用する場面や留意点の理解を確認します。
- ・アウトリーチにおける初対面のクライエントへの働き掛け，援助関係の構築を実践的に体験し，その修得を目指します。
- ・上記で確認した留意点を参照してアウトリーチの内容を的確に記録できるようにします。
- ・ソーシャルワークの活用が動機づけられていない人に，児童相談所のソーシャルワーカーの役割を相手に伝え，援助への協力が得られるような関係づくりに参加してもらえるような働きかけを行います。

2）演習の内容

アウトリーチの重要性を理解するとともに，アウトリーチ場面の面接を体験し主訴が明確ではないクライエントと援助関係構築を図ることができるよう面接方法を洗練し，人との関係づくりができるよう学びます。また，アウトリーチの際の面接内容記録が，その後の援助につながる記録となるよう，意図的に作成してみます。

3）この演習を体験するにあたって——演習への参加の仕方

アウトリーチの機能を活用した援助は，クライエントの援助希望があるかどうかもわからず，それどころかニーズの自覚さえあるかどうかもわからずに自宅訪問を行うという特徴があります。当然，突然訪問されたクライエントには戸惑いや不安，時には怒りがあり，訪問自体を拒絶される可能性もあります。それを理解した上でアウトリーチから援助関係を構築できるように，そのきっかけづくりを工夫してみましょう。

なお，演習を意義深い学びにさせるためには，ソーシャルワークでも危機介入の知識，そして，子ども家庭福祉や地域福祉，中でもコミュニティ・ベースド・ソーシャルワークなどについて，最低限必要な知識を事前学習にて学んでおくことが必須です。

演習にあたっての事前学習

① アウトリーチの機能について調べてみましょう。

② アウトリーチの機能を活用した介入が必要となる対象者は，どのような人々なのか具体的にその例を挙げてみましょう。

③ アウトリーチを援助関係の構築，援助の展開へと進めるにあたっての留意点を調べてみましょう。

（2）演習の進め方

1）事例場面2

> 　児童相談所のソーシャルワーカーのあなたは，同僚とともに，2時間後に電話の
> あった女性から聞いた住所の市営住宅3階を訪ねた。「鈴木」の表札を確認して，
> 玄関のチャイムを鳴らしたが，しばらく応答がない。ドアに耳をあてると中で物音
> がするので家族の誰かは在宅しているようだ。そこでしばらく待って，さらにチャ
> イムを鳴らした。すると中からヨレヨレの服を着て化粧はせず，髪の手入れもして
> いないような生気がない女性が，ドアのチェーンをしたまま少しだけ開けたドアの
> 隙間からこちらを覗いた。その隙間から，家の中が散らかっていることも確認でき
> た。
>
> ＊鈴木さんの追加情報：鈴木宅から顔を出した女性は，家庭がうまくいっていない
> 　　　　　　　　　　　 ことはある程度自覚している。そして，どうしたらいいの
> 　　　　　　　　　　　 かと悩み，誰かに助けてほしいと思ってはいた。そこへ急
> 　　　　　　　　　　　 に児童相談所のソーシャルワーカーの訪問を受ける。頼ん
> 　　　　　　　　　　　 でもいない人が急に訪れ，何をしにきたのかわからず警戒
> 　　　　　　　　　　　 し，関わりを持つことに言いようのない不安感がある。

2）演習の流れ

① 　4人程度のグループを作り，事前学習の内容を意見交換してみましょう。
アウトリーチの特性や介入方法の手順など，アウトリーチが必要となるクラ
イエントの特性を確認しておきましょう。

② 　アウトリーチによる面接場面のロールプレイを交代で体験するにあたり，
はじめに鈴木さんの役柄を設定しましょう。上記の話し合いの内容に，「事
例場面2」の内容や追加情報を考慮して設定してみましょう。また，前述の
設定のもとグループ内でソーシャルワーカー役と鈴木さん役でペアを組み，
ドアから鈴木さんが顔を出した場面でロールプレイを体験してみましょう。
　ソーシャルワーカーは，このような場面で特に何に配慮する必要があるの
か考えながら，体験に臨んでみましょう（面接時間は5分間以内）。児童相談
所のソーシャルワーカーは2人1組です。2人の役割分担も併せて打ち合わ
せして鈴木さん宅に出向くロールプレイにも挑戦してみましょう。

③　ロールプレイを実施した後，ソーシャルワーカー役の際，アウトリーチの目的を達成できたかどうか事前学習やグループでの学び合いの内容を参考に各自で振り返ってみましょう。その際にロールプレイの中でソーシャルワーカーとして，面接方法，特にアウトリーチの機能を意識して対応した内容や，児童虐待の事実確認，ソーシャルワークの展開につなげるというアウトリーチの目的はどこまで達成できたか確認してみましょう。また，自分がソーシャルワーカー役の時，鈴木さん役を演じてくれた仲間に，家庭がうまくいっていないことを率直にソーシャルワーカーに相談してみようという感じをもったかどうか確認してみましょう。最後に上記で振り返ったことをグループで話し合い意見交換してみましょう。

（3）体験の考察

　この演習は前回の「児童虐待の通報への対応」を受けて，児童相談所のソーシャルワーカーが緊急訪問をする場面へと展開しての体験学習です。通報を受けて児童相談所は事実確認のために，鈴木さんの自宅を訪問することとなります。通常こうした訪問は複数のソーシャルワーカーで行われますが，その際にはワーカー同士のチームワークが前提となります。限られた時間内での演習ではまず1対1の関係で訪問による面接を体験してみました。

　この演習の特徴は，機関や施設のように通常からソーシャルワークが行われていない場所（Place）で面接を実施し，援助関係を構築していくというソーシャルワークの中でも，特にアウトリーチの機能を十分発揮することが必要とされる場面の体験学習にあります。したがって，今回の演習ではロールプレイの時間が「5分間」に限定されました。やっと開いたドアが閉じないよう，短時間の間に「不安を誰かに相談したい」という鈴木さんの動機を，ソーシャルワーカーである自分への援助の依頼へと関連づける契機となるような意図的な応答の展開が必要になります。

　また，今回の演習の面接の対象は，初回（第1節）の演習で想定した「④クライエントにはまったく相談の意思がないのにソーシャルワーカーが自宅にや

ってきた場合」に該当します。クライエント側に動機のない支援関係の形成は，その不安感など考慮すると「マイナス：抵抗感・不安感」からの始まりと言ってもよいかもしれません。まずは，この抵抗感や不安感を軽減して，コミュニケーションが可能な状況に展開できるよう，ソーシャルワーカーの意図的な関わりが必要となります。

　第1節の演習での体験や振り返りを思い出しながら演習，特にロールプレイに臨むことができたでしょうか。ソーシャルワーカーがソーシャルワークの方法を理解し援助技術を向上させていくためには，1回1回の演習をその場限りの学びに終わらせることなく，連続させ，体験を積み上げることによって専門職としての援助基盤である実践力を強化していくことが大切です。

　この授業を通じて，演習から演習へと，そして今後の実習さらには実践へと，体験とその振り返りを連続させていく専門職としての学びの習慣をつけていきましょう。

（4）振り返りの課題——事後学習

　ロールプレイの際，自分がソーシャルワーカー役を演じた場面を実際の相談場面であると想定して叙述体で記録を作成してみましょう。

4　インテーク

（1）演習の目的と内容

1）演習の目的

　この演習では，インテークの目的と機能を理解し，アウトリーチによって出会ったクライエントに，限られた時間の中で訪問の意図と，ソーシャルワーカーの役割や機能を理解してもらいインテーク面接へと展開できるようになること，クライエントとの援助関係構築を図ることを目指します。また，インテークで実施したその内容を役に立つ記録として作成できるようにします。

2）演習の内容

　前回の演習での振り返りをふまえて，児童相談所のソーシャルワーカーがアウトリーチし，インテークにつなげていくことで事例の展開が始まります。また，インテーク面接の目的に沿って，主訴を明らかにし，適切な情報収集をロールプレイで実践的に学びます。また，インテーク面接の内容を記録にまとめます。

3）この演習を体験するにあって──演習への参加の仕方

　アウトリーチによりクライエントの自宅を訪ねて，訪問からクライエントが潜在化させている主訴を顕在化させ援助へとつなげるインテーク面接を体験してみます。そこで，これまでに学んだ面接方法を駆使するとともに，適切な情報収集を行い，クライエントの信用を得て援助関係を構築できるように工夫してみましょう。

　なお，演習を意義深い学びにさせるためには，最低限必要な知識を事前学習にて学んでおくことが必須です。

```
─── 演習にあたっての事前学習 ───

① 一般的にインテーク面接において情報収集する内容を列挙してみましょう。
② インテーク面接の目的をまとめてみましょう。
③ インテーク面接を進めるにあたっての留意点を調べてまとめてみましょう。
④ インテーク面接を行う鈴木さん（クライエント）やその家族の役柄や環境の設
　定をしてみましょう。
　・ロールプレイ（30分間）をするために鈴木家の設定をしてみましょう。一人ひ
　　とりの家族の状況や考え方，心身の健康状態，家族の抱える問題の内容や原因
　　等についてなるべく詳しく設定し，1,200字程度にまとめておきましょう。
⑤ 設定した鈴木家のジェノグラムを作成してみましょう。
　・家族状況などこれまでの演習で提示されている情報を確認しておきましょう。
```

（2）演習の進め方

1）事例場面3

　女性がドアのチェーンをしたまま少しだけドアから顔を出した。そこで児童相談

所のソーシャルワーカーは，身分証明書を提示しながら自己紹介をし，「ご近所で
鈴木さんのことを心配している方から相談にのってあげてほしいという電話をもら
ったので来ました」「鈴木さんですか」と話しかけた。女性は黙ったままうなずい
た。「少し，お話を伺えませんか？」と話した。すると鈴木さんは，「明日にしてほ
しい」とだけ答えたので，「それでは，明日再度おうかがいします」「できればお子
さんともお会いしたいのですが，ご在宅の時間はいつ頃ですか？」とたずねると，
「午後には帰ってきてます」とのこと。「では，明日15時頃もう一度来ますね」と
約束した。そして，次の日ソーシャルワーカーは，再度約束の時間に出直し部屋に
招き入れてもらい，子どもの所在確認をするとともに話を聞いた。

2）演習の流れ

① 　4人程度のグループを作り，事前学習の内容を意見交換してみましょう。
また，インテーク面接の特性や留意点などや，相談への動機づけが曖昧なク
ライエントが，ソーシャルワーカーの訪問と，積極的ではない面接に臨む心
情や話し方の留意点を確認しておきましょう。

② 　インテーク面接のロールプレイを交代で体験してみましょう。まず，はじ
めに鈴木さんの役柄を再確認し，前回の演習や上記の話し合いの内容を考慮
して設定してみましょう。次に，鈴木さん，ソーシャルワーカー2名それぞ
れの役になりきって，ペアになりインテーク面接のロールプレイをしてみま
しょう（30分間）。

③ 　グループで，インテーク面接の目的と機能が達成されたか振り返りをして
みましょう。まず，事前学習の内容を参考に，専門性を意識して面接を展開
できたか自己評価し，鈴木さん役のメンバーに感想を聞いておきましょう。
また，グループでインテーク面接が意図通り展開できたか，お互い良かった
点，課題など具体的に相互評価してみましょう。

（3）体験の考察

　前回の演習から今回の演習へとアウトリーチからインテーク面接へと訪問が
展開されてきました。前回は5分間の「出会い」でしたが，今回は鈴木さんに
家の中に入れてもらって，子どもの所在確認をするとともに，30分間会話を続

けることが必要になります。その30分で出会い（契機）をその後の援助過程への展開と関連づける援助関係の形成を試みなければなりません。時間をかければ相手の理解や信用を取り付けることが可能かもしれません。しかしクライエントがそれを容認してくれるかどうかわかりません。初対面のしかも自ら望んでいない人との面接は，30分でも長く感じるものです。

　また，約束に基づいた訪問でも，鈴木さんが快く部屋の中に入れてくれるとは限りません。再度の訪問であっても，まずは鈴木さんの心情に配慮しながら，可能な限り鈴木さんの納得と合意を得て部屋に入れてもらうとともに，子どもの所在確認を行わなければいけません。部屋に入れてもらうための交渉と子どもと会わせてもらう交渉をどのように試みましたか。そしてその際の鈴木さんの抵抗感に共感的理解を寄せられましたか。

　さて，部屋に入れてもらったら，再度丁寧な自己紹介が必要です。どのような自己紹介をしましたか。実際の訪問では，どの部屋のどこに招き入れてもらえるか，個々のクライエントや家族の状況によって異なります。実際にはこの事例のように簡単に家に入れてもらうことは難しく，玄関での立ち話が続く場合もあります。その際でも，チェーンの隙間からでも垣間見える家族の生活状況は，クライエントの語りの理解を深める大切な情報にもなります。

　この演習では生活環境の観察をあまりできませんが，あいさつ程度の会話から訪問の目的について鈴木さんの理解を促し，可能であれば児童虐待の疑いのある状況について語ってもらえるようなコミュニケーションに展開していく積極的傾聴（Active-listening）が必要になります。学生同士の演習では，ソーシャルワーカー役が上手くできずに困っている学生にクライエント役の学生が助け舟を出しがちです。自力でクライエントの信用を得て語りを促す面接場面が構築できましたか。事前学習で確認したインテーク面接の留意点と自分の面接を比較して振り返ってみましょう。

（4）振り返りの課題──事後学習

　インテーク面接の記録を起こしてみましょう。記録は，支援の継続性の保障

を目指す記憶の目的だけではなく，情報の共有化や援助の評価に用いるなど目的は複数あります。目的に合わせた文体を学び，使い分けられると目的達成のために効果的です。面接を記録にまとめて，教員の助言を得ると，面接技術の体験の振り返りへの助言とともに，記録技術の助言も得ることができます。次回の面接記録の技法の演習において体験学習で学びましょう。

5　面接記録の技法

（1）演習の目的と内容

1）演習の目的

　面接後に記録を正確にわかりやすく作成することを目指します。この演習では，その後の援助過程での活用を前提に面談内容について，ワーカー自身の記憶や部分的なメモを頼りに，可能な限り正確にわかりやすく記録に起こすことができるようになることを目指します。その際，文章による記録だけでなく，記録の技法を活用することを習得します。さらに援助におけるマッピング技法の活用方法とその意義を理解します。次に，マッピング技法としてのファミリーマップとエコマップの作成方法を習得します。そして，正確な記録を残すために，記録の道具の学びを第三者に確認してもらうことの必要性を理解します。

2）演習の内容

　インテークの記録を参照し，そこで得た情報からファミリーマップとエコマップを作成し，マッピング技法を習得します。また，作成した記録からインテーク面接において必要な情報収集ができているかどうか確認し，インテーク面接の機能が果たせたのか評価（モニタリング）を加えてみましょう。ここでの記録の評価指針を，3点挙げます。

① 収集した情報や体験した内容の記載が正確であるかどうか
② 客観的事実とソーシャルワーカーの解釈が明確に書き分けられている

かどうか

③　要点が明確（具体的でわかりやすく）に記載されているかどうか

　この3点に加えて，基本的文法が正確であることは当然のことですが，できあがった記録を相互に評価し，各自の記録に対する課題を見つけましょう。

3）この演習を体験するにあたって──演習への参加の仕方

　インテーク面接を終了し，インテークからアセスメントへと援助過程を展開するために，これまでの過程を振り返って必要な情報が収集されているかどうかも確認します。そして，その情報に基づいて今後の介入方法を想定しながら，次の展開でアセスメントができるように，意識的に援助関係を展開できるよう取り組んでみましょう。

　なお，演習を意義深い学びにさせるためには，最低限必要な知識を事前学習にて学んでおくことが必須です。

演習にあたっての事前学習

①　ソーシャルワーカーは，記録を作成する際にその目的や用途によって文体を選択します。記録に用いる文体にどのようなものがあるかを調べ，それぞれの文体の特性や用途を書き出してみましょう。

②　マッピング技法の意義について考えてみましょう。

（2）演習の進め方

①　作成した各自の記録に基づき，インテーク面接として，良い点や改善すべき点，収集できた情報について話し合ってみましょう。特にどのようなコミュニケーションがクライエントの情報提供につながったか，お互い助言してみましょう。記録から援助内容の点検や評価を加えてみましょう。

②　各自のインテーク面接の記録を使ってファミリーマップとエコマップを各自で作成してみましょう。

③　作成したファミリーマップとエコマップを，グループ内で確認し合い文字だけの記録と比較して，その意義を確認してみましょう。

（3）体験の考察

　ソーシャルワーカーにとって，「記録技術も援助技術のうち」と言われるほど，支援に関連する記録には様々な用途があり，アセスメントやエバリエーションの際の評価の根拠であることは無論のこと，支援過程のモニタリングの根拠にも具体的で正確な記録が必要不可欠です。また専門職による支援は，職場，職種によって業務記録としての報告の必要性，さらにはソーシャルワーク実践としての説明責任の側面から，その説明責任（Accountability：アカウンタビリティ）に応えうるレベルであることが求められます。

　したがって，演習の評価の項目に示したように，支援の記録は誰が読んでもわかりやすく正確に書かれているとともに，その都度の支援の判断が専門的根拠やソーシャルワーカーの専門的判断に基づいて行われた事，つまり，EBP（エビデンス・ベイスド・プラクティス）であったことが明示されていることが必要です。さらには，ソーシャルワーク組織としては，その専門性や業務の特性に応じた情報が，組織としての実践知のストックとなるよう支援が終わった後も事例研究の素材として活用可能な状況で保存されていることが必要となります。

　また，ソーシャルワークの支援は「人と環境とその相互作用」に介入していくので，対象となる関係を端的に理解したり記録したりすることができると，事例の相互理解や端的な情報伝達が可能となります。このような目的をもって，開発されたのがマッピング技法です。マッピング技法は「記録の道具」と表現されます。私たちは家庭や地域において，さまざまな人間関係の中で暮らしています。そこに生じる相互作用は私たちを支えてくれることもあれば，喧嘩をしたり，傷つけ合ったり，時に憎しみの感情さえ生じさせていきます。家族は一番小さな単位の社会であり，私たちが生まれて初めて経験する社会でもあり，私たちの人生に大きく影響を及ぼします。つまり，その人を知りたいと思ったら，その人の家族との関係性を知ることが大切な手掛かりとなります。

　そこで，ソーシャルワークでは，その人を個別化して理解する際，その人に関わる情報のうち，大人になるまでの情報（成育歴），大人になってからの生活状況（生活歴）を確認します。ただし，人によっては家族の数が多かったり，

関係が複雑だったり，地域社会との関わりが多様で文字での情報確認や理解が難しい場合があります。このような時に，情報をわかりやすく図式化して短時間で複数の人間の理解を可能にする道具がマッピング技法です。

　これまで文字を主体に援助の記録を残してきました。その記録と今回作成したマッピング技法を活用した記録を比較してみてください。マッピング技法の方がケース全体の構成や簡単な経緯を理解するには適しています。「一目瞭然」ケースの状況がわかります。しかし，マッピング技法は，情報を一定の記号に替える際の約束事があり詳細に情報を明示できるわけではありません。正確かつ詳細な記録は文字で明記しなければ正誤の確認が困難です。

　ソーシャルワーカーはクライエントやその家族，あるいは生活状況をチームの仲間や関連する機関の専門職を速やかに共有するためには，マッピング技法のような道具を使いこなし，より詳細な支援方針の決定や諸手続きのためには正確な記録を文章化する力が必要です。「記録技術も援助技術のうち」とも言われます。個々の演習の機会の事前学習，ワークシート，そして振り返りの記録やレポートの際，記録技術を十分意識しながら学びを重ねましょう。

（4）振り返りの課題——事後復習

　マッピング技法と文章を併用して，これまでの援助経過をケース記録を意識してまとめてみましょう。その際，「ソーシャルワークの理論と方法」などのテキストと合わせて，子ども家庭福祉論のテキストなども参照して，専門用語を使って「援助記録」を意識した記録を作成してみましょう。

6　情報収集——アセスメント①

（1）演習の目的と内容

1）演習の目的

　アセスメントは「事前評価」とも言われるように，面接をしているソーシャルワーカーの個人的判断によって，気になる点をニーズとして提起するだけで

なく，それぞれの領域のクライエントの特性とサービスの枠組みを勘案した仮説に基づいて，情報を収集・判断・整理する過程です。したがってこの演習では次のことを目指します。

　まず，アセスメントの目的理解を深め，ソーシャルワークにおいてアセスメントを実施する際，ソーシャルワーカーが常に理解しておくべき基本的な情報の枠組みを学びます。また，アセスメントに必要な情報をそれぞれの事例に合わせて的確に抽出・言語化・整理することができるようにします。

2）演習の内容

　インテーク面接でのクライエントとの間で援助関係を構築することの合意形成が成り立つ（契約）と，いよいよ援助が展開していきます。インテークでも最低限度，援助の必要性を判断するためのアセスメントが試みられますが，今後の援助の展開（介入への展開）にあたって，援助計画の根拠となるアセスメント（情報収集と分析）を実施します。

　この演習ではインテーク面接において聴き取った内容（下記事例内容1）をもとにアセスメントの段階で収集しなければならない情報を明確にすることを学びます。

3）この演習を体験するにあたって——演習への参加の仕方

　インテークからアセスメントの展開を学んでいきます。ソーシャルワークにおけるアセスメントの理解を深めた上で下記の事例内容1の事例のアセスメント面接ができるように準備をします。なお，演習を意義深い学びにさせるためには，最低限必要な知識を事前学習にて学んでおくことが必須です。以下の事前学習は不可欠です。

┌── 演習にあたっての事前学習 ─────────────────────

① ソーシャルワークの展開におけるアセスメントの機能や役割を確認し，まとめてみましょう。

② ソーシャルワークにおいてアセスメントに必要な情報の項目を列挙してみましょう。特に人に関わる「Bio（バイオ）」「Psycho（サイコ）」「Social（ソーシャル）」の3つの側面と環境との関係から行ってみましょう。

③ 「事例内容１」を読み，ここでアセスメントに必要となる情報の項目を列挙してみましょう。

（2）演習の進め方

１）事例の提示

　各自がロールプレイの面接で収集した情報もあり，それぞれのクライエント像や家族像等ができていると思います。しかしここでは，全員が同じ内容で学ぶためにこれまで用いてきた事例に情報を加え，お互いのイメージや理解の共有化をはかっておきましょう。ソーシャルワークの援助において領域や対象が変わっても活用する専門知識や介入の方法など，わきまえるべき価値観は共通です。自分たちで想像して創造してきた内容とは少し異なる点があるかもしれませんが，これまでの学びを活かしながら，事前学習で確認した項目を参照しながら以下の事例を読んで課題に取り組みましょう。

２）事例内容１

① 事例概要

　クライエントは無事に出産したいが，生活費と出産費に困っており，夫の暴力から逃れたい，という主訴を持っています。家族構成は，鈴木陽子（30歳，クライエント），鈴木昌夫（27歳），鈴木静香（７歳），鈴木祈愛（２歳９カ月）の４人家族で，住居は市営住宅だが家賃も滞納。経済状況は貯金がなく，手持ち金も５万円程度である。

② 陽子からインテークで聴き取った内容

　陽子は，もともと勉強が嫌いであったが「高校くらい卒業しないと就職もできない」と周囲に言われ，しぶしぶ通学していた。しかし，授業にもついていけず，毎日が無意味な気がして，両親の反対を押し切って退学した。高校生の時から付き合っていた男性と結婚し，静香を産み育てていた。しかし，夫がバイクの事故で死亡した。仕事をしていなかった陽子は生活に困り果て，同じ町に住む両親の所へ静香と身を寄せた。

　しかし，両親からは，「早く出て行ってほしい」とはっきり言われていたこともあり，3カ月くらいの間にパチンコ屋で出会った現在の夫と両親の反対を押し切り再婚をした。やがて，次女をもうけ，家族4人で暮らしていた。暮らし始めた時，昌夫は無職であった。陽子はコンビニのパート勤務で生活費を稼いでいた。昌夫は新しい仕事に就いても長続きせず，一家の暮らしは経済的にも苦しく，陽子は静香に祈愛の世話を頼んで給料の高い深夜のパートに出ることもあった。保育料を払えないので保育所に子どもを預けることもせず，やむを得ず子ども2人を残してパートにでることが続いた。そのような生活の中再度の妊娠に気づいた時は中絶することを考えたが，昌夫も相談に乗ってくれず，中絶の費用の工面も不安で決心がつかないまま7カ月ほど経った。

　妊娠後もコンビニのパートを続けたが最近になって身体がつらくなって辞めた。病院へ行っていないため，いつ生まれるのかよくわからない。少し前，昌夫はクリーニング配達の仕事に就いたものの店主とトラブルを起こして2カ月で辞めた。その後も転職を繰り返し定職につけずにいた。現在は，日雇いにより建設業の仕事を行っている。最近は，酒を飲んで酔って帰ってくることが多くなり，大声を出すので近所にも迷惑を掛けているだろう。そんな状態で夫とまともな話もできない。

　付き合い始めた時から昌夫は時々陽子だけに暴力を振るうことがあった。最近では暴力が益々エスカレートしていると陽子は感じている（手足に新旧交えた大きな痣が何箇所も陽子にも静香にもある）。それが最近では，飲んで帰って来て，静香にも大きな声を出して手をあげるようになった。暴力（言葉の暴力も含む）が頻繁に起こるために子どもたちも陽子も恐がっている。静香は，夫の実の子どもでないから仕方ないのかもしれないと陽子は思っているが，暴力を見ているのがつらい。陽子が止めるべきだと自分でも思うが，お腹の大きな自分が止めに入って赤ちゃんにもしものことがあったらと考えると，どうすることもできない。このままでは静香を守ることもできないし，自分もつらいのでこの状況から逃げ出したいと思っている。しかし，どうしたらよいかわからず，また，夫が怖くてそんな気持ちでいることを夫に伝えることもできない。ここ数日は

毎日の生活の中で命の危険さえ感じることもある。

　病院に行くお金もないし，このままの状況で出産をどう迎えるのか不安で仕方ない。もともとお金は無いが，今の夫には決まった給料が出ないこともあり，現在は，明日の食費にも困る状況である。陽子の両親には結婚を反対されたこともあり，家を出て以来，音信不通の状態で今回の妊娠さえも知らせていない。それどころか，両親は引っ越すと聞いたが連絡もなく，今はどこに行ったかわからない。

　もともと陽子は，父親の連れ子で，母は実母ではなく，両親から可愛がられた記憶もない。今になって手助けしてくれると思えない。実母のことは，一切知らされていないので，どこにいるのか生きているのかさえわからない。また，夫の両親には，会ったこともないし，どこにいるのかも知らない。陽子には，兄弟姉妹もおらず，他に頼れる人もいない。

　最近の陽子は足がむくんでつらく，食欲も出ずにいつも頭がぼんやりしている状況である。

　陽子の体調が悪いので静香が学校へ行かずに面倒をみてくれている。陽子も体調が悪いのでどうすることもできないし，静香も学校へ行きたがらない。祈愛は，２歳になるのに立ち上がりもできず，手が掛かる子である。陽子が同じ頃には歩き，言葉も発していたので随分違いがあり心配している。しかし，誰に相談してよいのかもわからない。子どものことを夫に話しても気にも留めていない。

3）演習の流れ

① 　４人程度のグループにおいて事前学習中の「ソーシャルワークにおけるアセスメントに必要な情報項目の列挙」をグループ内で確認してグループとしてのアセスメントの枠組みを作りましょう。

② 　次にグループで話し合った枠組みを確認しながら，再度「事例内容１」を読み，該当する情報を転記してみましょう。

③ 　事前学習中の「インテークからアセスメントに必要な情報項目の列挙」と上記②の話し合いにおいてグループで作成した枠組みと，事例から転記した

情報を比較してグループで意見交換しましょう。

④　③の内容を振り返り，以下の点を自己評価してみましょう。

　　ⅰアセスメントの役割と機能をどの程度理解できたか。

　　ⅱアセスメントの枠組みに沿って，必要な情報を見つけて言語化することが
　　　できたか。

（3）体験の考察

　なかなか理解が難しい事例だったかもしれません。相談窓口にクライエント自らが訪れる場合は，主訴が明確で利用したいサービスも具体的だったりします。しかし，今回の事例のように，クライエント自身の動機が曖昧で，利用したいサービスも明確ではない場合，援助の最初の段階ではソーシャルワーカーの側がニーズを見立てていく（プロフェッショナルニーズ）場合があります。

　当然のことながら援助関係が安定して支援が展開して，クライエント自身が自らの課題を自覚したり，解決を意図したりできるようになれば，クライエント主体に援助は展開されるべきです。しかし，この事例の鈴木陽子さんは現在妊娠中で妊娠中毒症が疑われるような体調不良を抱え，夫の暴力に怯えパワーレスの状態にあり，援助の主体となるのは困難な状況です。

　このような場合，ソーシャルワーカーの側が，その専門知識や経験を活用して潜在化していると思うニーズを予測しながら，クライエントの語りを整理してアセスメントを進めていきます。クライエントが語る（訴える）ニーズは曖昧だったり，事実認識が困難だったりして言語化が不十分です。ソーシャルワーカーには，その語りをフィードバックして情報を確認したり，語りを支持して言語化を促す面接技術は無論のこと，言語化された情報を適切に拾い上げ，ニーズに整理していく力が必要となります。

　そのためには，曖昧な表現や個人的な想いをニーズへと言語化できる知識の活用が不可欠です。さて，今日の演習では事例にちりばめられた陽子さんのニーズ，子どもたちのニーズ，そして夫である昌夫さんのニーズ，さらには家族のニーズについて，視点や関心を寄せてアセスメントできたでしょうか。個

人と家族をアセスメントする際には，時に家族と家族のニーズや人権が葛藤を招くこともあります。家族の関係性にも十分留意して，枠組みを設定したり，ニーズを汲み上げることができましたか。

（4） 振り返りの課題——事後学習

今回のアセスメントは陽子からの情報だけのアセスメントになります。まだまだケース全体の情報収集は十分とは言えません。これから，さらにどのような情報を確認することが必要か考え，箇条書きに書き出してみましょう。

7 面接の実際——アセスメント②

（1） 演習の目的と内容

1） 演習の目的

クライエントは時に「社会的弱者」と呼称されたり「課題を抱えた人」として，その課題ばかりに援助者の関心が集中することがあります。こうした呼称や関心の寄せ方が，クライエントの自己肯定感を減退させ，クライエント自身の課題を改善，解決する力や意思を弱めてしまうことにもつながりかねません。ソーシャルワーカーには，ソーシャルワーカー自身がクライエントの持つ「生きる力」ストレングスを信じ，彼／彼女らが主体的に問題解決を図ろうとする過程に寄り沿う姿勢が必要です。このような，ソーシャルワーカーの姿勢や介入をストレングス・アプローチと言います。この演習では，このストレングス・アプローチの手法を体験的に学びます。

ストレングス・アプローチを意識したアセスメント面接の方法を学び，情報収集のみならず，信頼関係づくりを意識してできるようにし，アセスメントの役割と機能を理解します。また，アセスメント面接を通して，利用者理解を深めることを学びます。

2） 演習の内容

同じアセスメント面接であっても，ソーシャルワーカーがどのような視点や

態度で臨むかによってクライエントの受け止め方は変わります。実際の面接でクライエントをどう理解するのか，意図的に姿勢を作り出して，クライエントに生じる変化や反応を体験的に学びます。こうした意図的な面接体験を通して，面接の際にどのような配慮や留意することがあるのかについて学びます。

3）この演習を体験するにあたって――演習への参加の仕方

ロールプレイでは，これまで学んできた基本的な面接方法を活用し，信頼関係が築けるように試行してみましょう。また，特に今回の面接では，アセスメント面接やその後の分析においては，クライエントのストレングスに着目することを意識してみましょう。着目した後は，クライエントの強みを引き出し，それをクライエント自身も認識できるような面接を目指すということです。なお，演習を意義深い学びにさせるためには，最低限必要な知識を事前学習にて学んでおくことが必須です。

> ── 演習にあたっての事前学習 ─────────────
>
> ①　面接における基本的な方法について調べてまとめておきましょう。
> ②　ストレングス・アプローチについて調べて，ロールプレイ面接の際に参考にできるように自分なりに留意点など具体的にわかりやすくまとめておきましょう。

（2）演習の進め方

①　4人程度のグループになり，事前学習①，②の内容の意見交換をしてみましょう。特にストレングス・アプローチについて，留意点など確認しておきましょう。

②　ロールプレイを体験してみましょう。

アセスメント面接をする前にクライエントの陽子について事例内容1を参考に，役柄の設定をしてみましょう。陽子に共感的理解を寄せ，陽子の心情や面接に臨む態度を想像して，自分の中に陽子像を創造しておきましょう。次に，2人1組となり，事例内容1を使ったアセスメント面接のロールプレイを行ってみましょう。そして，ロールプレイを行った感想をお互いに意見交換してみましょう。

③　ロールプレイの中でソーシャルワーカーとして意識して対応した内容をグループの中で確認してみましょう。

（3）体験の考察

　ストレングスはクライエント自身が内在させている生きる力（資質），問題を解決していく力の総称として用いられます。どんな困難な状況にあるクライエントでも，ストレングス（強み）を内在しています。ソーシャルワーカーが援助に臨む際には，クライエントに内在するストレングスを信じ，その主体性を尊重しようとする姿勢が不可欠といえます。

　ソーシャルワーク実践においては時にサービスを利用するクライエントを「社会的弱者」と呼称することによって，ソーシャルワーカーがクライエントの「問題」を発見してその生活や生き方を「指導」して解決に「導く」といった誤解を招くことがあります。しかし，実際にはこれまでも引用したバイスティックの原則を見てもクライエントの「自己決定」が提起されているように，クライエントの人格を尊重し，問題解決にあたってもその主体性を支援していくことは，ソーシャルワーカーが備えるべき基本的姿勢であり，体現すべき態度といえます。クライエント自身がどうしていきたいのかという意思が示せるように支え，示された意思や希望をクライエントの力で実現できるように共に進んでいくということです。

　事例の陽子は，さまざまな困難の中で意欲が低下し，パワーレスな状態にあります。今回の面接では特にストレングス・アプローチを意識して面接に臨んでみましたが，あなた自身の面接の仕方に何か変化はあったでしょうか。陽子の役を体験したメンバーの感想には，あなたが意図したストレングス・アプローチに応じた印象や想いが語られたでしょうか。事後学習では，記録を作成することと各自がイメージしたクライエントである陽子像を文章にまとめてみましょう。今回の自分自身の語りを丁寧に振り返って，ストレングス・アプローチにかなう面接が展開できていたか確認してみるとよいでしょう。

（4）振り返りの課題——事後学習

　アセスメント面接について逐語記録を作成し，自分自身の言語・非言語にどのようにストレングス・アプローチを意識できたか，陽子役のメンバーの評価を加筆しながら振り返ってみましょう。振り返った内容を1,200字程度のレポートにまとめて，次回の演習の際に提出します。

8　情報分析とニーズ把握——アセスメント③

（1）演習の目的と内容

1）演習の目的

　前節でも述べたように，アセスメントは情報収集して終わりではありません。その情報を整理する。つまり，ソーシャルワークの援助の枠組みに適切に関連づけるために，クライエントの訴えたこと，クライエントをめぐる人々，関係機関から収集した情報を分析（ソーシャルワークの知識と比較して収捨選択を加える）し，援助の対象となるニーズと個人的想いや，留意するべき点を区別します。

　アセスメント面接から援助につながる情報分析ができるように，面接等で得た情報からニーズを導き出せるように，情報分析によりニーズ把握を行い，援助の方向性が見出せるようにします。また，面接内容を記録し，記録技法の向上を図ります。

2）演習の内容

　これまで重ねてきた演習での学びを活かしながらクライエントのニーズを言語化して確認（分析結果として明示）してみましょう。「事例内容1」の内容を基本に，ストレングス・アプローチを試行したアセスメント面接のロールプレイの体験での気づきを活かしながら，クライエントのストレングスを尊重・信頼したアセスメントを実施できるようになることを目指します。

3）この演習を体験するにあたって——演習の参加の仕方

　アセスメントにおいて，クライエントと環境の全体的な関連性，相互作用に

注目して現状の理解や問題の把握が実践できるように意識しましょう。なお，演習を意義深い学びにさせるためには，最低限必要な知識を事前学習にて学んでおくことが必須です。これまでの学びの復習をしておくとともに，授業にもアセスメントの理解に必要な参考文献を持参しましょう。

─── 演習にあたっての事前学習 ───

① ドメスティック・バイオレンスにおける加害者と被害者との関係と利用できる社会資源について調べましょう。
② 参考文献などから，この事例において使用しやすいアセスメントシートを探してコピーして授業に持参しましょう。

（2）演習の進め方

① 4人程度のグループになり，ケース検討に臨む姿勢や役割分担を確認しましょう。

ⅰ司会役を決め司会者の役割を確認し，ⅱ既存のアセスメント・シートなどを参考にして，記録の取り方と情報の整理の仕方を確認しておきましょう。

② グループ内でケース検討を実施し，アセスメントし，各自が実施したアセスメント面接から取集・確認，言語化したクライエントと家族のニーズとストレングスをグループ内で発表しましょう。また，グループメンバーが発表したニーズとストレングスをそれぞれA4 1枚の紙に列挙してグループで共有しましょう。グループ内で列挙したニーズについて，その緊急性と重要性を考えて援助の優先順位を考えてみましょう。

優先順位を付ける際には，「緊急性」や「重要性」について具体的な根拠を述べて説明できるようにしましょう。

③ グループでの検討結果を発表してみましょう。

ⅰグループでの検討結果を他のグループの人たちにも正確に伝わるようプレゼンテーションしてみましょう。

ⅱ自分たちのグループと他のグループのアセスメントの一致点と相違点に留意しながら，必要事項はメモを取りお互いの発表を聞いてみましょう。

（3）体験の考察

　同じアセスメントでも援助（面接）を重ねていく事で情報が増え，正確さを増し，より適切な状況把握と分析が可能になっていきます。また，同じ面接結果の判断でも，アプローチの方法を意識すると，クライエントの語りや態度，あるいは情報の理解の仕方も変わってきます。さらには，人々の暮らしや社会状況との相互作用の中で一人ひとりのクライエントや家族が本人の意図や意識にかかわらず，生活を抑圧されたり，生きる力や勇気を減退させてしまうことが理解できると，一つひとつのニーズの理解の仕方や優先順位のつけ方も変わってきます。

　これまでアセスメントを重ねて情報を明確化したり，アプローチを変えてソーシャルワーカー自身の視点や態度を変えることでクライエントやケースの理解を変えてきました。演習の成果から，皆さん自身の学習到達度についてプロセス評価を加える機会でもあります。専門知識を活用して，次の計画につながるニーズの分析過程を体験するとともに，学びを重ねて変化している自分自身に自己評価を加えてみましょう。

　特に今回の演習では，各グループのアセスメント結果を相互に発表しました。そして，その共通点と相違点を比較することで，同じクライエントに対して，同じ情報量であってもソーシャルワーカー側の姿勢や分析視点，興味関心の寄せ方によってアセスメントの結果が異なる可能性があることを学ぶことができたことと思います。つまり，ソーシャルワーカーの姿勢によってもアセスメント結果が異なる可能性があるといえます。したがって，クライエントや家族の一生に関わる判断や自己決定に寄り添うソーシャルワーカーは常に自己研鑽を意識するとともに，自分独りの見解には限界があることを認識し，チームアプローチやスーパービジョンを意識して援助に臨むことが必要です。

（4）振り返りの課題——事後学習

　アセスメントは事前評価と訳されるように，社会調査の手法を応用した過程でもあります。事例から必要な情報を漏れなく拾い上げ，適切な項目に整理し

て，このケースのニーズ分析ができたでしょうか。アセスメント結果に考察を加えて，分析してみましょう。

アセスメントシートの例

項　　目	現　　状	現状から明らかになった課題	支援の優先順位
身体的側面			
知的能力側面			
心理的・精神的側面			
家族関係面			
経済生活面			
社会交流面			
居住環境面			
職業生活面			
自己実現面			
そ　の　他			

9　記録作成──アセスメント④

（1）演習の目的と内容

1）演習の目的

　アセスメントの過程では，ソーシャルワーカーが一方向的に実施するのではなく，ソーシャルワーカーがクライエントと一緒に課題やその背景となる生活を分析するとともに，クライエントも自らの課題や問題解決の必要性を理解し，自らの課題を主体的に解決できるようになることが望まれます。

　そして，この演習では，アセスメント面接からアセスメントを確定するまでのプロセスについて，根拠に基づいた検討を重ね，検討結果をエビデンスとして記録に残して，援助過程を展開できるようになることを目指します。

2）演習の内容

　この演習では「事例内容 1」に加え，「事例内容 2」の内容が情報として収集された段階でのアセスメントに臨みます。これまでの演習で習得したアセス

メントの手法を活用して，収集した情報から顕在化したニーズに優先順位を付けて，援助目標を検討してみましょう。

　併せて，検討過程をソーシャルワーカーがどのような判断をした結果のアセスメントなのかが具体的に理解できる記録を作成してアセスメントを確定してみましょう。

3）この演習を体験するにあたって——演習への参加の仕方

　アセスメントの過程では，ソーシャルワーカーが一方向的に実施するのではなく，クライエントと一緒に課題やその背景となる生活を分析し，クライエントが自らの課題を主体的に解決できるようになることが望まれます。援助過程の展開を進めつつ，同時にクライエントの意識形成を意図した関わりを意識しておき，アセスメント内容は，誰が読んでもわかりやすく共有できるように項目や書く内容を工夫しましょう。また，アセスメントは，単なる情報の列挙ではなく，ソーシャルワーカーの専門的な判断が明示されている（言語化されている）ことが必要です。「なぜ：判断の根拠」を明確にする習慣を付けましょう。なお，演習を意義深い学びにさせるためには，最低限必要な知識を事前学習にて学んでおくことが必須です。

　演習にあたっての事前学習
---

　① アセスメントにおける留意点を列挙してみましょう。
　② ファミリーマップとエコマップを作成し，クライエントが置かれている社会状況を理解しましょう。

（2）演習の進め方

　「事例内容1」の後，継続された陽子への面接で以下の「事例内容2」の新たな情報をこれまでの情報に加えて，「2）演習の流れ」に沿ってアセスメントを確定していきます。

1）事例内容2

　① 陽子からアセスメントのために面接で聴き取った内容
　陽子は，「このまま3人目の子どもが生まれても生活の見通しが立たない」

「自分への暴力だけならばこれまで通り我慢できるが，静香にまで暴力が及ぶのなら離婚したい。しかし，離婚しても行くところがないし，どうしていいのかわからない」「特に，体調がおもわしくないので色々なことが考えられない」「ただ，3人の子どもを夫の元に残すことはできず，しかし，お金もなく，育てる自信もない。元気であれば，働いて3人の子どもを陽子だけで育てたい」と思っている。

　静香を学校に行かせていないことにも，このままでよいとは思わないが，今静香が居ないと家のことをやってもらえず困ってしまうという。静香自身が学校に行きたいのかもわからない。担任教員が一度心配して訪ねて来てくれたが，夫が追い返してしまったので気になっている。陽子から，「できれば，担任が置いていったリーフレットにあったスクールソーシャルワーカーに連絡を取ってもらいたい」と希望が出された。

　さらに，「祈愛は，2歳なのにハイハイしかできず，言葉も出てこず，成長が遅いことが気になっているが相談できる人もいない」「育児についても相談にのってくれる人がほしい」とも語った。

　②　スクールソーシャルワーカーを通して2年生の静香の現担任から得た情報

　静香は1年生の時から学校に来ていない。入学式を終えて，1週間ぐらい登校した程度であった。学校内での教員や同級生との関係で登校しなくなった理由は見当たらない。欠席が4日間ほど続いてすぐに1年生の時の担任が自宅へ電話したが誰も出ないため，家庭訪問した。すると父親が出てきて，「うちの子どものことは放っておいてほしい」と凄むような態度で静香との面会も断られてしまった。結局，担任はどうしていいのかわからず帰ってくるよりほかなく，対応もそのままになっていた。

　静香は不登校のまま2年生になった。相変わらず担任が電話しても切られたり，出なかったり，両親とも話もできない状況が続き，結果として静香は1年以上登校せずに時間だけが過ぎて何も変わっていない。最近，2年生の担任から長期欠席の子どもがいると，静香のケースについてスクールソーシャルワーカーに相談があり，どのように関わるか考えていたところだった。

③ 保健福祉センターと役所からの情報

祈愛は，1歳半検診を受診していない。保健師が産後2カ月に新生児訪問を実施したり，母子保健推進委員がこんにちは赤ちゃん事業として訪問したり，関係機関が何度か訪問を重ねたが，留守なのか応答はなくそのままになっていた。数カ月後に3歳時検診の案内を出す予定となっているが，児童虐待防止連絡会議でも何度か話題に出ている。

児童手当等，給付が可能な手当も手続きがなされておらず，支給されていない。

2）演習の流れ

① アセスメントの事前準備をしましょう。まず，事前学習②で作成したファミリーマップとエコマップをクラスのメンバーと見せ合って意見交換し，次にこれまでの演習で作成したアセスメントの項目を確認しておきましょう。

② アセスメントを行ってみましょう。項目を作成し，項目に合わせて文章化したアセスメントをし，クライエント（陽子）を中心にそれぞれの家族の課題も忘れずにアセスメントしておきましょう。また，最後にクライエントとその家族の「総合的アセスメント」を作成してみましょう。

③ 以下はアセスメントの一例です。これまでも紹介してきたように，ソーシャルワーカーの姿勢や活用する方法，事例への焦点の当て方，着目する情報や分析の視点，さらには課題の優先順位の付け方などによって，アセスメント内容は変わってきます。

また，できれば，以下の内容を読まず，これまでの演習の成果を活かして自分でアセスメントしてみましょう。どうしても，どのように作業を進めたらよいのかわからない時には，以下のアセスメントの例を見て，参考にしましょう。

3）事例内容3──アセスメントの例

① 陽子の生活歴と現況

高校を中退し，すぐに結婚し出産しているため，職歴としては，コンビニのパート経験のみ。幼い時に父親と現在の継母が結婚したもののかわいがられず

に育った。きょうだいもおらず，親しくしている友人や近所付き合いもなく，孤立した社会関係の中での生活が続いている。

　現在，同居している再婚相手の夫からは，結婚前より暴力を振るわれており，最近は，長女にまで暴力が及んでいる。この関係から逃れるために離婚したいと考えはじめた。しかし，夫の暴力が怖くそのようなことも言い出せずにいる。また，妊娠後期に入っており，体調不良もあるが経済的な問題があり受診ができずにいるため，予定日さえも定かではない。

　本来，物事を考える力と実行力もありそうであるが体調不良により，思考力も実行力も低下している。今後の生活と間近いと思われる出産をどうするのか策もなく困っている。妊娠と体調不良で普段持ち合わせている問題解決能力を発揮できずにいる状態であろう。

　②　昌夫の現況

　もともと子育てに非協力的であり，家庭のことは一切関わりを持とうとしない。人の話を聞かず，気に入らないことがあると暴力を振るう。人との関係構築が苦手であるために仕事も長続きせずに定職につけない。現在は，時々アルバイトで土木関係の仕事を行っている。両親が健在かどうか不明であり関わりもない。

　③　子どもの状況

　長女は，小学校2年生だが入学当初からすぐに不登校状態となり現在も不登校が続いている。いじめ等の不登校に至る原因は学校内で発見されず，家庭の問題が不登校の直接的な原因となっていると考えられる。最近では継父（昌夫）からの虐待（身体的・心理的虐待）が危惧される状況にある。

　次女の発達に何らかの課題があるものと推測される。しかし，検診を受けたり病院を受診したりする行為は行われていない。姉妹とも保育所へ通った経験もなく，友達もおらず，外に出る機会や集団で行動をする機会が著しく乏しく育っている。

　④　総合的アセスメント

　陽子は収入が不安定な上に夫の収入もほとんど使えずに経済的に非常に困窮

している。このために，陽子が病院を受診することさえもできずにおり，出産
への不安は大きい。本人に体調不良の自覚もあり早急な受診が必要と判断され
る。

　併せて，陽子は結婚前から夫の暴力があり，離婚をして子どもを産み，3人
の子どもたちと安全に暮らしたいと希望している。しかし夫は，粗暴であるた
め，離婚を言い出すと命の危険さえあると不安になっている。さらに現在は定
職もなく，生活の見通しが立っていない。夫は職歴も乏しいために職業スキル
も乏しい可能性が高い。

　このような状況で陽子が自力で育児や家事を両立し，子ども3人との暮らし
を実現することは容易なことではないが，夫からのDVや，子どもたちの状況
を考えても現状の生活が継続することは，さらなる被害関係の発生が危惧され
る状況である。

（3）体験の考察

　これまで陽子からの聞き取りを中心にアセスメントを試みてきましたが，今
回の演習では陽子からの聞き取りに加えて，関係機関の情報が寄せられました。
これまでの演習の経過で関係機関がこのケースに関与している可能性を考え，
アセスメント項目に関係機関との連携による情報収集を位置づけることができ
ていたでしょうか。

　個人情報の保護に関する法律（以下，個人情報保護法）により，何らかの方法
で知り得た情報を当事者の了解なしに公開することはできませんが，同法によ
り専門職には関係機関の間で職権による情報の共有も認められています。アセ
スメントにあたっては，当事者との面接による情報収取や主体性の尊重も大切
ですが，併せて関係機関との有機的な連携によって専門機関や専門職であるか
らこそ把握している，あるいはリスクの存在に気が付いている情報を必要十分
に収集することも必要です。

　事例の中で保健センターからの情報提供で次女は本来当児の権利として利用
すべき健診を利用できないまま，心身の発達や健康状態の確認ができないまま

になっていることがわかりました。陽子自身がパワーレスになって，子どもの状況を把握したり子どものために社会資源を活用することに関心が寄せられなくなっている状況で，陽子からの聞き取りだけに頼っていたら，次女のニーズは見逃されてしまいます。

　また，これまでも関心を寄せてきたように家族の中に起生した困難は，問題意識をもって援助にたどり着いたクライエントだけでなく，共に暮らす家族一人ひとりにも何らかの課題を引き起こします。さらには，家族が家族らしく相互に助け合い労わり合うことも困難にしていきます。クライエントが発した何らかの「SOS」に出会った時，ソーシャルワーカーはクライエントのみに関心をとどめず，それを家族の抱える課題との間接的な出会い（契機）として，その課題にも関心を及ぼす姿勢も必要です。

（4）振り返りの課題——事後学習

　今回の演習で，「アセスメント」についてテキスト等で学んだ知識がどの程度活用できたでしょうか。あるいは，演習を重ねて「アセスメントを確定させていく過程」をどのように理解できたでしょうか。4回にわたってアセスメントを学んだということは，大事だからです。なぜ，大切なのか理解できたことを書き出してみましょう。また，今回の演習を終えて，再度これまで自分たちで作成したアセスメント項目を見直しておきましょう。

10　ニーズを支援につなげる——プランニング①

（1）演習の目的と内容

1）演習の目的

　アセスメントが確立すると，そのアセスメントに基づいて支援計画を立案します。一般的に支援計画では，「長期目標」とそれを達成するための「短期目標」を設定し，モニタリングを加えつつ定期的に見直します。この演習ではDV被害から逃げ出すクライエントの支援という，特性のある支援場面でもあ

り，まず当面の短期目標を設定し，その目標に沿った支援計画を立案しておきます。その際，人（クライエント）とその環境（家族）とその相互作用，それぞれに関心を寄せて，検討を加えてみましょう。

　支援計画立案を体験してクライエントとその家族のニーズをふまえた短期の支援計画が立てられるよう学びを重ねます。

2）演習の内容

　この演習では，前回の演習で例示された「事例内容3」で示されたものを使い，支援計画を立案し短期目標と支援課題を設定してみます。

3）この演習を体験するにあたって──演習への参加の仕方

　利用者主体を意識し，クライエントの立場に立って，実現可能性のある支援目標と具体的な支援課題を明確にした支援計画を立案するように心掛けてみましょう。また，支援計画の作成にあたっては，このクライエントと家族が住む地域には，一般的に現在の法制度で整えられている社会資源，地域や民間の社会資源が整っていると想定し計画を立案してみましょう。

演習にあたっての事前学習

① 　ソーシャルワークの展開におけるプランニングの留意点について確認し，まとめておきましょう。

② 　「事例内容3」を読み，ソーシャルワークの理論とアプローチで本事例に活用できるものがあるのか考えてみましょう。

③ 　援助に活用可能な社会資源には，どのようなものがあるのか調べて，自分なりの社会資源リストを作成しておきましょう。また，後で加筆修正できるようにスペースに余裕をもって作成しておきましょう。

アセスメントシートから社会資源を調べる

項　　目	現状から明らかになった課題	利用できそうな社会資源
身体的側面		
知的能力側面		
心理的・精神的側面		
家族関係面		
経済生活面		

社会交流面		
居住環境面		
職業生活面		
自己実現面		
その他		

（2）演習の進め方

1）演習の流れ

① 4人程度のグループになり，事前学習において学んだプランニングの留意点について確認してグループとしての支援計画の枠組みを共有しましょう。

② 支援計画を作成してみましょう。まず，事例内容3を再読して，グループ内で援助の優先順位を確定しましょう。この時，アセスメント例に記載のない事柄でもグループとして課題提起した事柄があれば追加して検討しましょう。また，グループ内で短期的な支援目標を設定してみましょう。

　ⅰ解決の優先順位の高い課題から3つ程度を選んで，社会資源を組み込んだ支援計画を立案しましょう。

　ⅱ短期（概ね3カ月～半年）を目安に，アセスメントの結果からクライエントとソーシャルワーカーが共有していく問題解決の方向性（目標）を具体的に言語化してみましょう。

　ⅲ設定した目標を達成するために取り組むべき支援課題を具体的に挙げてみましょう。

③ 以下は支援目標と支援課題の一例です。これまでも紹介してきたように，クライエントの意思や意向，ソーシャルワーカーの姿勢や活用する方法，事例への焦点の当て方，着目する情報や分析の視点，さらには課題の優先順位のつけ方などによって，支援計画の内容は変わってきます。また，できれば，以下の内容を読まず，これまでの演習の成果を活かして自分で支援計画を立案してみましょう。どうしても，どのように作業を進めたらよいのか分からない時には，以下の例を見て，参考にしましょう。

2）事例内容 4——支援計画と支援目標の例

①　支援計画立案の視点

・支援計画の主体はクライエント（陽子）

・支援の優先順位はクライエントの健康回復と安全な出産

・そのための環境調整

②　短期的な支援計画と支援目標（支援の優先順位順）

支援計画	支援目標
1）入院助産が可能な病院での産婦人科受診	1）陽子の健康の回復
1）入院助産の手続きと出産病院の確保 2）入院中の子どもの居場所の確保（施設入所の相談） 3）母親学級の代わりとなる保健師による指導	2）出産に安心して臨める環境整備
1）児童手当等の手続き 2）生活保護受給相談の検討 3）母子福祉資金の借り入れの検討	3）経済的な安定
1）避難に対する意思の確認 2）母子共に安全な場の提供（一時保護）	4）夫の暴力からの避難

（3）体験の考察

　前回の演習で確認したように，陽子の家族は家族員それぞれ，そして家族として多くの課題を抱えています。そして，その課題の中には陽子や子どもたちの命や人権に関わる深刻な課題もあります。陽子の事例だけでなく，みなさんがこれから実習や実践で出会う多くのクライエントや家族，あるいは地域や地域住民も同様に，同時に多くの課題を抱えて，自分たちではどうにもできないような困難な状況に陥っています。

　ソーシャルワーカーといえども，その多様で複雑な課題を一挙に解決することはできません。課題によっては家族や地域の長年の関係性の上に重層化している場合もあり，その経過を紐解く（アセスメントする）だけでも，多くの時間と繰り返しの面接を必要とすることがあります。今回の事例でもアセスメントのための面接を何度か繰り返し，さらに関係機関から情報を得て，陽子の家族の抱える課題の概要が確認できるようになりました。

ソーシャルワーク等の講義でも学んでいると思いますが，援助の過程は何度かアセスメントから評価（エバリエーション・モニタリング）を繰り返します。援助を展開していくことで新たな事実が確認されたり情報が加えられたりしてアセスメントが変わったり，援助の効果によってクライエントの主体性が強化されて，問題解決の方向性に新たな意思表示がなされたりします。その際，ソーシャルワーカーはクライエントと状況を共有し支援計画の再計画を図ります。

　今回の支援計画も現状でのアセスメントと陽子の意向を尊重して，当面介入（インターベンション）の必要性のある事柄に焦点化して計画立案をしてみました。個々の事例の状況やソーシャルワーカーとその所属機関の判断によりますが，こうしたケースの場合，「事例内容4」に示したように，まずは第三子の出産に備えてクライエントと子どもたちの安全な環境の確保に優先順位をおきます。特に第三子の出産は刻一刻と予測される出産日が迫っており，安全な出産環境を整えることが急務となります。まずは，医療機関の協力を得て胎児と母体の健康状態を確認し，出産予定日を推測して必要な支援を用意することから始めることとなります。

　グループの検討では何に支援の優先順位をおいて目標設定をしましたか。その時，家族一人ひとりの課題の理解や，リスクの高さの判断には多様な知識が必要です。また，利用できる社会資源もソーシャルワーカーの知識の豊かさと地域のネットワークとの連携状況によって異なります。事前学習での社会資源の確認は十分だったでしょうか。

（4）振り返りの課題——事後学習

　グループで立案した支援計画を「事例内容4」を参照しながら見直して，必要であれば修正を加えておきましょう。また，事前学習で整理した社会資源に追加できそうな社会資源を探してリストを修正しておきましょう。

11　支援計画を立てる──プランニング②

（1）演習の目的と内容

1）演習の目的

　前節では，DV被害から逃げてきたケースの緊急対応的な当面の支援（短期目標）の設定と短期目標の設定を経験しました。この節では，この緊急対応が一段落し，今後のクライエントの自立支援を意図した計画を再度立案していきます。緊急対応と自立支援では，確認すべき情報や社会資源の活用の仕方も変わってきます。立案する計画の違いを理解して，これまで重ねてきたアセスメントの内容など確認・見直しをして，検討に臨みましょう。

　クライエントとその家族のニーズを踏まえた長期支援計画が立てられるようになりましょう。また，立案した計画をクライエントが十分理解するとともに，その主体性を強化できるようエンパワメント・アプローチを意識した面接ができるようにしましょう。

2）演習の内容

　「事例内容3」で示されたものを使い，支援計画と長期支援目標を設定します。また，立案した短期・長期支援計画をクライエントがよく理解できるように説明し，契約を行う面接をします。

3）この演習を体験するにあたって──演習への参加の仕方

　プランニングにおいて，実現可能で具体的な支援計画を立て，利用者主体を大切にして，クライエントの希望を実現する視点も加えるようにしていきましょう。また，プランニングにあたっては，知っている社会資源に合わせて立案するのではなく，クライエントのニーズを満たすために，より良い方法を探す視点を忘れないようにしていきましょう。

　なお，演習の学びを意義あるものにするためには，最低限必要な知識を事前学習にて学んでおくことが必須です。これまでの演習で作成した社会資源リストを活用するとともに，学びの機会を活かしながら修正を加えていきましょう。

```
┌─── 演習にあたっての事前学習 ─────────────────────────────┐
│                                                          │
│  ①  長期支援目標と支援計画を立案しておきましょう。        │
│   ・概ね３年を目安に目標を設定してみましょう。           │
│   ・支援計画は，取り組む順序についても考えておきましょう。│
│  ②  長期支援に役立つ社会資源を調べておきましょう。        │
│   ・これまで作成した社会資源リストを加筆修正しておきましょう。│
│                                                          │
└──────────────────────────────────────────────────────────┘
```

（2）演習の進め方

1）演習の流れ

①　前回と同じ４人程度のグループになって，事前学習で作成してきた長期支援計画と支援目標を基に話し合って，グループで長期支援計画と支援目標を設定してみましょう。

②　それぞれのグループにおいて，設定した計画と課題をクライエントに説明する面接のロールプレイを実践してみましょう。また，これまでの演習同様クライエント役は陽子の生活状況や心身の状態を復習して陽子になりきってソーシャルワーカーの説明を聞いてみましょう。わからないことなど遠慮なく質問しましょう。ロールプレイが終わったらグループでクライエント役の感想を聞き，作成した計画や説明の仕方を相互評価してみましょう。

③　各グループで立案した内容を全体に発表してみましょう。計画を発表し，実際にクライエントに説明して伝わりやすかった点，伝わりにくかった点など評価も加えて発表してみましょう。

④　以下は支援計画と支援目標の一例です。これまでも紹介してきたように，クライエントの意思や意向，ソーシャルワーカーの姿勢や活用する方法，事例への焦点の当て方，着目する情報や分析の視点，さらには支援の優先順位のつけ方などによって，支援計画の内容は変わってきます。また，できれば，以下の内容を読まず，これまでの演習の成果を活かして自分で支援計画を立案してみましょう。どうしても，どのように作業を進めたらよいのかわからない時には，以下の例を見て，参考にしましょう。

2）事例内容5──支援計画と支援課題の例

① 支援計画立案の視点

　ⅰ今後の生活設計に向けての母子の合意形成

　ⅱ子どもたちそれぞれの課題解決

　ⅲそのための環境調整

② 長期的な支援計画と支援目標（支援の優先順位順）

支援計画	支援目標
1）長女の思いや考えを聴く（面接の設定） 2）担任教師と支援方法と方針の確定 3）長女の支援者の決定（スクールソーシャルワーカー）	1）長女の学校教育の確保
1）保健センターの保健師に支援が受けられるように橋渡しをする 2）検診の受診	2）次女の発達状況を確認する
1）出産後の生活の場の確保 2）就労支援（求職か訓練校の入学等の検討） 3）離婚の手続き等への支援	3）生活の再構築
1）夫に対する暴力の認知や支援の必要性を促す 2）夫の考えや思いを聴く 3）夫の援助者の選定	4）夫に対する支援の導入準備

（3）体験の考察

　アセスメント同様，介入（インターベンション）も支援計画に沿って段階的に展開されます。前回の演習の考察で言及したように，クライエントやその家族がかかえる課題は一挙に解決できるわけではなく，かつ援助を展開していくと新たな課題が顕在化してきたりします。また，アセスメントの段階で顕在化している課題も当初から，解決に長い時間を要することが想定されているものもあります。

　今回の事例のように第三者からの通報などによって要支援課題が顕在化するような場合には，ソーシャルワーカーが緊急かつ速やかに介入・解決しなければいけない課題が存在している場合が多くあります。当然，支援はその緊急課題から介入が始まっていきますが，皆さんがアセスメントを体験して確認したように，緊急課題の他にも多くの課題が存在しています。したがって，緊急課

題が解決・改善してクライエントやその家族の状況が次の課題に取り組むこと
のできる状況になったり，その他の課題への介入の必要性が確認されると，
ソーシャルワーカーは支援目標の再設定など支援計画の修正を提案し，支援は
次の段階に展開していきます。

　あるいは，クライエントやその家族の状況，課題の多少によって短期目標と
長期目標が同時に展開していく場合もあります。また，利用する制度やサービ
スによっても計画立案の方法や設定する期間が異なる場合もあります。特に最
近では安易なサービス利用の長期化を防ぐ観点から，長期支援であっても支援
期間が短め（半年〜1年）に設定される傾向にあります。

（4）振り返りの課題──事後学習

　以前の演習でアセスメントをする際，関係機関からの情報提供について学び
ましたが，支援計画を進める場合も他職種との連携が想定されます。短期，長
期の計画を確認して支援課題の改善・解決にあたって，連携可能な他職種にど
のような専門職があるか調べて列挙しておきましょう。これまで作成した社会
資源リストを参照して考えてもよいでしょう。

　また，その際他職種と連携する上で留意すべき点を注記として付記しておき
ましょう。

12　誰にどのような点をどのタイミングで確認するのか──モニタリング①

（1）演習の目的と内容

1）演習の目的

　支援過程を展開していく間にも，クライエントやクライエントをめぐる生活
状況は変化をしていきます。その変化は，ソーシャルワーカーとともに展開し
ている支援が効果を示した結果（成果）の場合もあれば，クライエントやその
生活に，援助関係以外の別の影響や抑圧が加わった結果である場合もあります。
また，当初のアセスメントや，ソーシャルワーカーとの援助関係の形成の仕方，

あるいは，その後の援助の展開に何らかの理解や判断のズレや関わり方の不足や過剰があり，速やかな支援計画の見直しが必要な場合もあります。

　そこで，この演習では，ソーシャルワーカーが自分自身の援助を観察・自己評価するモニタリングを経験的に学びその習得を目指します。

　短期支援計画に基づいてサービスが提供されているか，もしくは，何らかのトラブルが起きていないか，支援内容が効果的に作用しているかどうかを点検できるようにしましょう。また，モニタリングでの評価の方法や着眼点をソーシャルワーカーらしく意識できるようにしましょう。

2）演習の内容

　短期支援計画を立案し，実施している援助が計画通りに進んでいるのか，また，新たなニーズが生じていないか，クライエントのニーズが解決や軽減されているのか確かめるのがモニタリングです。そのために，どのような点を誰に確認したら適切にモニタリングできるかを考えていきます。

　また，モニタリングでは援助関係が適切に構築されソーシャルワーカーがその専門性に依拠した援助を展開できているか自己観察・評価する姿勢も不可欠です。援助の効果測定には，クライエントやクライエントが抱える課題だけでなく，ソーシャルワーカー自身とその援助を評価する視点と姿勢が必要です。援助は無論のこと，モニタリングにおいても常に援助関係を意識した評価を加えることを学びます。

3）この演習を体験するにあたって――演習への参加の仕方

　モニタリングは，中間評価としてクライエントの状態を把握し，必要に応じて再アセスメントや再プランニングを提供することが求められます。モニタリングの意義を理解し，援助の展開を見通して実施できるようにしましょう。

　なお，演習を意義深い学びにするためには，最低限必要な知識を事前学習にて学んでおくことが必須です。以下の事前学習について，講義やテキストを参照して演習場面で実際に使えるよう準備しておきましょう。

（2）演習の進め方

① 　4人程度のグループにおいて，事前学習①，②において学習したモニタリ
ングの目的や方法を確認しケース検討の準備をしましょう。

② 　グループごとに話し合い，以下のワークシート13に本事例では，誰に，何
を，どこの機関にどのくらいのスピード・頻度で状況を確認するのか，具体
的に記入してみましょう。

ワークシート13　モニタリングの項目

支援目標	支援計画	モニタリングの項目・期間・頻度 （誰に，どんなことを聞くのか・機関・スピード・頻度）
1）健康の回復	1）入院助産が可能な病院での産婦人科受診	
2）出産に安心して臨める環境整備	1）入院助産の手続きと出産病院の確保 2）入院中の子どもの居場所の確保（施設入所の相談） 3）母親学級の代わりをなすための保健師による指導	
3）経済的な安定	1）児童手当等の手続き 2）生活保護受給相談の検討 3）生活福祉資金の借り入れの検討	
4）暴力からの避難	1）避難に対する意思の確認 2）母子共に安全な場の提供（一時保護） 3）夫に対する暴力の認知を促す 4）夫への対応	

③　以下は支援計画と支援目標の一例です。これまでも紹介してきたように，クライエントの意思や意向，ソーシャルワーカーの姿勢や活用する方法，事例への焦点の当て方，着目する情報や分析の視点，さらには課題の優先順位のつけ方などによって，支援計画の内容は変わってきます。また，できれば，以下の内容を読まず，これまでの演習の成果を活かして自分で支援計画を立案してみましょう。どうしても，どのように作業を進めたらよいのか分からない時には，以下の例を見て，参考にしましょう。

支援目標	支援計画	モニタリングの項目・頻度 (誰に，どんなことを聞くのか・機関・スピード・頻度)	効果の有無 (備考)
1）健康の回復	1）入院助産が可能な病院での産婦人科受診	社会保障の手続き：至急 ＊医療保険，母子健康手帳等の手続き 産婦人科の紹介：至急 ＊妊婦健診の受診	
2）出産に安心して臨める環境整備	1）入院助産の手続きと出産病院の確保 2）入院中の子どもの居場所の確保（施設入所の相談） 3）母親学級の代わりをなすための保健師による指導	クライエントの意向確認：随時 出産病院の紹介と手続き：至急 児童相談所への相談：可能な限り速やかに 継続的連携：随時 子どもの意向確認：随時 保健師との連携：可能な限り速やかに 継続的支援：週1回程度	
3）経済的な安定	1）児童手当等の手続き 2）生活保護受給相談の検討 3）生活福祉資金の借り入れの検討	役所との連携：可能な限り速やかに 福祉事務所との連携：可能な限り速やかに 社会福祉協議会との連携：必要に応じて クライエントの意向確認：随時	
4）暴力からの避難	1）避難に対する意思の確認 2）母子共に安全な場の提供(一時保護)	クライエントの意向確認：随時 子どもの意思確認・想いの受容：随時 女性センター・婦人相談所との連携：可能な限り速やかに	

	3）夫に対する暴力の認知を促す	DV防止センターなどとの連携：随時
	4）夫への対応	夫の意見聴取・意向確認：随時

（3）体験の考察

　この演習では先のワークシート13に具体的に「何」を「どのくらいのスピード・頻度で」確認するのかを記入しました。支援経過が展開し支援課題が具体化してきたため，自分の知っている知識だけを使ったり，"何となくこうしたら良いのではないか"といった感覚的な対応では，必要事項が言語化できなく（記入できない）なってきたことと思います。

　例えば，陽子が第三子を出産する際，現在の健康状態を確認したり，出産の準備をするためには，いつまでにどこでどのような手続きをしたら適切なサービスを利用できるのでしょうか。その際，どんな書類や証明書が必要になるのでしょう。こうした利用可能なサービスや，そのサービスを利用する際必要となる書類や手続きの期限がわかっていなければ，援助が適切に提供されているかどうか評価を加えるモニタリングを，いつ，どのタイミングで何回くらいするのか，想定することはできないでしょう。

　これまでもプランニングのために，事前学習や事後学習で活用できる社会資源の確認をしてきましたが，社会資源はそれが「ある」ことを知っているだけでは活用できません。また，援助が当初の予測通りに展開していかない要因は，クライエントだけにあるのではなく，ソーシャルワーカーの関わり方に不十分なところがあったり，活用している社会資源がクライエントのニーズに合っていない場合もあります。

　一旦計画し実際に介入している援助も，実際に展開してみると当初のアセスメントのズレや，クライエントの予想以上の変化によってミスマッチが起きていたりします。このような場合には，支援が合わない状況（課題が解決されない状況）をそのままにせず，一旦支援を止めて再度，必要なアセスメントをしたり支援計画の見直しをしたりします。言い換えれば，モニタリングは単に実践

する以上に正確な知識と，丁寧に自らの実践を振り返る姿勢とが必要な過程だと言えるでしょう。

（4）振り返りの課題——事後学習

　講義科目のテキストなどを参照してモニタリングの内容や具体的な知識の復習をしておきましょう。また，モニタリング面接に備えて個々の項目の質問の仕方や説明の仕方を考えておきましょう。

13　面接をしてクライエントの生活の経過観察を行う——モニタリング②

（1）演習の目的と内容

1）演習の目的

　モニタリングの際，ソーシャルワーカーは，自らに内在する専門性を活用するのはもちろんのこと，可能な限りクライエントの意思や心情を確認し，それまでの援助過程が，クライエントの主体性を尊重した援助であったか（利用者主体の援助であったか）を確認することも大切です。

　モニタリングの実際を体験的に学びます。また，モニタリングのための面接が適切にできるようにします。

2）演習の内容

　前回の演習に引き続きモニタリングについて学びます。前回も確認したようにモニタリングは，クライエントの状態を把握し，援助方法や援助の進捗状況を確認し経過を評価するものです。援助が計画通りに提供されているか，または，クライエント自身の生活にどのような変化が見られたか等を経過観察します。この演習では実際にクライエントに直接面接するモニタリングのロールプレイを体験します。

3）この演習を体験するにあたって——演習への参加の仕方

　サービスを利用してクライエントの生活の質が向上したかを客観的に評価するとともにクライエントがサービス利用に満足しているかも含めて評価する視

点を持って，モニタリングに取り組んでみましょう。また今回のモニタリング
の面接も含めて，ソーシャルワーカー自身の支援に臨む姿勢についても自己評
価を加えましょう。

　なお，演習の学びを意義深いものにするためには，最低限必要な知識を事前
学習にて学んでおくことが必須です。以下の事前学習は十分にできているでし
ょうか。必要であれば，事前学習で用意した資料を傍らにおいて参照しながら
演習に臨みましょう。

演習にあたっての事前学習

① モニタリングを行う際にクライエントに何を確認すべきなのか，関連する法制
　度を調べて，資料を作成しておきましょう。
② 陽子とその家族が，事例内容２・３の後，どのような心情や生活状況で暮らし
　ているか，生活の様子を想像してみましょう。「事例内容４」のアセスメントを
　参考に，それぞれのその後の生活を考えておきましょう。

（2）演習の進め方

① ロールプレイの準備をしましょう。支援開始後のクライエントの陽子さん
　やその家族の経過を設定しましょう。陽子さんやその家族が現在は，どんな
　状況で生活をし，どんな思いや気持ちを抱いているのか，諸手続き等は，ど
　こまで進んでいるのか等を設定しましょう。そして，これまでの演習や事前
　学習①を参考にしてモニタリング面接での確認内容，質問の仕方を想定して
　みましょう。また，事前学習を参考にして支援開始後のクライエントやその
　家族の経過を設定しましょう。
② モニタリング面接を体験してみましょう。2人ペアになって，モニタリン
　グにおける面接のロールプレイを実施してみましょう。また，モニタリング
　の面接について，クライエント役の感想の意見交換しましょう。

（3）体験の考察

　これまでの演習でも面接を繰り返してきましたが，今回の面接では特に今ま

で以上に知識を活用しながら，これまでの支援経過を確認しつつ今後の見通し
を立てていくことができたでしょうか。前回の演習でも言及してきたように，
モニタリングの面接では実施している支援が計画通りに進んでいるのか，また，
新たなニーズが生じていないか，クライエントのニーズが解決や軽減されてい
るのか確かめる。つまり面接方法を意識して傾聴しつつ，聞いた内容を判断し
て，次の支援への継続性を意識しながら言語・非言語を活用することが必要な
面接でした。

　以前の面接ではストレングス・アプローチを活用した面接を体験して，それ
までの面接との相違を確認しました。その時の「体験の振り返り（事後学習）」
を活かして，面接に臨むことができたでしょうか。モニタリングでは，前述の
内容とともに，援助関係が適切に構築されソーシャルワーカーがその専門性に
依拠した援助を展開できているか自己観察・評価することも必要です。

　皆さんがこれから体験するソーシャルワーク実習では，毎日実習の記録を書
き，その最後に次の体験の機会に備えて，自分なりの課題を明示します。演習
の授業で体験を振り返り，自分らしいソーシャルワーク実践としての課題を見
つけることができるようになっていれば，実習の際にも具体的な実習課題を考
え，主体的に取り組むことができるようになります。そして，やがてそれは利
用者主体の支援過程の展開の評価（エバリュエーション・モニタリング）へとつな
がっていきます。

（4）振り返りの課題──事後学習

　まず，モニタリングをして支援課題が改善・解決して援助の必要性が軽減す
ると，支援を終了する場合があります。支援がどのようにして終結するのか，
支援過程の復習をしましょう。次に，陽子への援助が効果を示して陽子さんや
子どもたちの生活状況が変化した様子を想定してみましょう。そして，モニタ
リングの演習を体験して自分自身のソーシャルワーカーとしての学びの到達度
をどのように自己評価しましたか。1,200字程度のレポートにまとめ，次回の
演習の際に提出しましょう。

14 評価と終結——支援関係の終了：別れへの準備

（1）演習の目的と内容

1）演習の目的

　支援過程はさまざまな経過を経て，終結へと向かいます。ケースによって終結の迎え方は多様で，必ずしも当初の課題，あるいは修正を加えた課題が改善・解決して終結に至るわけではありません。何らかの課題を残しつつもクライエント自身の意思や生活力が強化され，ソーシャルワーカーの援助がなくても，自分の力で，自分の生活を支えることが可能になって支援が終結に至ることがあります。逆に支援関係に何らかのトラブルが生じて，突然，援助を断られて終結することもあります。

　この演習では，援助が一定の結果を示し，クライエントの生活に落ち着きが見られたことを前提に，クライエントと支援の終結を合意して良いか何を基準とし，どのようなエビデンスを見て判断するのか理解することを目指します。

　まず，終結に向けての評価面接をどのような状態の時に実施するのか理解を深めましょう。次に，ソーシャルワークの終結のための評価（尺度）を作れるようにしましょう。そして，評価を実際に行い，終結の準備ができるようにしましょう。

2）演習の内容

　まず，支援が終結の段階を迎える場合，クライエントとその家族の生活状況は最初にアセスメントした状況と比較してどのような状態に移行しているか想定してみましょう。次に，前述の内容をもとに援助の目標が達成されたかクライエントとソーシャルリーカーそれぞれの役割になって評価尺度を作成し，援助の結果を評価してみましょう。そして，評価と終結の関連性を理解しましょう。

3）この演習を体験するにあって——演習への参加の仕方

　支援過程はクライエントとの出会いから始まり，支援が一定の効果や変化を見せると，評価が加えられ終結へと移行します。援助過程の展開における評価

の重要性を理解し，自分の中に評価が可能な観察の技術や，観察したことを言語化し他者と共有できる情報，つまり根拠として活用できるか内省を深めつつ演習に臨みましょう。

　演習を意義深い学びにするためには，最低限必要な知識を事前学習にて学んでおくことが必須です。特にこの演習では評価スケールを作成します。これまでの演習の資料，講義のテキストなど丁寧に復習し，必要な資料は授業に携帯しましょう。

```
┌─ 演習にあたっての事前学習 ──────────────────────────
│ ①　ソーシャルワークで用いられる評価方法について調べておきましょう。
│ ②　終結にあたっての評価の意義やその際のソーシャルワーカーの機能や役割を考
│ 　　えておきましょう。特に面接の始め方や終わり方を具体的に考えておきましょう。
└──────────────────────────────────────────
```

（2）演習の進め方

①　ロールプレイの準備をしましょう。まず，4人グループにおいて，終結を想定した陽子と子どもたちの状況を共有化しておきましょう。次に，評価の面接を行うために配慮することを列挙してみましょう。そして，評価スケールを共有化しておきましょう。また，下記のワークシートを活用して評価スケールを作成してみましょう。

　終結を見定めるための評価を行う際は，長期支援計画・目標を評価することで終結を導くことになりますがここでの演習では，これまでの流れと時間の関係から短期支援計画・目標を用いて進めていきます。

ワークシート14　評価スケールシート

短期支援目標	支援計画	評価の尺度 （何をどのように評価するのか）
1）健康の回復	1）入院助産が可能な病院での産婦人科受診	
2）出産に安心して臨める環境整備	1）入院助産の手続きと出産病院の確保 2）入院中の子どもの居場所の確保（施設入所の相談）	

支援目標	支援計画	評価スケール	特記事項(備考)
	3）母親学級の代わりとなる保健師による指導		
3）経済的な安定	1）児童手当等の手続き 2）生活保護受給相談の検討 3）母子福祉資金の借り入れの検討		
4）暴力からの避難	1）避難に対する意思の確認 2）母子共に安全な場の提供（一時保護） 3）夫に対する暴力の認知を促す 4）夫への対応		

② 終結面接をしてみましょう。まず，２人１組になって面接をしてみましょう。次に，クライエント役は，前回の演習で想定したクライエントの生活状況を想像し，そこに暮らす陽子の心情を想像し役になりきりましょう。そして，ソーシャルワーカーは事前学習での学びを活かしながら，グループで話し合って作成したスケールを使いながら面接を進めてみましょう。

③ 面接結果をもとに，グループで評価を確定してみましょう。その際，スケールに評価を記入し，終結か否か判定をしてみましょう。クライエント役の感想を聞いてみましょう。

④ グループで作成したスケールを紹介し，グループの判定結果の根拠を明確にして発表してみましょう。

⑤ 以下は評価シートの一例です。これまでも紹介してきたように，クライエントの意思や意向，ソーシャルワーカーの姿勢や活用する方法，事例への焦点の当て方，着目する情報や分析の視点，さらには支援の優先順位のつけ方などによって，評価の支援も変わってきます。できれば，以下の内容を読まず，これまでの演習の成果を活かして自分で評価シートを作成してみましょう。どうしても，どのように作業を進めたらよいのか分からない時には，以下の例を見て，参考にしましょう。

支援目標	支援計画	評価スケール	特記事項(備考)
1）健康の回復	1）入院助産が可能な病院での産婦人科受診	5　4　3　2　1	

2）出産に安心して臨める環境整備	1）入院助産の手続きと出産病院の確保	5 4 3 2 1	
	2）入院中の子どもの居場所の確保（施設入所の相談）	5 4 3 2 1	
	3）母親学級の代わりをなすための保健師による指導	5 4 3 2 1	
3）経済的な安定	1）児童手当等の手続き	5 4 3 2 1	
	2）生活保護受給相談の検討	5 4 3 2 1	
	3）母子福祉資金の借り入れの検討	5 4 3 2 1	
4）暴力からの避難	1）避難に対する意思の確認	5 4 3 2 1	
	2）母子共に安全な場の提供（一時保護）	5 4 3 2 1	
	3）夫に対する暴力の認知を促す	5 4 3 2 1	
	4）夫への対応	5 4 3 2 1	

評価スケール
5：問題は概ね解決し支援の必要性のない状態
4：問題は概ね解決したが見守りが必要な状態
3：問題は継続しており支援の継続が必要な状態
2：問題は改善されず介入方法の再検討が必要な状態
1：問題のアセスメント自体にズレが危惧される状態

（3）体験の考察

　支援が一定の効果を示し，クライエントの課題が改善・解決して支援の必要性が軽減されてくると，ソーシャルワーカーはモニタリングをふまえて，支援を継続するか，終結するか判断をします。終結も援助の一環で，場合によっては一部の課題は解決して終結へと過程を進めて問題がなくても，別の課題は支援の継続が必要な場合もあります。このように，判断に迷う場合などは，ソーシャルワーカー一人でケースを抱え込まず，同僚や上司に相談してケース会議を開いて，終結か継続かの判断を検討します。

　ただし，この際にも会議に参加する職員はもとより，クライエントにも支援が一定の効果を示し，計画の終結もしくは見直しが必要となっていることを伝えなければいけません。どちらへの説明にも論拠（エビデンス）が必要となります。

　今回の演習で作成した評価のスケールは，この根拠を明確にするための道具でもあります。クライエントや職員から，「なぜ終結なのか」「なぜ，継続，見直しなのか」尋ねられた時，「こうした基準（評価スケール）に基づいて判断し

ました」と説明できることが必要となります。実際には，個々のソーシャル
ワーカーがそれぞれ評価スケールを作成するのではなく，それぞれの職場に共
通の書式とスケールが用意されており，ソーシャルワーカーはそれらの道具を
活用して判断の根拠を確認します。

　評価スケールを活用するためには，そのスケールを使う場面状況の理解や，
何をどのように評価するのかわかっていなければ上手く活用することができま
せん。今回の演習では自分たちで評価スケールを作成してみましたが，このよ
うに最初から活用する場面を考えてスケールを作成してみると，その用途や活
用方法を再確認することができたのではないかと思います。

（4）振り返りの課題——事後学習

　自分たちのグループの評価と他のグループの評価は一致・類似していました
か，それとも大幅に違っていましたか。自分たちの判断と他のグループの判断
を比較して，自分たちの取り組みに考察を加えてみましょう。次回は，最後の
演習です。これまでの演習の資料やワークシートを順番にそろえて次回の演習
に持参できるよう準備しておきましょう。

15　自己覚知の体験——全体の振り返り

（1）演習の目的と内容

1）演習の目的

　ここでは14回までの演習における自己評価を行い，各自の気づきや学びを確
認し，自らの課題を明確にします。演習はまだまだ続きます。今後の演習，そ
して実習に向けてソーシャルワーカーを目指す学びをどのように深めていくか，
自分なりの課題を確認し等身大の目標を設定します。

2）演習の内容

　この演習では前回までの14回分の演習について，資料やワークシートを確認
しながら以下のような自己評価を加えます。

① 毎回の「演習振り返りシート」（第2章章末）を読み直して，自己が成長した点を挙げてみましょう。

② 演習を通して，気づいたことを挙げてみましょう。

③ 演習を通して自らが成長したと思う点を挙げてみましょう。

④ 演習を通して，ソーシャルワーカーを目指すあなたの自己の課題を挙げてみましょう。

⑤ 仲間と学びの成果と課題を共有してみましょう。

3）この演習を体験するにあたって──演習への参加の仕方

　各回の「演習振り返りシート」を整理しておき，自らの課題を見つけておきましょう。

┌── 演習にあたっての事前学習 ──
│
│　① 各回ごとの「演習振り返りシート」の記述が適切にできているか確認し，準備
│　　しておきましょう。
│　② 演習全体を振り返り，自らの課題を整理しておきましょう。
└

（2）演習の進め方

① 4人程度のグループになって，お互い資料やワークシートを見ながら14回の演習を体験して以下の項目について感じていること，考えていることを述べ合いましょう。

　ⅰソーシャルワークの知識，援助方法（技術），価値観と関連づけながら体験の課題に臨むことができていたか。

　ⅱ支援過程の理解は深まったか。

　ⅲ自ら問いを立てる姿勢は身に付いたか。

　ⅳ振り返りの中から自分の課題を顕在化させ，次回に継続できたか。

　ⅴ仲間の助言を活かす事ができたか。

　ⅵ仲間に自らの感想や意見を適切に述べられたか。

　ⅶ教員の助言を参考にできたか。

② グループでの話し合いを参考に次頁のワークシート14に取り組んでみまし

ワークシート15　自己点検表

1．毎回の「演習振り返りシート」を読み直して，自己が成長した点を挙げてみましょう（＊どんな小さなことでもかまいません）。

2．演習を通して，どのような観点からでも気づいたことを挙げてみましょう。

3．演習を通して，ソーシャルワーカーを目指すあなたの自己の課題を具体的に挙げてみましょう。

4．今後の学習の目標や日常生活の中で気を付けることなどを具体的に挙げてみましょう。

よう。

（3）体験の考察

　これで15回の演習は一区切りです。今回のシリーズでは，支援過程の展開を体験しつつ学んでいるあなた自身の変化を自己覚知することができたでしょうか。支援過程の展開とともにクライエントも動き出します。当然支援関係も変わっていきます。

　アセスメントから始まる支援過程は，「利用者主体」といっても初めて援助に関わるクライエントには，何に，あるいはどのように「主体」になって良いのかわからないところが多く，ソーシャルワーカーを頼りがちです。自ずと，ソーシャルワーカーが代弁機能を果たしながらクライエントとともにアセスメントを進めていくことになります。

　やがて，ソーシャルワーカーによってクライエントのストレングスを支持・強化するようなエンパワメント・アプローチなどが展開されると，クライエントは徐々に主体的に援助過程を進んでいくことができるようになります。第12・13節でモニタリングについて学びました。モニタリングの作業は支援が一定の展開を見せたところで実施しますが，モニタリングの視点は常に必要となります。クライエントがソーシャルワーカーの予測しなかった動きを見せたり，アセスメントの際に確認できなかった課題が顕在化してケースが大きく変化した場合など，速やかに援助を見直さなければいけません。

　小さな変化の積み重ねが，支援全体に大きな影響を及ぼすこともあります。クライエントは最初からソーシャルワーカーに何でも想いを打ち明けたり，言いたいことを言ったりできるわけではありません。ソーシャルワーカーはクライエントがうまく言語化できない想いや意思に気がつかないと信頼関係はおろか，コミュニケーションもままならなくなってしまうことさえあります。

　常にモニタリングを意識して，クライエントとソーシャルワーカー自身とそしてそこに形成されている支援関係を観察・評価する姿勢が必要と言えます。14回の演習を通観して自分自身を振り返ることは，この支援過程を継続的に観

察・評価する姿勢の体験学習でもあります。言いかえれば，支援過程でも14回の学習過程で体験したように準備をしたり体験（介入）したり，振り返ったりを繰り返すことになります。

　そして，悩んだり困ったりした時には仲間（チーム）の力を合わせたり，教員（スーパーバイザー）の助力を得たように，支援過程も様々な資源の協力を取り付けて進めていきます。14回の演習の体験学習で変化した自分を自覚することが，援助過程で変化するクライエントを理解する一助となります。人は誰も一人ひとり個別の存在で，同じ体験，同じ成長はありませんが，クライエント理解の一つとなると良いですね。

（4）振り返りの課題——事後学習

　教員の指示にしたがって，以下のシートを基にレポートを作成しましょう。

【振り返りシート】　　　　　　学籍番号　　　　　　　氏名

<table>
<tr><td>第5章</td><td>メゾ・マクロレベルへの展開
——視点・問題意識とアプローチの方法</td></tr>
</table>

　これまでの第2章から第4章では，ソーシャルワーク実践の基盤となる支援方法の基礎を学んできました。ソーシャルワーク実践の多くは人を対象として支援が展開されます。また，地域や環境へのアプローチにおいても，人とのコミュニケーションは不可欠となります。そこで第2章では，コミュニケーションの方法について，人との出会いから関係形成まで基本的なスキルを学び，第3章では事例を活用しながら支援過程の開始期において，どのように支援のきっかけ（契機）が訪れ，相談に来る人々と出会うのか，体験的に学びました。事象，制度・サービス等によって支援の始まり方が様々であることを理解できたと思います。

　また第4章では児童虐待の1事例を活用して，支援の展開を展開過程ごとにみんなで話し合いながら体験してみました。ソーシャルワーカーとして支援を展開していく際，法・制度の知識が必要なことは無論のこと，支援の対象となる人たちを理解するために現代社会に生じている諸問題の背景や実態の理解が必要なことも理解できたと思います。第3章で体験的に学んだように，開始期の段階では利用者と支援者の相互理解も十分ではありませんから，最初の支援計画でのアセスメントは支援者側の専門性に依拠したプロフェッショナルニーズの見立てから始まる場合が多いことは単元の中で解説した通りです。

　ソーシャルワーク実践は，やさしさや思いやりだけでできるものではありません。第4章で体験的に学んだ事例のように，対応を誤れば人の命の危険を招きかねない責任の重い仕事でもあります。学びを今後に進めるにあたって，その点を再度確認しておきましょう。

　第3・4章では，支援の実際がどのようなものかミクロレベルの事例から学

びました。本章ではさらに，学びをメゾ・マクロレベルに展開していきます。同じような事象でも，視点の置き方や問題意識の持ち方によって，アプローチの方法が変わってきます。これまでと異なり，各演習の課題は概要だけになりますが，「ソーシャルワークの理論と方法」などで学んだアプローチを具体的にどのように活用していくのか，実践を例示して，学びのポイントを解説します。

1　ソーシャルワークの新たな課題への支援を学ぶ
──実習の事前学習を兼ねて

（1）本章の学びが意図すること

　ソーシャルワークは，それぞれの時代とともに変化する人々の暮らしに顕在化する課題が，人々の自立や人権の尊重を阻害するような場合，その問題解決に機能していきます。我が国の社会福祉の法制度は日本国憲法第25条に規定される基本的人権の条項をよりどころに，社会福祉法を基本法として展開されます。「現代社会の理解と福祉」の授業でも学んだように，そこには「全ての国民の最低限度の文化的生活の国（社会）による保障の責任」つまり，ナショナルミニマムが規定されています。しかし実際には，1945年以降，時代の変化の中で顕在化した課題が，国民の多数の問題として認識されるようになるとその都度，各領域法が成立し，現在では大分すると6つの領域法（精神障害者の保健・福祉法を含むと7つの領域）が成立しています。

　しかし，これらの法律の成立後も私たちの社会や暮らしの中には，人々の自立やその権利の擁護を困難にするような課題が次々と現れてきています。本節では現代社会において，従来の法制度の対象となってこなかった課題，あるいは，従来の法制度の対象となっていたものの時代とともに，課題の変容・深刻化が進み新たな対応が求められる課題などに注目して，ソーシャルワーカーらしく，問題を認識し，その改善・解決方法を試行してみます。

　併せてソーシャルワークの方法の統合も進み，社会福祉士をめざす皆さんには，領域や実践の場を問わず，多様な支援展開方法の活用が可能となるようジ

ェネラリスト・アプローチの手法の習得が求められます。これまで，第3章・
4章ではミクロレベルに焦点を当てて実践方法を習得すべく問題の発見，イン
テークから支援過程の展開を体験的に学んできました。この学びを活かしなが
ら，それぞれの実習先への関心を踏まえて，現代社会にその改善・解決が急務
のこととして顕在化している諸課題に挑戦してみましょう。

（2）　現代社会に顕在化する課題の理解──本章の学び方

　現代社会においては，家族に生じる暴力問題の深刻化が周知のこととなって
きています。単に件数が増加したという理解よりも，関連法が整備されて，暴
力の疑いが心配された段階からの警察等関連機関への通報が促されたり，市区
町村社会福祉協議会や地域包括支援センターのような地域に密着した機関が，
権利擁護の観点から相談に応じる体制が整備されたりしたことによって，相談
件数事態が増加した，つまり問題が顕在化しやすくなったことも，その一因と
考えられます。

　また高齢社会の進展は，要介護高齢者の数量的増加だけでなく，高齢者自身
の独居化・孤立化の課題，仮に家族が同居している場合でもその家族の介護に
関わる精神的・経済的負担。さらには，様々な場面での権利擁護の課題，特に
ターミナルケアにおける自己決定の尊重など，社会的支援の必要性の複雑化の
様相を見せています。特に人生の最期をどのように過ごし生き抜くのか，それ
をどのように支援して看取るのか。高齢者のみならず，難病患者の支援も含め
て，従来以上に対象となる人々の主体性を尊重したターミナルケアのあり方が
問われるようになってきています。

　さらには，従来どちらかといえば「法の狭間」にあった若者たちの支援も課
題となってきています。子ども時代からの課題の延長線上に社会問題化してい
るものとも認識される課題でもありますが，児童福祉法が「18歳未満の子ど
も」を対象とすることから，高校を卒業した若者たちが，大学や職場で何らか
の困難や挫折を体験した際の支援体制は十分とはいえません。そして，その若
者たちの自立支援の機能不全の延長線上に壮年期まで継続する「ひきこもり」

「ニート」の課題が確認されるようになっています。

　一方，ある意味社会福祉，あるいはソーシャルワーク実践の根幹の問題ともいえる，貧困問題が新たな形で社会の関心を集めるとともに，緊急の対応を求められている事態が確認されるようになってきています。ここしばらく“格差社会”の認識が進み，従来にない生活困窮の実態や，子どもたちにもその影響が波及している状況から生活困窮者自立支援法の制定や子ども食堂の活動の活性化などが確認されています。しかし，2020年に生じたコロナ禍に起因する世界的な不況と失業の状況はさらなる生活困窮問題の深刻化が憂慮される状況です。既存の制度・サービスを駆使しつつも，新たな支援の方途の提案・開発も急がれます。

　そして，近年わが国の社会福祉，ソーシャルワーク実践の緊急かつ広域での対応がもとめられる課題が災害支援です。日本国中どこを見渡してみても何らかの自然災害等の被災を体験していない地域はないのではないかと思われます。この災害時の緊急支援，復旧・復興支援にソーシャルワークがどのような機能や役割を担うのかを理解して，ジェネラリスト・アプローチの手法の活用が望まれます。

　そこで，本章では第2章から第4章までの学び方を参照して，ソーシャルワーク実習での実習課題と関連づけながら，新たな課題について体験的に学んでみます。例示した各単元について，配属が予定されているソーシャルワーク実習の実習先に焦点化して，各自課題を設定して事前学習・体験学習・事後学習に取り組んでみましょう。これまでの各章の学び方と異なり，各単元の事例を自分自身の実習先と関連づけて各自が学んでいきます。したがって，同じグループの中でも実習先が異なると，課題の設定の仕方や，取り組む課題が異なってくる場合もありますが，自分が実習を体験できない領域の制度やサービス，利用児・者の特性を知る機会でもありますから，それぞれ積極的にロールプレイや議論に参加してみましょう。

（3）本章の課題への取り組み方

　本章では，前述のような現代社会に新たな課題として認識されている諸事に
ついて，以下の点を仲間とともに学んでみましょう。第2章から第4章までは，
どのクラスも同じ課題で学んできましたが，本章では個々のクラスの学習状況
に応じて教員が課題を選択して授業を進めていきます。事前学習など，教員の
指示を確認して下さい。第2節は，ソーシャルワーク実習の事前学習を兼ねた
授業内容を想定しています。第5章は同じソーシャルワーク実習での体験を題
材として学んでいきます。

　本章から2・3節に項を設けて，「演習課題」を設定します。さらに，その
項にいくつかの「授業課題」を提示します。前述したように，どの授業課題を
選んで学ぶかは教員の指示にしたがって下さい。場合によっては，ソーシャル
ワーク実習の時期によって，項の学び方が前後する場合もあります。

　具体的には，あなたがこれから社会福祉士現場実習：ソーシャルワーク実習
を予定している領域について，1-(2)で説明したような新たな課題，具体的に
は「虐待問題（児童・障害者・高齢者）」「ひきこもり」「貧困」「認知症」「終末
期ケア（ターミナルケア）」「災害時支援」などの中から，自分が興味・関心を
もった事象について，仲間とともに実践を想定して体験的に学んでみましょう。
ここでの学びの課題が，実習計画において，実習先で体験できる職場の理解，
職種の理解，そしてソーシャルワーク体験の課題へと関連づいていきます。自
分自身を1人のソーシャルワーカーとして個別化した存在として自認して，自
分らしい支援の枠組みを獲得していく（パースペクティブやモデルの選択，そして
アプローチの活用方法）ためには，必要不可欠な過程でもあります。

　前半は実習領域を理解すべく，実習を予定している領域と関連づけた事項に
ついて，各自調べ学習をして，その内容を共に学ぶ仲間にプレゼンテーション
してみます。その説明を聞く仲間の立場を変えて（例えば，サービス利用当事者
にするか，その家族にするか。あるいは，地域住民や小・中学校の生徒にするか），相
手の立場に応じてわかりやすく説明できるか，挑戦してみましょう。特に，説
明の相手が当事者である場合にはインフォームドコンセントに足る説明である

ことが求められますし，相手が住民・市民（その地域で働いたり，学んだりしている人々も含めて）である場合には，協働や社会貢献のマインドを醸成しうる開発性が求められます。

　後半は事例を提示しますので，自分の実習予定先を想定して，ソーシャルワーカーの関わり方を設定してみましょう。そして，モデルやアプローチを活用して介入方法を提案してみましょう。提案した介入方法について，仲間の助言を得たり，教員の助言を活用したりして，実習計画の視点や課題へと展開していきましょう。

2　実習の事前課題──演習課題①

　具体的な学びの進め方，特に演習の進め方や事後学習については第2〜4章の学習過程を参照して下さい。基本的に第3章・4章で体験したように，仲間とロールプレイをして，体験後相互に意見交換・助言をして振り返りシートにまとめ，教員の助言を活用しましょう。各「演習課題」ごとに複数回の「授業課題」を想定しています（ワークシート16）。

（1）実習領域の社会福祉の法制度とその社会背景を理解する

　この課題では，ソーシャルワーク実習の事前学習も兼ねて，マクロレベルのソーシャルワークに焦点をあてて，現行の法制度とその背景となる社会について理解を深めます。併せて，住民やサービス利用者へのサービス説明のプレゼンテーションについても体験的に学びます。

　聴衆の設定を自分自身の実習先に合わせて（当事者，家族・保護者，住民・市民等），再度プレゼンテーションをしてみましょう。聞き手が変わると，話し方も変わるはずです。聴衆側の学生も，これまでの演習の事前学習で取り組んだように，特定された聴衆の立場にたって，その心情や理解力を想定して聞いてみましょう。

　相手（聴衆）にあわせた，話し方・説明の仕方の工夫が柔軟・適切にできた

か仲間の感想や助言を参考に振り返ってみましょう。

1）授業課題①──自分自身が実習を予定している領域に顕在化している課題を，概ね３年以内を目安としてその社会動向を調べる

① 事前学習

・新聞記事やインターネット情報などを検索して，関連情報を収集してみましょう。

・社会福祉関係の本や雑誌を図書館などで探して，関連する記事や文献を探してみましょう。

② 学習方法

・上記について，Ａ４用紙，１枚程度に原稿をまとめ，必要な資料を用意して，仲間に紹介してみましょう。その際，課題のテーマ，なぜそのテーマを選んだのかを明確にしてから紹介してみましょう。

・仲間同士で，「発表：紹介」「聴取：質問者」の役割を交代しながら，体験してみましょう。

・仲間から質問があった箇所，うまく説明できなかった箇所など調べ学習を補足して実習に備えましょう。

③ 事後学習

・体験を振り返り，実習に備えて不足していた情報や理解を補足しておきましょう。

・「聞き手の理解に届く説明方法」の習得にはどのような課題があるのか自分の説明の仕方を自己評価して，できていること，課題を整理しておきましょう。

2）授業課題②──自分が実習に行く領域の現在の国の政策目標について調べる

① 事前学習

・政策決定の背景となる社会変動がどのようなものだったのか調べてみましょう。

・政策決定にはどのような専門職会議（審議会や検討会）が開催されたのか調べてみましょう。

ワークシート16　演習振り返りシート

提出日　　　年　　　月　　　日

学籍番号		氏名	

振り返りの主題

〈体験した演習内容〉

〈特に自己評価を加えたい体験〉

〈モニタリングによって気づいた成長と課題〉

〈次回の演習に取り組む際の自己課題〉

【演習指導教員（スーパーバイザー）のコメント】

・各種福祉計画について調べるとともに，その計画の進行管理に関わる
「PDCA サイクル」が具体的にどのように展開されているかについて調べま
しょう。

　②　学習方法

・学生同士グループになって，各自の調べ学習の成果を発表し合い，領域間で
の現状の相違や共通点など話し合ってみましょう。

・話し合いの際には相互に質問し合って，調べ学習の不足や課題を明確にしま
しょう。

　③　事後学習

・話し合いの際明らかになった，学習の不足や課題を意識して調べ学習を補填
しましょう。

・自身の実習領域について，マクロレベルの課題をどのように理解できたか，
まとめましょう。

3）授業課題③──自分が実習に行く領域の福祉計画について調べる

　①　事前学習

・自分が実習に行く都道府県・市区町村の各種支援計画と福祉計画について調
べましょう。

・PDCA サイクルの活用方法について調べましょう。

・可能であれば，自分の実習先法人等の事業計画を調べましょう。

・プレゼンテーションの技法を確認しましょう。

　②　学習方法

・実習先の市区町村の福祉計画と自分自身の実習先で提供しているサービスの
関連について調べましょう。

・メンバーが相互に，住民や施設サービスの利用者になって，実習先機関・施
設・団体のサービスを一つについて説明会を開いてみましょう。

・説明会でのプレゼンテーションについて，相互に評価を加えてみましょう。

　③　事後学習

・説明会の体験によって，明らかになった実習先地域の情報の不足や理解の課

題を補塡しましょう。

・プレゼンテーション手法について，仲間からの評価を参考に次回のプレゼンテーションの機会に備えて，課題を列挙しましょう。

４）授業課題④——自分が実習に行く市町村の地域福祉について学ぶ

　①　事前学習

・実習先地域の地域福祉計画と地域福祉活動計画について調べましょう。

・自身の実習先は，調べた地域福祉計画や地域福祉活動計画にどのように参画しているのか調べましょう。

・両計画が策定されていない場合は，なぜ策定されていないのか調べましょう。

　②　学習方法

・自身の実習先の地域福祉への参画や社会貢献について，現状の成果と課題を発表しましょう。

・仲間同士で質問や意見を交換して，調べ学習の不足や課題を確認しましょう。

　③　事後学習

・意見交換で顕在化した調べ学習の不足や課題を補塡しましょう。

・実習に備えて，実習先の社会貢献活動について学ぶ視点を確認しましょう。

（２）実習領域での緊急通報への対応の仕方を体験的に学ぶ

　この課題では自分自身が実習を予定している領域に，１）—②で例示したような事象のうち，緊急対応を必要とするような事態が生じた場合，どのような緊急支援を展開するのか体験的に学びます。これまでの演習，特に第４章での学びを振り返りながら，実習を想定して体験的に学んでみましょう。

１）授業課題①——実習予定先機関・団体・施設の緊急対応の方法について知る

　①　事前学習

・各種虐待の通報・連絡にはどのように対応しますか。実習予定先機関・団体・施設に該当する，緊急対応フローなど対応体制を確認しておきましょう。

・仲間への説明（プレゼンテーション）を想定して，前回上手くいかなかった点を整理しておきましょう（課題設定しておきましょう）。

② 学習方法

・仲間3名程度でグループになり，相互に自分の実習先の緊急対応が必要となる課題や対応について，仲間に説明してみましょう。できればグループメンバーはお互いの実習先が異なるメンバーであることが望まれます。

・お互いの説明について，よくわからないところは質問し合って，学びを深めましょう。

・メンバー相互に質問や意見を交換して，調べ学習の不足や課題を確認しよう。

③ 事後学習

・説明体験での仲間からの質問や意見を参照して，調べ学習の不足を補填しておこう。

・説明のプレゼンテーションについて，挑戦しようとした課題について自己評価を加えておこう。

2）授業課題②──実際に緊急対応を必要とする課題に対応する

① 事前学習

・あなたが，実習先機関・団体・施設で通報などの相談を契機に緊急の対応する各種問題（虐待・暴力・貧困・孤立問題・セルフネグレクト等）にはどのような事象があるのか，調べて，緊急通報の相談のシナリオ（どのような状況で誰がどのような被害体験をしているのか）を用意しておきましょう。

② 学習方法

・あなたの実習先の相談窓口に虐待の疑いの相談がありました。相談内容を聞き取って，相談記録を作成するとともに，対応方法を検討してみましょう。

・作成した対応記録を仲間と確認して，相談内容の理解と記録を比較して，記載事項が正確であるか確認してみましょう。

③ 事後学習

・記録の確認をふまえて，仲間からの指摘などを参考にして記録を修正しておきましょう。

・修正作業を通じて明らかになった，記録の課題について，調べ学習などしてスキルアップを図りましょう。

3）授業課題③──相談内容を基に緊急対応を想定する

① 事前学習

・「授業課題2」の〈事後学習〉で修正した記録に誤字脱字などないか確認しておきましょう。また，作成した資料は授業に備えて，グループのメンバーの人数を想定して，コピーしておきましょう。

② 学習方法

・お互い作成した記録をもとに，どのような緊急対応が想定されるのか話し合いましょう。

・話し合いの内容を踏まえて，通報の対応記録を見直して対応を講じるにあたって，収集（確認）した情報に不足がなかったか話し合いましょう。

③ 事後学習

・話し合いを通じて顕在化した各自の課題について，その要因や解決方法を検討して自己学習につなげましょう。

（3）ソーシャルワークの技法を活用した介入を試行する

　あなたの実習先の各種サービスを利用している利用児・者が，施設入所することになりました。あなたの実習先の業務内容に沿って，足立さんの施設利用を支援します。その都度の足立さんの訴えに応じて，ソーシャルワークの技法を活用して介入してみましょう。

1）授業課題①──施設利用に不安を感じる足立さんへの支援を試行する

① 事前学習

・高齢者・障害者・児童・生活困窮者それぞれについて，利用者役が演じられるように，施設利用の必要性が生じる背景を考えておきましょう。

・施設入所をする際，なぜ利用児・者が不安になるのか，個人的要因と社会的要因双方から理由を考えてみましょう。

・「心理社会的アプローチ」を活用して利用児・者の不安に寄り添います。「心理社会的アプローチ」について，「ソーシャルワークの理論と方法」のテキストや授業資料で確認しておきましょう。

・どのように面接をするのか，面接方法や質問内容を想定しておきましょう。

　②　学習方法

・それぞれの実習先領域に応じて，仲間にクライエントを演じてもらいましょう。

・自分の実習領域のソーシャルワーカーになって足立さんの不安を傾聴してみましょう。

・体験の後，お互いどのような心情の変化があったのか，面接の有効性と課題を相互に助言し合いましょう。

　③　事後学習

・仲間との振り返りを参考にして，アプローチの理解の課題や，活用の課題をモニタリングしておきましょう。

・特に，面接技法の課題など，次の学習の機会に備えて，具体的に列挙しておきましょう。

　④　心理社会的アプローチ

　心理社会的アプローチでは「状況のなかの人」に着目し，クライエントに生じた，解決を必要とする諸課題は，その「人」とその人がいる（おかれている）「状況」と，その両者の間に生じる「相互作用」の三重の相互の関連性から生じる社会的ジレンマに起因すると考えます。まずは，すぐに取り組むことのできる目標を暫定的に設定して，課題の軽減とこれから取り組むべき課題の優先順位を決定しましょう。

2）授業課題②──足立さんの意向を確認して自立支援計画へとつなげる

　足立さんは，サービス利用（入所・来所・受給での在宅生活等実習先の支援内容に合わせて想定）を始めましたが，サービス利用開始から3カ月を経ても，なかなか意向の確認ができず，支援計画の立案が本格化しません。

　①　事前学習

・これまでの演習で面接や介入の課題となったことを確認しておきましょう。

・高齢者，障害者，児童，生活困窮者それぞれについて，クライエント役が演じられるように，サービス利用後に不安や消極性が生じる背景や要因を考えておきましょう。

・「問題解決アプローチ」を活用して，足立さんと一緒に今後のサービスの利用の仕方に目標や方針をみつけてみましょう。「問題解決アプローチ」について「ソーシャルワークの理論と方法」のテキストや授業資料で確認しておきましょう。

今回の演習では，事前にロールプレイのグループを設定し，予め実習先を想定して自分がどのような職場・職務のソーシャルワーカー役を演じるのか，仲間に伝えてクライエント役の準備をしておいてもらいましょう。

② 学習方法
・予め伝えておいた実習先のクライエント役を，仲間に演じてもらいましょう。
・自分の実習先のソーシャルワーカー役になって足立さんの現状理解を試みて，今後の支援の方針や目標を共有できるよう話し合ってみましょう。
・体験の後，お互いどのような心情の変化があったのか，面接の有効性と課題を相互に助言し合いましょう。

③ 事後学習
・これまでの演習で面接や介入の課題となったことをふまえて，どの程度意識的に体験に臨むことができたか自己評価してみましょう。
・「問題解決アプローチ」の理解と活用について自己評価（モニタリング）してみましょう。

④ 問題解決アプローチ
問題解決アプローチは自我心理学や経験主義教育学，社会学の役割理論などを取り入れたアプローチで，その具体性から多くの実践現場で活用されています。実践の構成を6つのPで表現したり，クライエントの主体性をMCOモデルとして表したり，クライエントの主体的な機能の回復を図り，社会参加の場面を設定し，その生活の安定感の補強を目指しましょう。

（4） 地域診断に挑戦する

あなたが実習する実習先の所在地域について，実習の事前学習も兼ねて，地

域アセスメントをしてみましょう。既存の資料を活用して自分自身の実習先の所在する地域にはどのような課題と支援体制があるのか確認しておきましょう。

1）授業課題①──あなたが実習予定の市町村について社会資源マップを作成する

①　事前学習

・あなたが実習する機関・団体・施設の所在する地域はどのような地域か，人口動態，産業構造，文化的背景など地域特性を確認しておきましょう。

・あなたの実習先が所在する地域の地域福祉の目標はどのようなものか，確認しておきましょう。

②　実習課題

・あなたの実習予定の市町村について社会資源マップを作成してみましょう。その際，一般市民が見て理解しやすいマップを工夫してみましょう。

・学生同士，4～5人グループを作って，でき上がったマップを使って実習先地域の社会資源の特性や傾向について説明してみましょう。

③　事後学習

・体験から顕在化した調べ学習の課題を補填しましょう。

・発表（プレゼンテーション）について，従来の課題がどの程度改善されたか自己評価（モニタリング）しましょう。

2）授業課題②──あなたが実習予定の市町村の地域福祉の目標と地域福祉の推進機関としての社会福祉協議会の機能と役割を知る

①　事前学習

・あなたの実習先が所在する地域の地域福祉計画と地域福祉活動計画を確認しておきましょう。これらの計画は自治体や社会福祉協議会のホームページに掲載されています。

・「わがまる」など，現在の地域福祉施策について具体的にどのような事業やサービスがあるか調べて A4 1枚程度にまとめておきましょう。

②　学習課題

・地域の「ゴミ屋敷問題」（セルフネグレクト）に生活支援コーディネーターとしてどのような取り組みができるか，グループで話し合ってみましょう。

・話し合いの成果をクラスで発表して，学び合いましょう。

　　③　事後学習

・「セルフネグレクト」「生活支援コーディネーター」の理解について課題や不足があれば補填しておきましょう。

・実習先の地域福祉の現状について，授業内容などふまえて再度確認しておきましょう。

3）授業課題③──あなたが実習予定の機関・施設・団体の社会貢献を調べる

　　①　事前学習

・地域福祉の目標達成のために，あなたの実習先はどのような役割を担っているのか，実習先に期待されている機能や役割を確認しておきましょう。

　　②　学習課題

・地域の住民，あるいは，実習先のサービス利用者に対して，実習先の地域福祉の向上に寄与する役割や機能を説明するリーフレット（Ａ４用紙１枚，裏表）を作成してみましょう。

・リーフレットを活用して，プレゼンテーションを体験してみましょう。

・プレゼンテーションの後，リーフレット，プレゼンテーション内容それぞれについてメンバーどうし，相互に評価を加えましょう。

　　③　事後学習

・仲間との相互評価をふまえて，作成したリーフレットを修正しておきましょう。

・プレゼンテーションについて，これまでの課題の達成度合いを自己評価して，成果と課題を具体的に列挙しておきましょう。

（5）　事例を活用してコーディネーションとネットワーキングを体験する

　コーディネーションとネットワーキングの手法の違いに留意して提案してみましょう。また，想定されるネットワークをどこにどのように提案：ソーシャルアクションしたら実現可能であるのか具体的に考えてみましょう。

── 事　例 ──

　馬場さんは，小学校のそばに住む一人暮らしの高齢者。小学校から聞こえてくる
子どもの声が日々の心の支え。登下校の時間は玄関先の用事をしながら，子どもた
ちを見守るのが日課だった。毎日顔を合わせる馬場さんに子どもたちも挨拶をして
くれていた。

　ところが，ある日買い物に出かけた先で転倒。大腿部を骨折し入院。退院後は，
自力歩行は困難になった。日々の生活は，訪問介護（家事援助）と訪問看護（リハ
ビリテーション）を利用して特に困ることはなかったが，どちらの訪問も昼間で，
登下校時には玄関先に出ることはできなかった。歩行以外はある程度自立したが，
馬場さんは徐々に無口になり，発語も不明瞭になってしまった。退院後のフォロー
をしていた病院のソーシャルワーカーが馬場さんの変化に気づき，地域包括支援セ
ンターのソーシャルワーカーに相談があった。地域包括支援センターのソーシャル
ワーカーは介護保険の利用状況を確認するとともに，社協の地域福祉コーディネー
ターに地域での支援について相談が入った。

1）演習課題①
──コーディネーションの技法を活用してソーシャルケアサポートを構想する

　① 　事前学習
・コーディネーションの技法を確認し，この事例への活用方法を検討しておき
　ましょう。
・地域包括支援センターの機能と役割，そこで働くソーシャルワーカーの業務
　内容について調べましょう。
・地域包括支援センターの立場から事例のモニタリングをしましょう。

　② 　学習課題
・地域包括支援センターのソーシャルワーカーとしてどのような支援をコーデ
　ィネートできるか，グループで話し合い，グループとしてのコーディネーシ
　ョンを提案しましょう。
・グループの意見を模造紙1枚にまとめてプレゼンテーションしましょう。
・各グループのプレゼンテーションを相互に評価して，お互いのプランに期待
　される効果と課題を助言し合いましょう。

③　事後学習

・グループのプランへの評価を参考に計画を修正してみましょう。

・コーディネーションの技法の取得について，成果と課題を自己評価しておきましょう。

2）演習課題②——病院のソーシャルワーカーの立場からアフターケア計画の見直しを検討する

　①　事前学習

・病院のソーシャルワーカーの機能と役割，アフターケアの内容について調べましょう。

・病院ソーシャルワーカーの立場から事例のモニタリングをしましょう。

　②　学習課題

・病院のソーシャルワーカーとしてどのような支援をコーディネートできるか，グループで話し合い，グループとしてのコーディネーションを提案しましょう。

・グループの意見を模造紙1枚にまとめてプレゼンテーションしましょう。

・各グループのプレゼンテーションを相互に評価して，お互いのプランに期待される効果と課題を助言し合いましょう。

　③　事後学習

・グループのプランへの評価を参考に計画を修正しましょう。

・コーディネーションの技法の取得について，成果と課題を自己評価しましょう。

3）演習課題③——地域支援コーディネーターの立場から地域支援を構想する

　①　事前学習

・地域支援コーディネーターの機能と役割，地域課題へのアプローチの仕方について調べましょう。

・地域支援コーディネーターの立場から事例のモニタリングをしましょう。

　②　学習課題

・地域支援コーディネーターはどのような支援をコーディネートできるか，グ

ループで話し合い，グループとしてのコーディネーションを提案しましょう。

・グループの意見を模造紙1枚にまとめてプレゼンテーションしましょう。

・各グループのプレゼンテーションを相互に評価して，お互いのプランに期待される効果と課題を助言し合いましょう。

　③　事後学習

・グループのプランへの評価を参考に計画を修正しましょう。

・コーディネーションの技法の取得について，成果と課題を自己評価しましょう。

4）演習課題④──支援の多様性と多（他）職種連携の必要性を検討する

　①　事前学習

・これまでの3つのコーディネートの内容を比較検討して活用されている社会資源など確認しましょう。

　②　学習課題

・3つのコーディネートの特性と比較して，それぞれのメリットの可能性とデメリットのリスクについて，評価を加えましょう。

　③　事後学習

・コーディネーションについて，職種や領域の変化によるバリエーションをどのように理解したか整理しましょう。

5）演習課題⑤──社会福祉協議会のコミュニティソーシャルワーカーとして孤立化の課題を抱えやすい人を支援できるネットワークを提案する（ソーシャルアクション）

　①　事前学習

・ネットワーキングの手法について，確認しましょう。

・ソーシャルアクションのバリエーションについて確認しましょう。

・これまでの演習課題を参考に，活用できそうな社会資源を列挙しましょう。

　②　学習課題

・コーディネーションの演習を参考にネットワークの目的（目標）を設定しましょう。

・ネットワークに参加を調整する機関・団体・機関と所属の専門職を想定しましょう。
・作成したネットワークの実現をどのように計画するか：ソーシャルアクションの方法を検討しましょう。
　③　事後学習
・コーディネーションとネットワーキングの手法の相違を意識した学習ができたか，テキストなどで知識の復習をして自己の学習課題を確認しましょう。
・地域の課題をどのようにソーシャルアクションにつなげたらよいのか，授業を参考に参考文献や事例から学びましょう。

3　実習の事後課題——演習課題②

　具体的な学びの進め方については，前節同様に第2～4章の学習過程を参照して下さい。基本的に第3章・4章で体験したように，仲間とロールプレイをして，体験後相互に意見交換・助言をして振り返りシートにまとめ，教員の助言を活用しましょう。各項：「演習課題」ごとに複数回の「授業課題」を想定しています。実習の時期が学生によって多少前後すると思います。教員の指示にしたがって，学生の状況に応じて演習課題の順番を前後させて調整して下さい。

（1）ネゴシエートを体験する
——小学校進学をめぐり地域に発生した課題への対応

┌── 事　例 ─────────────────────────

　千葉明君は6歳男児。神楽坂保育園に通い，来年から小学校に進学する。明君には下肢に脳性麻痺による歩行障害があり，補装具を装着すれば歩行は可能だが長距離歩くことは困難。
　これまで保育園の送迎は両親が勤務を調整しあって交互に担当していた。明君には4歳の妹と2歳の弟がおり，両親はこの妹・弟を送迎しなくてはいけないが，保

育園と小学校はほぼ反対方向。近くに送迎を助けてくれる親戚や友人もおらず，方向の異なる明君を小学校に送迎することはできない。また，小学校は低学年の間早く授業が終わるので，両親が帰宅するまで明君は放課後学童クラブ（学童保育）に移動しなければいけない。

　この明君の小学校進学をめぐって，明君とその両親と明君たちが暮らす市の教育委員会と意見が異なることとなった。明君と両親は保育園の友達と一緒に小学校への進学を希望したが，小学校は保育園と逆方向であることに加え，障害のない子どもたちでも徒歩で15分以上かかり，途中には交通量の多い道路の横断歩道を渡らなければならない。そこでは，つい先日も小学生の交通事故が起きたばかりだった。そこで，教育委員会は送迎バスがあり，同じ学校内に障害児学童クラブのある支援学校への進学を勧めたのだった。小学校への体験入学の時期になり，明君の保育園の友達には，小学校の体験入学の案内が届いたのに，明君には，特別支援学校の体験入学の案内が届いた。明君はとてもがっかりして泣き出してしまった。明君の両親は教育委員に何とか明君が小学校に進学できるよう訴えたが，「事故があってからでは遅い」と教育委員会は主張を変えず，話し合いは平行線をたどるばかりだった。

1）授業課題①――ネゴシエートを体験する

①　事前学習

・2つの立場どちらに合理性がありますか。以下のそれぞれの立場について，相手を説得できる根拠を考えておきましょう。

　　Ａ：スクールソーシャルワーカーの立場から明君家族の願いを叶えようとする。

　　Ｂ：社会福祉協議会のコミュニティソーシャルワーカー（CSW）として，教育委員会の主張を擁護して安全な登校を優先させようとする。

・ネゴシエートの手法（留意点）について確認しておきましょう。

②　学習方法

・グループを2つに分けて，それぞれの立場から自分たちの主張を通すべく議論してみましょう（議論に先立って，仲間と戦略を練っておきましょう）。

・お互いの立場を変えて，再度議論してみましょう。

・両方の立場のネゴシエートを終えたら，お互いの感想や相手の攻略に有効だった論法の印象を交換してみましょう。

　③　事後学習

・従来のグループでの話し合いと，ネゴシエートの手法の違いについて，理解できたことを整理しておきましょう。

・ネゴシエートの際の自身の課題を整理しておきましょう。

2）授業課題②——ネゴシエートから新たな課題解決の方法を提案する

　①　事前学習

・前回のネゴシエートの記録をふまえて，地域に生じた葛藤を緩和して，どちらの言い分も取り入れた新たな問題解決の方法を考えてみましょう。

　②　学習方法

・明君の望みが叶い，教育委員会の心配も軽減される方法を提案してみましょう。

・コンサルテーションの技法を活用して，グループで教育委員会に必要な社会資源の開発について提案書を作成してみましょう。

　③　事後学習

・自分で何らかの課題にアプローチする場合と，他者の実践を支援するコンサルテーションの手法の違いを整理してみましょう。

・コンサルテーションの手法について復習しましょう。

（2）災害ソーシャルワーク——ソーシャルワークの技法の活用を学ぶ①

　この演習では，1つの事例への着目点とアプローチ方法を変えることで，問題認識の仕方，課題の設定の仕方，支援の方向性が異なる事を体験的に学びます。

　あなたは，職場（実習先）から派遣されてこの避難所を担当するソーシャルワーカーです。以下の事例を読んで，それぞれの課題に取り組んでみましょう。それぞれの課題について，活用するとよいと思われるアプローチを紹介してあ

りますので，それぞれのアプローチの技法を活用して介入方法をイメージして
みましょう。具体的なアプローチの詳細については「ソーシャルワークの理論
と方法」のテキストや授業資料で確認しておきましょう。

―― 事　例 ――

【事例概要】

　佐藤拓也さんは先日の大地震とその後の津波で被災し，一時避難所に指定されて
いる小学校に避難しています。家族は拓也さんの両親（父：重蔵，母：登美）と妻
（波留）と2人の息子（兄：真一郎，弟：丈二）です。しかし，波留さんとは音信
がとれず，安否確認ができないままです。被災からすでに3日が経ち，徐々に拓也
さんの不安が大きくなってきました。波留さんは地震の後の津波警報を聞いて，
パート先の職場から車で避難したとのことですが，それ以後の音信がありません。

【被災の経過】

　両親は自宅にいましたが，近隣の人の手助けでいち早くこの避難所の小学校に避
難してきていました。また，地震が起きたのが午後1時半だったので，中学生（丈
二）と高校生（真一郎）の息子たちもそのまま学校にとどまり，安全が確認されて
から家族を探してこの避難所にやってきました。やや遠方の職場にいた拓也さんが
この避難所にたどり着いた時には発災からすでに10時間以上が経過した，深夜を過
ぎた頃でした。途中，何度も自宅の電話や家族の携帯に連絡をしましたが，つなが
らず避難所で家族の顔を見つけた時は，心から安心しましたが，相変わらず波留さ
んの安否がわかりません。

　翌朝，周囲が明るくなるのを待って，拓也さんと長男が自宅に向かいました。す
ると自宅は跡形も無く流され，一瞬どこが自宅の跡なのかもわからないくらいでし
た。しばらく2人は言葉も無く立ち尽くしていましたが，長男がふと視線を向けた
先を指さして「あれ…」と言って顔色を失いました。息子の指さす方向を見た拓也
さんの目に横転してがれきに押しつぶされている波留さんの車が目にとまりました。

　2人はころがるように車にたどり着き，波留さんを呼びながら素手でがれきをと
りのぞき，波留さんの姿を探しましたが，そこに波留さんを見つけることはできま
せんでした。2人は食事もせず，1日周囲を歩いて波留さんの姿を探しましたが，
波留さんを見つけることはできませんでした。その後，拓也さんと息子たちは毎日
毎日波留さんを探してあたりを歩き回っていますが，波留さんをみつけられません
でした。

【課題の顕在化】

　避難所での生活も2週間を過ぎ，家族は心身の疲労を重ね，年老いた両親は体調

を崩し気味です。拓也さんや息子たちもほとんど口をきかなくなっています。生活環境が変わったせいか，重蔵さんは「ここはどこだ」「家に帰る」とわめいたり，「財布がなくなった，ここには泥棒がいる」と避難所の職員に訴えるようになりました。そのような中，拓也さんの会社から，解雇の連絡がありました。もともと経営状態があまりよくなかった事に加え，今回の被災で，経営者が再建を諦めたとのことでした。このような状況なので，退職金の支給も難しいとのことでした。当初は周囲の様子を見て，「命が助かったのだから，それだけでも感謝しなくては」と言っていた拓也さんも物陰でこっそりお酒を飲むようになっていました。

　子どもたちはそんな家族の様子を見て，何も言いません。特に次男は家族をなごませようと，冗談を言ったり，祖父母の世話をしたりしています。しかし，その手指の皮膚はちぎれたように血がにじんでいます。

1）授業課題①——「危機介入アプローチ」を活用して対応する

　① 事前学習

・事例の家族一人ひとりに共感的理解を寄せて，それぞれのクライエント像を設定しておきましょう。被災当事者に関する記事や文献は多数あります。これらを参照しながら，危機を体験した人たちの心的外傷など，被災直後にどのような心情でいるのか，心理学のテキストなど参照して確認しておきましょう。

・「危機介入アプローチ」の手法や留意点を調べておきましょう。

　② 学習方法

・佐藤さん家族にどのように介入するのか，事前準備と面接方法・回数を想定してみましょう。

・実際に家族，特に拓也さんと次男の役割設定をして，ソーシャルワーカー役と役割を演じ合いながらロールプレイを体験してみましょう。

・体験の後，お互いどのような心情の変化があったのか，面接の有効性と課題を相互に助言し合いましょう。

　③ 事後学習

・実際に「危機介入アプローチ」を体験して，理解の難しかった点を整理して，復習しましょう。

・事後レポートを作成する際など，具体的な課題を教員：スーパーバイザーの
　助言を求めましょう。

④　危機介入アプローチ

　危機介入アプローチは，危機に直面して情緒的に混乱している利用児・者に
対して，適切な時期（1〜6週間程度）に，迅速に，問題解決を図って当面の間
の落ち着きを回復していく援助方法。利用児・者がそれまでの生活で獲得して
きた状況への対応方法では対応困難な場合に，速やかに対応するアプローチで
す。

　　　支援の焦点：急性の心理学的危機（感情的混乱）におけるニーズに対し，
　　　　　　　　　その充足等を図る。
　　　　　　　　：新しいパターンを教示しつつ対処能力を強化し，社会的機能
　　　　　　　　　を回復する。

2）授業課題②──喪失の支援に「ナラティブ・アプローチ」を活用して対応する

①　事前学習

・授業課題①の体験の振り返りをふまえて，再度拓也さんの喪失体験に共感的
　理解を寄せながら拓也さんの心情を想定しておきましょう。

・「ナラティブ・アプローチ」の手法，特に喪失の支援にどのように活用する
　と良いのか，展開過程を想定できるよう調べておきましょう。

②　学習方法

・家族，特に拓也さんの喪失に焦点を当てて，ロールプレイを体験してみまし
　ょう。

・2人もしくは，4人でグループになって，拓也さんとソーシャルワーカーの
　役割を演じて「ナラティブ・アプローチ」を意識した面接をしてみましょう。

・面接を終えて，お互い語りたかった心情を語ることができたか，考え方を変
　えることができたか，面接を相互に評価してみましょう。

③　事後学習

・仲間同士で評価し合った内容を踏まえて，「ナラティブ・アプローチ」の理

論を復習しましょう。

・事後レポートを作成する際など，具体的な課題を教員：スーパーバイザーの
　助言を求めましょう。

　④　ナラティブ・アプローチ

　ナラティブ・アプローチは，利用者の語る「物語（ナラティブ）」を尊重・活
用して支援を展開するアプローチです。人は誰でも自分の経験に自分らしい脚
色をしますが，このアプローチではソーシャルワーカーの関与によって，利用
者が囚われている（支配されている）物語を利用者とともに書き換えて，自立
（自己決定）の物語に変えていきます。

3）授業課題③──次男の支援に行動変容アプローチを活用して対応する

　①　事前学習

・自己抑制をして，じっとがまんしている次男の心情を想定しておきましょう。

・「行動変容アプローチ」について介入方法を調べて，次男の現状にどのよう
　に介入するのか介入方法を考えておきましょう。

　②　学習方法

・家族，特に次男の自傷行為に焦点をあてて，面接のロールプレイを体験して
　みましょう。

・2人もしくは，4人でグループになって，次男とソーシャルワーカーの役割
　を演じて「行動変容アプローチ」を意識した面接をしてみましょう。

・面接を終えたら，お互いの面接によって自分（次男）の行動を変えてみよう
　という動機を形成することができたかどうか，面接の効果と課題を相互に評
　価しましょう。

　③　事後学習

・仲間同士で評価し合った内容を踏まえて，「行動変容プローチ」の理論を復
　習しましょう。

・事後レポートを作成する際など，具体的な課題を教員：スーパーバイザーの
　助言を求めましょう。

④　行動変容アプローチ

利用者の問題行動をその原因や動機にさかのぼることをせず，今現在利用者が抱える問題行動そのものを支援の対象として，その変容が可能となるよう学習理論を活用して働きかける支援方法です。あくまでも，当面の利用者の行動の変容を目的とし，利用者の意思や思考の変容までは目的としません。

4）授業課題④──祖父の課題にケースマネジメントの手法を活用して対応する

①　事前学習

・認知症の高齢者の行動様式やストレスと周辺症状の関係，家族の介護負担などについて調べ学習をしておきましょう。

・ケースマネジメントの手法とその活用方法を調べて，祖父を中心としたこのケースにどのように介入したらよいのか考えておきましょう。

②　学習方法

・避難所という限られた環境ではありますが，可能なケースマネジメントを想定してみましょう。まだ介護保険制度を活用することはできません。その事前の支援をマネジメントしてみましょう。

・グループでお互いのケースマネジメントを提案し，ケース会議を開いて，グループの案をまとめてみよう。

③　事後学習

・ケースマネジメントの手法について，理解の不足している点を補足しておきましょう。

・ケースマネジメントを作成するためのケース会議を体験して，チームの一員として専門知識の活用や議論への参加手法など自己評価しておきましょう。

5）授業課題⑤

──今後の生活自立に活用可能な社会資源を想定してその活用方法を提案する

①　事前学習

・災害時に活用可能な社会資源を調べておきましょう。

・災害時にソーシャルワーカーにどのような役割や機能が期待されているか調べておきましょう。

② 学習方法

・被災時に活用可能な社会資源と通常の支援に活用可能な資源を組み合わせて，自立支援を想定してみよう。その際，マッピング技法を活用して社会資源の資料を作ってみましょう。

・想定した支援について，演習のクラスの仲間をケース会議のメンバーにみたてて，プレゼンテーションしてみましょう。

・プレゼンテーションについて，聴衆役の仲間から評価をしてもらいましょう。

③ 事後学習

・仲間からの評価を参考に，社会資源の活用方法を再考してみましょう。

・従来のプレゼンテーションの課題を思い出して，今回のプレゼンテーションと比較して従来の課題が改善されたか自己評価（モニタリング）してみましょう。

（3）実習体験を事例にまとめて事例検討を体験する

　本項では，実習での体験を素材に事例作成の方法，事例検討の方法を学びます。

1）授業課題①──実習体験の中から印象に残った体験を事例にまとめて報告する

① 事前学習

・事例を作成します。以下の点について，個人が特定されないよう仮名を用いて，事例の内容に影響を及ぼさない程度に家族の構成や年齢，生活状況などを架空のものにして，Ａ4用紙2枚程度（3,000字程度）で事例を作成してみましょう。

② 基本属性

・事例の中心となる人や事象や地域の特性を考えましょう。

・事例の中心となる人の生育歴や生活歴，対象となる事象や地域の特性を考えましょう。また，ジェノグラムやエコマップを活用して事例の理解を図りましょう。

③　エピソード記録を作成する──準備①

・体験した出来事を時系列に沿って，場面の構成や場面の展開がわかるように事例をまとめましょう。

・6W1H（When, Where, Who, Whom, What, Why, How）に留意しましょう。

・実習先に特有の事業やプログラム名は架空のものに改めましょう。

④　実習体験のモニタリングをする──準備②

・このエピソードを通じて，自分はどのような学びがあり，どのような課題を見つけられたのか，自己評価を加えてみましょう。

⑤　仮説提示──準備③

・この体験を通じて，自分自身が抱いた疑問や問題意識について，自分なりの仮説（解答）を立ててみましょう。

2）授業課題②──自験事例の検討を体験する

①　事前学習

・各自が自分の体験をもとに作成した事例（自験事例）を事例検討に参加する人数分コピーして，参加メンバーに事前に配布しましょう。

・参加メンバーは自分の事例以外の事例を読んで，事例提供者への質問（情報確認）や，助言内容を検討しましょう。

②　学習課題

・事例検討に参加するメンバーの中から事例発表者，司会者，助言者（複数）を決め，役割を交代する順番を決めましょう。

・1人の事例検討が30分で一定の結論（メンバーからの助言と発題者の納得）に達するよう，検討を進めましょう。

・時間になったら，役割を交代し，メンバー全員が事例を発表できるようにしましょう。また，事例検討には一定の人数がいた方が効果的です。2コマ連続でメンバー全員が事例を発表できるようにしましょう。

③　事後学習

・事例検討を体験して，参考になったことを整理してみましょう。

・事例検討によって，明らかになったソーシャルワークの技法の到達度を自己

ワークシート17　事例検討用シート（例）

テーマ：事例検討の主題を明記	
事例概要： 対象となる事例の概要を参加者がわかるよう既述。	ジェノグラム

事例の基本属性
年齢，性別，学歴，職歴 経済状況，社会保障の利用の有無 心身の健康状態，既往歴，各種手帳の有無

事例の生育歴・生活歴
生育歴：周産期の様子から成人するまでの対象の生活の様子 　　　　＊　特に支援の対象となる事象との関連に留意して記載する。 生活歴：成人してサービス利用に至るまでの生活の様子

サービス利用までの経緯
要支援課題の発生から，サービス利用の経緯をまとめる 特に活用した社会資源など明示しておく

事例：エピソード
検討の素材としたいエピソード ＊6W，1H に留意して，具体的にわかりやすく場面を再現する。 ＊守秘義務に留意して仮名を用いる。
事例研究に提示したい課題
事例検討によって参加者から助言をしてほしい課題と自分の仮説を既述する。

評価して，成果と課題を言語化しましょう。

・確認した課題について，実習の振り返りやこれからの演習の授業に関連づけて学びの課題にしましょう。

3）授業課題③——事例検討を体験する

　自分自身の実習先が地域に発生した課題にどのような役割や機能を期待されているのか，コーディネーションとアウトリーチの手法を具体的に理解しておきましょう。

　①　事前学習

・あなたの実習先の利用者のアフターケアで在宅訪問をした際その家族の話から，隣家の家族が重複した課題（生活困窮・アルコール依存・高齢者の要介護・虐待等）を抱えているらしい事が相談されました。

・実習先での学びを活かして，事例を作成してみましょう。

・実習先の特性によって，内部連携と外部連携が想定されます。作成した事例に，どちらの連携で対応し，どのようにアウトリーチを試みるのか，設定と対応方法を考えてみましょう。また，実習先の機能や役割によって，家族のどの課題を端緒として介入するのか想定してみましょう。

　②　学習課題

・事例と事例対応のコーディネーションの手法とその連携を活かしてどのようにアウトリーチをしかけるのか，10分程度でプレゼンテーションをしてみましょう。

・対応の効果と課題について仲間の評価を聞いてみましょう。

　③　事後学習

・仲間の発表や助言を参考に，自分の介入方法を修正してみましょう。

・プレゼンテーションや仲間との検討を体験して気がついた，アウトリーチの手法の理解の課題について，復習しましょう。

（4）重複した課題を抱える家族への介入
——ソーシャルワークの技法の活用を学ぶ②

　この演習では，本節（2）で検討した災害支援の事例のその後を検討してみます。前回同様，1つの事例への着目点とアプローチ方法を変えることで，問題認識の仕方，課題の設定の仕方，支援の方向性が異なる事を体験的に学びます。

　また，従来からの教員からのスーパービジョンに，加えて仲間とともに実践に評価を加えるグループスーパービジョンを体験してみます。本項全体に共通する事前学習として，「スーパービジョン」の機能と役割，「グループスーパービジョン」の手法について確認しておきましょう。

　あなたの職場（実習先）の担当地域に佐藤さん一家が転居してきました。あなたは職場の地域支援の担当ソーシャルワーカーです。以下の事例を読んで，それぞれの課題に取り組んでみましょう。

事　例

【課題の展開】

　被災から1年が経ち，佐藤さん一家は仮設住宅で暮らしています。三世代家族であることを配慮して，2軒続きのプレハブを割り当ててもらい，居間の窓を渡り廊下でつないでもらったので，靴を替えずに行き来ができるようになっています。1軒に老親夫婦が，もう1軒に拓也さんと息子たちが住んでいます。拓也さんは，今も波留さんを探す日々で仕事をしていません。母親の登美さんが家事と重蔵さんの介護をしていますが，最近体調を崩しがちで，食事も出来合いのものが並ぶ状態。拓也さんも支援によって一度は止めた飲酒の量が増しつつあります。気がつけば次男の丈二さんは学校にも行かず，部屋に引きこもるようになって，父や兄さえ部屋に入れません。

　そのような中，一家に波留さんの消息が届きました。隣の市の海岸の漂着物の中から白骨化した遺体が見つかり，歯の治療痕から波留さんと推定されるとのことです。知らせを聞いて登美さんは「やっと波留ちゃんを迎えに行ける」と言いましたが，その他の家族は動こうとしません。「そんなの嘘だ…。」長男が絞り出すように，うめくように泣きだしました。部屋に引きこもっている次男も泣いているような気配が伝わってきます。拓也さんは虚空を見つめて黙ったままです。そのような時でも重蔵さんは「腹が痛い…」と自分の世界の中にいます。

母親から頼まれた親戚が拓也さんを連れて，波留さんを迎えに行きました。1年ぶりに波留さんは家族の元に戻ってきましたが，拓也さんは波留さんの葬儀を出すこともなく遺骨の前に座り込み，酒量は益々増えていきました。日々が過ぎるにつれ被災支援の期限が迫ってきますが，拓也さんは一向に仕事を探す様子もありません。最近では昼間から酒が手放せなくなってきています。この仮設住宅もいずれは出て行かなければならないのですが，将来を考える力も意欲も今この家族には見いだせません。

　そのような状況の中，突然重蔵さんが倒れました。救急車で病院に搬送すると末期の胃がんとの診断でした。医師からは，進行の早いがんでこの1年くらいの間に進行していたはずと言われました。この1年，家族の関心は波留さんを探すことに集中し，どこかで認知症の老父への関心が届いていなかったかもしれません。「余命は循環器の耐久力次第，長くて3カ月」との診断があり，終末期ケアの利用が提案されました。急な事態の変化に，登美さんも寝込んでしまいました。長男は泣きながら，「親父，しっかりしてくれよ」「ウチの家族，どうなっちゃうんだよ」と拓也さんに詰め寄りますが，「どうなっちゃうんだ…」と拓也さんは力なく長男の言葉を繰り返して酒をあおるのみです。

1）授業課題①──アルコールに依存する拓也さんの状況に介入し波留さんの葬儀をできるよう，「課題中心アプローチ」を活用して介入方法を考える

　①　事前学習

・クライエントのアルコール依存の状況や支援方法について調べましょう。

・アルコールに依存する拓也さんの現在の心情や苦悩を想定して，拓也さんを演じる際のシナリオをA4 1枚程度にまとめましょう。

・「課題中心アプローチ」について調べましょう。

・葬儀の手続きに必要な事項を調べましょう。

　②　学習課題

・「課題中心アプローチ」を活用して拓也さんの苦悩により沿い，自立の支援を計画してみましょう。

・具体的には波留さんの葬儀を出すことを課題に設定してみましょう。

・3〜4名の仲間でグループを作って，お互いの計画を相互評価してみましょう。

・グループでの検討結果（グループスーパービジョン）を発表し，教員に助言し
てもらいましょう。

　③　事後学習

・「課題中心アプローチ」の活用法について，体験学習を通じて理解できたこ
と，よくわからなかったことを整理して，不足している知識など補填しまし
ょう。

・スーパービジョンについて，スーパービジョンの機能や効果について，助言
内容を自己覚知の参考にするとともに，知識について復習しましょう。

2）授業課題②──ひきこもり状態の次男への介入方法を「実存主義アプローチ」を活
**　用して検討する**

　①　事前学習

・ひきこもりについて，その原因や背景，支援方法について調べ学習をしてお
きましょう。

・次男の現在の心情や不安を想定して次男に内在する意味世界をＡ４用紙半分
くらいにまとめておきましょう。

・「実存主義アプローチ」の展開方法を確認しておきましょう。

　②　学習課題

・波留さんの葬儀の準備をきっかけに，次男への介入を計画してみましょう。

・「実存主義アプローチ」を想定した面接によって次男の社会参加の契機をみ
つけましょう。

・３〜４人のグループになって，仲間同士で次男とソーシャルワーカーのロー
ルプレイをしましょう。

・ロールプレイを終えたら，「実存主義アプローチ」が適切に活用できたか，
アプローチによって次男にどのような変化を実感したか話し合ってみましょ
う。

　③　事後学習

・ロールプレイによって理解できたこと，見出した課題を以下の点について整
理しましょう。

→ひきこもりに陥る人の心情や不安。

　　　→実存主義アプローチの活用方法の課題。

　④　実存主義アプローチ

　実存主義アプローチは，人は誰でもどのように生きたらよいのかわからないからこそ，不安や恐れを感じるので，その都度その都度生きる目的を見つけようとする存在と捉え，利用者の不安や苦悩に寄り添い，共に悩みながら新しい生き方を模索する支援方法のことです。

3）授業課題③──祖父の終末期ケアプランを検討する

　①　事前学習

・終末期ケアについて調べ学習をしておきましょう。

・キュブラー・ロスの「死の受容」のプロセスを確認しておきましょう。

・リビングウィルについて調べ学習をしておきましょう。

　②　学習課題

・3〜4人でグループを作り祖父のリビングウィルの確認の方法を検討してみましょう。

・家族の意向を汲んだ終末期ケア（ターミナルケア）を想定してみましょう。

・リビングウィルと家族の意向をくんだ終末期ケアをどのようにマネジメントするか，グループとしての支援方針を検討してみましょう。

・検討した支援方針を発表して教員の助言を得ましょう。

　③　事後学習

・終末期ケアについて理解の難しかったこと，介入方法の課題など演習を通して気がついたまなびの課題を列挙してみましょう。

・列挙した課題を，知識・技術・価値観それぞれに関するものを区別して整理して，必要な学習に取り組みましょう。

・特に価値観についての課題は，振り返りレポートなどを通じて教員のスーパービジョンを活用して自己覚知に努めましょう。

４）授業課題④──今後のこの家族の地域支援を検討する

①　事前学習

・被災地で展開されているソーシャルケアサポートにどのようなものがあるか
　調べておきましょう。

・仮設住宅からさらに，どのような自立のプロセスが想定されるか，調べてお
　きましょう。

②　学習課題

・この家族の自立支援について，アフターケアを視野に入れたソーシャルケア
　サポートを想定してみましょう。

・３～４人でグループを作り，支援チームとしての方針を決定してみよう。

・２つのグループが一緒になって，それぞれ支援チーム，関係者グループの役
　割を交代して，支援方針の説明を体験してみましょう。

・可能であれば，地域に必要な資源の開発や，ソーシャルケアサポートを提案
　（ソーシャルアクション）してみましょう。

③　事後学習

・発表結果を踏まえて，グループの案に修正を加えてみましょう。

・１つの家族の支援をジェネラリスト・ソーシャルワークとして展開すること
　について，第４項の学びを通して理解できたこと，自身の今後の学習課題を
　教員の指示にしたがって，レポートにまとめてみましょう。

（5）将来のソーシャルワーク実践に向けて

　これで，将来のソーシャルワーク実践に向けての演習が一通り終了しました。
ソーシャルワーカーとして，そして，社会福祉士として実践に必要な基本的な
支援知識や技術，そして価値観は体現可能な専門性として「身に付いた」でし
ょうか。

　まだ自分自身の専門性の定着度を自分の経験をもとに，測ることができるほ
どソーシャルワークの実践現場での体験は十分とはいえません。それでも，他
者の経験や仲間との分かち合いから様々なことを学ぶことができたと思います。

この「学び方」や「振り返り方」が実践の「評価：エバリエーション」「自己観察・評価：モニタリング」の手法や，「自己覚知」の習慣の基盤となります。今後の様々な学びや実践に活用していきましょう。

　この授業では，ソーシャルワーク演習全体の学びの振り返りをしてみましょう。

　①　事前学習

・これまでの演習の際作成した振り返りシートを時系列で概観して，ソーシャルワーカーとしての自分の学びの成果と課題を整理しておきましょう。

・実習ノートや実習報告書なども参照して，自分の実践の試行や振り返りを概観しておきましょう。

　②　学習課題

・すべての演習を終えて，自分自身はどのようなソーシャルワーカーになりたいのか，目指すソーシャルワーカー像と今後の学習課題を述べなさい（1,600字程度）。

　③　事後学習

・レポートはなるべく，教員の助言（スーパービジョン）を得て返却してもらいましょう。

・教員からのスーパービジョンを参考に，残りの養成課程での学びや将来の自己研鑽の一つの視座にしていきましょう。

参考文献

社会福祉士養成講座編集委員会編『相談援助の理論と方法Ⅱ　第3版』（新・社会福祉士養成講座⑧）中央法規出版，2019年。

第6章 専門職の機能と役割
——ソーシャルワークの実際を学ぶ

　本章ではいくつかの事例を紹介し，その事例についてみんなで考えてみたいと思います。ソーシャルワークの事例のまとめ方にはさまざまな様式があり，その際用いる記録の方法もいくつかの方法があります。

　第1節から第3節までは，第1章で紹介した事例同様，支援過程に沿ったケースの概要を提示する方法をとっています。こうした方法は，ソーシャルワーカーが，自分が体験している事例（自験事例）を職場のケース・カンファレンス（支援方針決定のための検討会）や，職能団体の事例検討会などに提示する際にプロセス評価，あるいはアウトカム評価を想定して提示する場合などによく用いられます。第1章の事例紹介でも，ソーシャルワークを学びはじめたばかりの皆さんに，ソーシャルワークらしい情報の整理の仕方，支援過程の進め方を知っていただくことを目的に，支援過程に沿った事例を紹介しました。

　さらに，第4節から第7節では，ソーシャルワーク実践の価値観を掘り下げて思考を深める課題や，現代社会で話題になっている新しいソーシャルワークの課題の理解，あるいはソーシャルワーカーという職種の特性を理解するための実践の紹介など，それぞれの目的に応じたエピソードのまとめ方で事例を紹介しています。

　また，別の言い方をすれば第1節から第3節までの事例は個人（人）やその家族（身近な環境）の暮らし（交互作用）に焦点を当てた，ミクロレベルの実践の紹介でもあります。これに対して，第4節から第7節の事例は，ソーシャルワークの課題を社会的（やや広範囲の環境）にどのように捉えるか，つまり，クライエントの暮らす社会へのアプローチとしてはメゾレベル，政策を視野に入れた場合は，マクロレベルのソーシャルワークの視点から問題提起をしている

といえます。

　それぞれの事例の特徴は各節の冒頭に紹介しておきましたので，参照して学習教材として活用してみて下さい。一つひとつの事例がそれを担当したソーシャルワーカーの問題意識の置き方によって，ソーシャルワークのさまざまな側面の実践知となることを理解しましょう。

1　災害におけるソーシャルワーク

　災害発生で瞬時に日常生活は，危機状態に陥ります。警察や救急隊，自衛隊が過酷な場から住民の命を救い，医療職が延命に力を注ぐ映像等の報道を目にします。そこで救われた命を社会福祉分野の我々がバトンを受け取り，生活支援を行います。

　本節の「災害」は，広範囲の地域で発生したために家族や同地区住民間で助け合うことができない場合を想定し，被害の大きさと深刻さが甚大であり暮らしを根こそぎ奪うようなものを指します。大災害は，相互扶助の限界を超え，他地域からの手助けや専門家支援の必要性が高くなります。ここでは，災害ソーシャルワークの視点，機能や役割について学びます。

（1）ソーシャルワークの機能

　「災害時のソーシャルワークは，日常（平時）のソーシャルワークの延長線上にある」と語ったソーシャルワーカーがいます。生活を支援する機能や役割は，平時のソーシャルワークと本質的に変わりませんが，平時でいうところの対象者ニーズと被災者ニーズや状況は，異なります。ソーシャルワーカー自身が深刻な被災を負いながら活動することもあります。短時間に一施設の入所者全員を他所へ移動させたり，入所定員数を上回りながらも地域の避難者も受け入れることがあります。また，避難所で日常的に起こるトラブルや集中的に起こる問題への対処，これまで利用していた社会資源が利用できなくなる危機対応や避難者の重篤な不自由さの緩和等，平時には惹起しない事柄へ対応します。

　また，誰がどこにいるのかさえも不明で，地域住民全体が寝食に困り，全域が支援対象となる規模の大きさ，被災者の切羽詰まったニーズなどの，危機状況等に重ねると緊急度が平時と違います。支援対象の量と深度が違えば，支援方法にも工夫が必要です。

　被災者の生活の場を軸に時系列に見ると「被災直後」から「避難生活」そして，「仮設住宅での生活」，「転居による新しい生活拠点」や「復興住宅または，自宅再建」という過程が想定されます。こうした展開の中でソーシャルワーカーが素早くアセスメントし，支援の判断を行います。危機対処能力と判断力，決断力が求められ，未知への生活を切り開く意志と希望への想いがなければ支援活動は続けられません。

（2）ソーシャルワークの視点と働き

　宗教哲学者の谷口隆之助が人間のあり方を生物的次元，文化的・社会的次元，存在的次元の3つに区別し，それを同時に生きていると述べています。[1]

　ここでの生物的次元は，身体維持を示します。その支援は，飲食物，寝場所，暑さ，寒さをしのぐ等の生命維持を目指します。急務であり早急な着手が必要です。次の文化的・社会的次元とは，生物体として人間が生きながら生活者として生きる生き方を指します。災害によって仕事を失った人への収入保障面だけでなく，働く意義を共有しながら職場提供や求職，職業訓練の場等を思考します。3つ目の存在の次元は，例えば，家族，仕事や住居を失い，住んでいた地域さえも失う状態でも生きることが運命のように既定された現状をどう生きるかを共に考える支援です。災害により家族や社会的役割や地位や名誉，財産を失っても，生きる限り自分は，この私でしかなくこの自分で生きていくしかないのです。この次元でのソーシャルワークは，被災者が災害に遭い感じている苦しみや悲しみ，絶望感にある事実を「どう生きるか」を共に考えます。すでに起こった自らに対する危機自体を変えることはできませんが，身のおき方そのものに対する支援を行います。この3つの次元が同時に揺らぎ，同時に失われることが起こりえるのが災害です。突然すべてが失われ，複数の危機が個

人，地域，社会に同時に襲いかかる災害時にソーシャルワーカーによる先の3つの次元をもつという全体性（wholeness）の視点が支援に求められます。

　この視点をもち，住民が災害直後の危機から命が守られると同時に間断なく，生活を支えることに注力し続けるのがソーシャルワークの働きです。

（3）ソーシャルワーカーの役割と実践

1）利用者の命を守る

　津波の中で，流されていく利用者のベッドを離さない，降り注ぐガラスの破片から利用者に覆いかぶさり楯となったソーシャルワーカーがいました。利用者の身を守ったことと同時に自分が怪我をすると利用者を守れないと考え，ソーシャルワーカーである自分自身を守る行動が同時に起こります。利用者とソーシャルワーカーの両者を守ることを意識した上で命を守り切るのは，緊急時の専門職としての重要な役割遂行といえるでしょう。社会福祉は，一般的に災害直後よりも，その後の生活支援の役割があると捉えられていますが，利用者の命を直接的に守った事実を看過することはできません。そして，災害が収まると2次的災害防止のために，利用者の状態に合わせてさらに安全な所への避難や次の対応を実施します。

2）情報収集と効果的な活用

　停電や損壊のために通信機器が使用できない場合も可能な方法で被災情報を集め，集めた情報を統合しながら必要な人に的確な情報を提供します。障害等により合理的配慮を要する人へ情報提供が漏れないように情報と人をつなぐ役割を担います。提供すべき情報を取捨選択し，何が求められているかを明確に判断する必要があり，適正なニーズ把握が前提です。

　災害直後は，交通網等が遮断され移動の方策もなく，徒歩で一軒一軒利用者宅を訪問し，安否確認をすると同時にニーズ把握を行います。これは，アウトリーチにより地域全体のアセスメントをし，個人と地域全体を理解しながら情報を統合する活動です。例えば，住民の状況がどのようで，必要な物資はどこにあるのか，偏って余りぎみの物資はあるか，その活用方法を考えます。情報

管理と活用の支援によって，支援物資が優先順位に則って配布できます。

3）喪失から創出する

　地域の機能，活力，社会資源が一度に失われるのが災害です。介護サービスがなくなれば，代わりの活用可能な資源をみつけ，対処方法を考えます。例えば，デイサービスが再開できなければ，代わりの居場所を作ります。電源がないところで生命維持機器をどう使用するのか手立てを考えます。こうして，ソーシャルワークにおける環境整備が様々な人の力を結集させながら行われます。相手の立場にたち，ニーズを即座に把握した上で何もない状況からあきらめずに創出を目指す役割があります。

4）他職種・機関との連携

　他職種・機関の連携は，日常のソーシャルワークでも困難性や重要性が指摘されます。各機関の支援目的や目標も異なり，職種が異なれば，対応方法も違います。だからこそ，他職種が存在する意義があります。しかし，避難所へ避難した住民に各専門職種がバラバラにご用聞きに訪れ，その都度，返答を求められる場面が起こります。それを統一チームで活動することで利用者の負担も減り，横断的な支援が的確に行えます。他職種チームを結成する役割を理解し，チームが機能するようにコーディネートすることが大切な役割です。

　また，災害地でない他所のソーシャルワーカーが災害対策本部と連携し，専門職やボランティアの派遣，物資の輸送等のコーディネートをしたり，災害地のソーシャルワーカーも災害対策本部に入って他職種とともに活動することも求められます。

5）行政サービスや法律の限界への介入

　災害では，様々な理由で避難できずに残された高齢者や障害者の存在があります。自ら支援が求められず，混乱の中にとどまり，助けが発信できない人々です。法律上，個人情報は保護され，行政も管理しておかなければなりません。しかし，支援を提供するためには，情報が必要です。個人の情報保護の制度や法律の高い壁に果敢にチャレンジし，利用者の代弁者として行政に働きかけて壁を乗り越えるために介入していく力強い役割が求められます。また，避難所

生活で緊急的な介護保険サービス利用の必要性が高い場合，通常の手続きでは待機期間が長いため，暫定認定を行う措置を行政へ交渉し，実施から運用まで責任を追い，利用者負担を減少させていきます。

　制度や法律の限界を超えようとするのは，真に利用者の尊厳や命を守る理念が明確にあるからこそ担える役割です。知識や技術，制度等を超え必要があれば価値を最優先した活動を行う使命と役割を，ソーシャルワーカーは担います。

6）人間関係の回復

　家族・住民間の人間関係に関する支援も，大きな役割を果たしています。被災者が避難先から自宅に戻ってもうまく地域で過ごせず，支援を要する場合があります。こうした時に家族や住民，地域への再統合が必要となります。そのニーズに応えるために当事者の「ピアグループ」を作り，避難していた人々の疎外・孤立感を解消し課題克服を目指します。グループ結成への支援とグループ内の個別的支援が行われます。グループ作りとしての社会資源開発の役割や立場が同じものを互いに認め，支え合えるグループ成立の支援ともいえます。支援方法は様々ですが人との関係性の回復を担う役割も重要です。

7）バーンアウト防止とスーパービジョン

　災害発生から時間が経過して起きる役割もあります。専門職のバーンアウトを防ぎ，仲間同士で支え合うスーパービジョンを展開します。例えば，復興が進まず，災害の傷跡も残り，物質・精神的な喪失に立ち止まる利用者を目の前に専門職も疲れ果てます。自らの力量を疑い，先が見えない支援活動に悩み，バーンアウトが起きます。そうした時に専門的なスーパービジョンや仲間を支えるピアスーパービジョン等によるバーンアウトからの救出や未然防止が行われます。

8）専門職団体の後方支援

　一人が担う役割と同時に専門職集団としての果たす役割もあります。先述した専門的なスーパービジョンや災害支援に関する情報提供を各都道府県の社会福祉士会が組織的に行います。災害直後には，全国各地から届く支援物資を一括管理し，必要なところへの物資輸送を実施する窓口対応を組織的に行います。

また，個別的な専門職間での連携にとどまらず，自治体や複数の専門職団体と組織間連携も行います。

2　ホームレスへの生活支援

クライエントへの支援は多くの場合，単独の機関だけの対応では困難です。特にこの事例のように，地域に暮らすクライエントの場合，公的援助に辿り着く過程から多くの支援が必要になることがあります。

この事例では，まさに「セーフティネット」となった関係機関の連携と展開された支援の過程について考えてみましょう。

（1）事例の概要

ホームレスの方は「衣食住」という最低限の生活基盤が保障されておらず，まさに生活困窮者の代表的な存在です。本事例は福祉事務所や NPO 法人等の支援により「衣食住」が確保でき，就労による経済的自立を目指している事例です。

（2）事例の展開過程

1）基本属性

渋谷さん（55歳）は九州で生まれ，高校卒業後，東京の電気機械の製造工場に正社員として就職しました。在職中に機械設計士 1 級の資格を取得，以後，50歳の時に会社が倒産するまで従事しました。結婚後は千葉市内のアパートに転居しました。妻とは10年前に死別し子どもはいません。倒産後は公共職業安定所（ハローワーク）の紹介で千葉市内の工場に再就職しますが，ここも昨年 9 月に倒産しました。しばらく預貯金で生活していましたがアパート代の支払いが困難となり退去し，今年の 4 月から路上生活をしています。

2）支援に辿り着くまでの過程

路上生活を始めて 4 カ月経過した 8 月20日，その夜もダンボールハウスで寝

ているところを，ホームレス支援をしている NPO 法人の巡回相談員に声をかけられました。これまでの生活について話をしたところ，「私たち法人が運営している無料低額宿泊施設が千葉市中央区内にあるので，そこで生活の再建を一緒に考えましょう」と言ってくれました。

　無料低額宿泊施設に行くと生活相談員から施設の目的や入所者のルールなどの説明を受け入所に同意しました。手持金から10日分の宿泊費と食事代を支払いましたが，今日から食事も３食とれ，布団に寝れることを渋谷さんは喜びました。

　翌日から生活相談員とハローワークに行き，機械設計や電気機械の製造工場での求人を探しましたが，55歳という年齢のためか見つかりませんでした。

　８月30日，千葉市から生活困窮者自立支援制度の「自立相談支援事業」の委託を受けている千葉市中央区社会福祉協議会の相談窓口に生活相談員と行き，今後の生活について相談をしました。自立相談支援事業の相談支援員は「手持金も底をついており，55歳という年齢から正規採用もかなり困難な状況ですね。生活保護を申請されて，当面は無料低額宿泊施設を生活拠点として求職活動したらどうですか」とアドバイスを受けました。

　９月１日，千葉市中央区福祉事務所の生活保護の相談窓口に生活相談員と行きました。窓口の面接相談員にこれまでの経過を話したところ，生活保護の申請を勧められ，申請書に署名し提出しました。

３）開始期（インテーク・アセスメント・プランニング）

　福祉事務所に相談に行ってから３日後の９月４日，施設に福祉事務所のソーシャルワーカー（現業員）が訪問に来て，これまでの仕事の内容や兄弟のこと，資産や預貯金の状況，病気や通院状況等について聞かれました。

　ワーカーは本人との面接，関係機関（NPO 法人・社会福祉協議会）からの情報から生活実態を把握し，生活課題を次のようにアセスメントをしました。

　　・無料低額宿泊施設の利用料の支払いが困難である。

　　・就労意欲はあるが，年齢から正規雇用は困難である。

　アセスメントをふまえてワーカーは，次のようにプランニングをしました。

① 短期的支援計画

・生活扶助と住宅扶助により無料低額宿泊施設の利用料を支払う。

・当面は施設の生活相談員が就労支援を担当する。

② 中・長期的支援計画

・施設での生活が安定したらアパートへの転居を検討する。

・福祉事務所の被保護者就労支援事業も検討する。

　9月13日，福祉事務所から郵便で「保護決定通知書」が届き，「9月1日付で生活保護の開始を決定します」と記載されていました。

4）展開（インターベンション）

　生活保護が決定されたので渋谷さんは施設利用料の心配がなくなりました。福祉事務所のワーカーが定期的に訪問してくれ，施設の生活相談員ともに今後の生活設計を考えてくれるので安心でしたが，ハローワークに行っても仕事が見つからない状況でした。

　保護開始から3カ月経った12月，ワーカーはモニタリングを行い，渋谷さんと生活相談員と協議し「被保護者就労支援事業」を活用することにしました。渋谷さんは就労意欲も高く，疎外する病気等の要因もなく，適切な支援で早期に就労自立の可能性が見込まれるため，「被保護者就労支援事業」の一つで，ハローワークとの連携事業である「生活保護受給者等就労自立促進事業」の該当ケースとしました。この事業は，福祉事務所の就労支援員とハローワークの就職支援ナビゲーターがチームを組み，就職支援ナビゲーターによる個別支援により就職を目指すもので，渋谷さんのようなケースに有効な制度といえます。

　翌週からナビゲーターによる面接が開始され，「これまで長くやってきた機械設計の仕事があればよいのですが，現実には求人がありません。体調も良いようなので職種にこだわらないで仕事を探しましょう」とアドバイスを受けました。その後，数社の最終面接を受けるまでに至り，現在もナビゲーターによる就労支援が続いています。

（3）事例を検討してみよう

路上生活している時に NPO 法人の巡回相談員に声をかけられていなかった
ら，渋谷さんは現在どのような状況になっていたか考えてみましょう。

また，現在行っているナビゲーターによる就労支援でも就職が決まらなかっ
た場合，支援計画をどのように修正・変更するか考えてみましょう。

3 建設現場の宿舎で生活する胃がん患者——入院と退院の支援

この事例では，身寄りがなく経済的課題を抱えたクライエントに対し，社会
保障制度を活用しながら地域社会の協力を得て，その療養生活と地域生活の支
援が展開されます。地域支援の展開とともに，医療分野で活躍するソーシャル
ワーカーの機能や役割についても学んでみましょう。

（1）事例の概要

この事例ではクライエントは，数カ月前から体調がすぐれず，救急受診の結
果「胃がん」と診断され，かつ，下血による貧血症状を呈していました。医師
が入院を勧めましたが，患者は経済的な不安を訴え入院を渋っていたため，医
療ソーシャルワーカー（社会福祉士）が医師の依頼を受けて面接を開始しまし
た。

（2）事例の展開過程
1）基本属性

田中昭男さん（男性・60歳）は東北で出生。中学卒業後，集団就職で上京し
て京浜工業地帯の工場で働きましたが，油にまみれた現場仕事に嫌気がさして，
高度成長の波に乗って「よりお金の稼げる仕事を」と考え，よい条件の職を求
めて転職しました。一時は，羽振りのいい時期もあったようですが，バブル崩
壊後は転職を繰り返し，やがては日雇いの土木作業員になり，建設現場を転々
とするようになりました。結婚歴はありません。数年前から，現在の雇い主の

もとで，日雇いの土木作業員として働いていますが，ここ数カ月は体調を崩し，思うように働くことができません。両親は他界し，唯一の兄も疎遠となっており，頼れる人もおらず宿舎の同僚に付き添われ，救急受診に及んだものです。

2）支援に辿り着くまでの過程

建設現場での宿舎生活は，不規則な食事と飲酒や喫煙に依存した，健康とはほど遠いものであり，収入も蓄えにまわす余裕がないという生活が，常態となっていました。そんな中での僅かな蓄えも，ここ数カ月の就労日数の減少によって底を尽きてしまいました。

3）開始期（インテーク・アセスメント・プランニング）

医療ソーシャルワーカー（MSW：Medical Social Worker）は，医療福祉相談室を訪れた田中昭男さんに，あいさつと自己紹介の後に，相談室の業務内容や，院内でのMSWの役割について，一通り説明をした上で，田中昭男さんの面接を開始しました。

田中昭男さんは，国民健康保険には加入していますが，ここ1年ほど，保険料は支払えず滞納している状態が続いています。「先生には胃がんだと言われ，入院となれば仕事は首になる（解雇される）かもしれないし，入院はしたいけど，お金はないし，どうしていいかわからない」「……どうしたら入院できるのか？……できる方法があれば助けてほしい」と，取り乱し，哀願と言ってもいいほどの訴えでありました。来院が宿舎の同僚に付き添われてのもので，雇い主がどんな考えを持っているのか，田中昭男さんの療養生活の支援を期待できるのか，その姿勢は不明でした。しかし，病名は「胃がん」，かつ症状は下血による貧血症状を呈しています。

まずは，今の田中昭男さんにとっては入院の必要があり，安心した療養生活が保障されなければなりません。MSWは，そのためには医療費の問題を解決することが先決であると考えました。MSWは，田中昭男さんに生活保護制度をわかりやすく説明し，理解と同意を得た後に，福祉事務所に調査を依頼しました。福祉事務所の担当者も事情を理解し，後日，病院に調査に来てくれることとなり，田中昭男さんは安堵するとともに入院治療する決心がつきました。

しかしながら，最終的には「首になるかもしれない」という言葉に表れているように，退院後の仕事と生活に大きな不安を抱いたままでした。そこで，MSW は，この点については，田中昭男さんの心理と病状が安定してから，雇い主や福祉事務所をまじえて話し合うことが望ましいものと判断して，田中昭男さんの体力の回復を最優先に据え，治療に専念させることとしました。

4）展開（インターベンション）

入院後 3 日くらいで，下血の症状は治まり，おおよそ10日が経過すると精密検査は終了し，医師より田中昭男さんに入院診療計画が説明されました。その内容は，「貧血の症状が回復次第，手術を行うことに決定した」とするもので，これに本人も同意しました。入院 4 週間後手術は無事に終了し，特にがんの転移もなく術後の経過も順調なものでありました。

さらに，生活保護を申請してから約 1 カ月が経過した後，生活保護決定通知書が田中昭男さん宛に届きました。前後して，MSW には福祉事務所の担当者から，入院時に遡って医療扶助の開始を決定した旨，連絡がありました。この連絡を受けて，MSW は事務処理等で間違いが発生しないように，院内関係部署にその旨を周知するとともに，当病院は，生活保護法の指定医療機関であり，適用される医療保険区分は医療扶助の取り扱いになりますので，田中昭男さんには，医療費に自己負担が発生しないことを説明しました。この知らせに田中昭男さんも一安心の様子でした。その後，福祉事務所から，入院療養にかかる身の回り品などを購入するための費用として，日用品費が支給され，下着やパジャマ，あるいは，新聞やテレビカードなどの購入もできると喜んでいました。このように生活保護の決定は，金銭的な不安を取り除き，田中昭男さんの気持にゆとりをもたらし，精神的に安定した，療養生活を過ごすことができました。

次の課題は退院の準備でした。術後の経過が順調とはいっても，しばらくは通院加療が必要であり，直ぐに就労が可能なわけではありませんので，退院先の住まいの確保から始めなければなりません。そこで，MSW は，退院援助の手始めとして，田中昭男さんがどのように考えているか，その意向の把握を試みました。

田中昭男さんの意向は「帰るところもないので，できることなら入院前の雇い主の下で働きたい」「もし，働かせてもらえないにしても，先生から働いてもいいという許可がでるまで，宿舎で生活させて貰えるとありがたいのだが……」と，胸の内を打ち明けました。幸いなことに，雇い主は入院している間も，日雇い雇用である田中昭男さんを気遣い，心を砕いてくれていました。MSW は，生活歴，家族関係や入院直前の生活実態に鑑み，他の方法を見出すことは困難であると判断して，田中昭男さんの希望を尊重し「宿舎で生活することや就労可能となったときの雇用の継続」について，田中昭男さんを交えて雇い主と話し合うことにしました。

　その結果，雇用主も田中昭男さんの置かれている状況を理解してくれて，快く田中昭男さんの退院後について，宿舎での生活を認めてくれるとともに，就労可能となった時の雇用も約束してくれたのです。

　残る問題は，退院してもすぐに働けるわけではありませんので，退院後の当面の生活費をどうするかです。この点については，福祉事務所の担当者から「医師の就労の許可が出て，実際に働けるまでは生活保護は継続する」という福祉事務所としての方針が示され，田中昭男さんも退院までの期間，安心して療養に専念できました。退院を控えた時期になると，担当看護師より日常生活の注意事項や管理栄養士から食事指導などがあり，術後，約 1 カ月の入院療養を経て退院となりました。田中昭男さんは，現在，雇用主の宿舎で在宅療養に努めています。

（3）事例を検討してみよう

　田中昭男さんに関わった関係者を挙げて，それぞれが果たした役割を整理し，田中昭男さんに支給された生活保護の内容は，入院中と退院後でどう変わったか比較してみてください。また，生活保護が受けられないとき，活用できる社会福祉制度などがあれば，その名称と簡単な内容を整理してみて下さい。

4 ひきこもりへの支援

　近年，ひきこもりが長期化し，80代の親が50代の子どもの生活を支える
「8050問題」が社会問題となっています。この事例のように，ひきこもり状態
にある本人が自ら相談することは難しく，ひきこもりが長期化し，本人と家族
が社会的孤立の状況に置かれた結果，8050問題が生じていることも少なくあり
ません。ひきこもり支援においては，相談につながるまでに時間がかかること
も多く，本人だけでなく，家族をも視野に入れた支援が求められます。
　ここでは，孤立した本人と家族にソーシャルワーカーがどのように介入した
らよいのかを考えてみましょう。

（1）事例の概要

　明子さんは，ひきこもり地域支援センターの相談窓口を訪れました。10年以
上，ひきこもっている息子について相談したいとのことです。以前から市の広
報に掲載されているひきこもり相談の記事が気になっていましたが，息子に相
談したことが知られると不穏になるのではないかと思い，なかなか相談に行け
なかったそうです。最近，息子が自室で大きな声をあげることが頻回になり，
明子さん自身が眠れない日が続いていることから，息子に内緒で相談に出向い
たとのことでした。

（2）事例の展開過程

1）基本属性

　明子さん（64歳）は，夫（68歳），長男（41歳），次男（39歳）の4人で暮らし，
長い間専業主婦として家庭を支えてきました。長男は，中学生の頃からひきこ
もりがちで高校卒業後に近隣の介護施設に就職しましたが，人間関係がうまく
いかず，20代は職を転々とする状況が続いていました。夜間の勤務も多く，昼
夜逆転して不眠に悩まされた時期もあり，職場の上司に連れられて精神科クリ

ニックを受診したこともありましたが，一度きりで中断しています。

　30代に入った頃から，「同僚が自分を馬鹿にしている」と言い始め，次第に仕事を休みがちになり，そのまま退職しました。現在は自室にこもり，オンラインゲームをして過ごすことが多く，明子さん以外の家族とはほとんど顔を合わせないように生活しています。

　これまで長男は自分の貯金を切り崩して生活していましたが，5年前からは明子さんが月に2万円の小遣いを渡しています。見かねた夫が長男を注意したこともありましたが，取っ組み合いの親子喧嘩となり，近所から苦情があったため，明子さん夫婦は次第に息子に何も言えなくなっていました。夫が定年退職した頃から，長男は家族の生活音にも敏感になり，自室で大声を出したり，明子さんに対して暴言を吐くことも増えています。

　明子さんは10年ほど前に，近隣の精神科病院に相談に行ったことがありますが，「本人を連れて来て下さい」と言われ，徐々に周囲からの支援をあきらめるようになりました。長男に受診を勧めると，「自分は病気ではない」「お母さんは自分を病気にするつもりか」と責められるため，現在まで受診にはつながっていません。家庭内が不穏になるため，徐々に家族全員が長男に関する話題を避けるようになっていきました。

2）支援に辿り着くまでの過程

　明子さんは，長男が不穏にならないように，本人が嫌がる発言を避け，日中もなるべく音をたてないように生活していましたが，親なきあとの不安で眠れない日が続いていました。さらに，夫に初期の胃がんが見つかり，このままでは自分も倒れてしまうかもしれないと体力的にも限界を感じ，長男だけでなく家族にも内緒で相談に申し込み，今回の相談となりました。

3）開始期

　明子さんは切羽詰まった表情で相談に訪れました。ソーシャルワーカーは「よく来て下さいました」と明子さんが相談に出向いてくれたことに感謝の気持ちを伝えました。

　初回面接では，ソーシャルワーカーは明子さんの言葉に耳を傾け，長男の体

調や暴言など支援の緊急性を確認しながら，明子さん自身への情緒的なサポートを意識して面接を実施しました。明子さんは，これまで「自分の育て方が間違っていたのではないか」と自分を責めながら過ごしてきたこと，近所からの苦情以降は近隣住民との交流を避けていることを涙ながらに話しました。

　ソーシャルワーカーは，これまでの状況から，ひきこもりの背景に精神疾患が影響している可能性があること，今後の相談の状況によっては保健所と連携し，嘱託医等と相談した上で自宅に訪問できることを伝えました。明子さんは「訪問してもらえるのは心強いけれど，息子に知られると…」と口をつぐみましたが，ソーシャルワーカーから月に1度のセンターでの面接を提案されると，ホッとした表情を見せました。

4）展　　開

　ソーシャルワーカーは定期的な面接を継続し，明子さんの話を丁寧に聞き，同時に長男の状態を確認しながら，これまでの経緯や家族の関係性，受診を困難にしている要因を見定めていきました。明子さんにも「時間はかかりますが，できるだけ息子さんが納得した上で訪問支援が行えるようにしましょう」と伝え，粘り強く関わっていました。同時に，暴力や暴言，食事や睡眠も含めた体調面など，緊急性の判断も必要であるため，保健所の嘱託医と精神保健福祉相談員とも連携を図りながら，支援体制を構築していきました。

　約2カ月が経った頃，明子さんから，長男に小遣いを渡す際に，夫の術後の経過を心配している発言があったとの報告がありました。長男は今後の経済面についても心配していたとのことでした。ソーシャルワーカーは，長男の状況と意向を確認するために，保健所の嘱託医と訪問することを提案しました。すると，明子さんは「まずは夫に相談してみます」と話しました。後日，明子さんから次回の面接は夫も同席してもよいかと確認の連絡があり，ソーシャルワーカーは了承し，これまでの明子さんの苦労をねぎらいました。

　面接の際，夫はしばらく無言で面接の様子を見ていましたが，「息子は精神病なんですか？」とソーシャルワーカーに質問しました。ソーシャルワーカーは，音に敏感になる，大声をあげるなど，これまでの長男の具体的な行動を挙

げ，ひきこもりの背景に精神疾患が影響している可能性があること，本人が自ら受診することが難しければ，保健所の嘱託医の訪問支援が可能であること，長男との信頼関係を築くためにも突然の訪問は避けたいと考えていること等を説明しました。夫は訪問支援を了承し，「まずは私から息子に話してみます」と話しました。

　当初，長男が訪問を嫌がることを想定していましたが，夫が訪問支援について話したところ，1週間ほど経ってから「いつ来るのか」「何しに来るのか」と質問してきたとのことでした。ソーシャルワーカーは訪問の目的と意義について，明子さん夫婦とあらためて確認し，再度夫から本人に伝えてもらうよう話しました。また，本人が経済面に不安を感じていることから，障害年金の取得の可能性についても話し，状況によっては本人が受診する動機になり得ることも話しました。

5）事例の考察

　ひきこもりの事例においては，本人や家族が相談につながるまで時間を要することが多くあります。長い間，ひきこもりの状況が続くことで，次第に他者からの支援をあきらめ，疲弊して困り果てた家族が相談に訪れることも少なくありません。

　この事例のように，ソーシャルワーカーには相談者である家族をクライエントと捉え，まずは家族のおかれている状況を想像しながら丁寧に話を聴くこと，家族がこれまでの苦労や葛藤など，つらい気持ちを受け止めてもらえたと感じられるような態度が求められます。

　ソーシャルワーカーとしては，家族だけの話を聞いていると，本人を早く何とかしなければと気が急くことがありますが，本人の権利擁護と自己決定の尊重のためにも，突然の訪問は避けて，できる限り本人の了承を得られるように，粘り強く関わっていくことが求められます。その際，ソーシャルワーカーには緊急性の判断も必要であり，本人や家族への働きかけだけでなく，緊急時に対応できるような支援体制を構築することも求められます。

（3）事例を検討してみよう

① 導入として，自分が誰かに相談した時の体験を思い出してもらい，その時の気持ちや相談相手にどのように対応してもらうことを望んでいたかについて各自で考えてみましょう。

② 明子さんが相談するまでの経緯とその心境を想像し，グループで話し合ってみましょう。

③ 明子さんと初めて関わる場面で，ソーシャルワーカーが何を大切にしたらよいのかを考えてみましょう。

④ ひきこもりへの支援として，どのようなアプローチが可能なのか，活用できる社会資源についてグループで話し合ってみましょう。

5 認知症の可能性のある人へのアウトリーチ

（1）地域包括ケアシステム

団塊の世代（約800万人）が75歳以上となる2025年以降は，国民の医療や介護の需要が，さらに増加することが見込まれています。このため，厚生労働省においては，2025年を目途に，高齢者の尊厳の保持と自立生活の支援の目的の下で，可能な限り住み慣れた地域で，自分らしい暮らしを人生の最期まで続けることができるよう，地域の包括的な支援・サービス提供体制（地域包括ケアシステム）の構築を推進しています（厚生労働省「地域包括ケアシステムの実現へ向けて」）。

このような「地域包括ケアシステム」が必要となる背景には，少子高齢化や介護を必要とする人が増え，要介護（支援）認定者の増加，認知症高齢者数の増加，少子高齢化からくる介護担い手の人材不足，核家族化による一人暮らし，高齢者夫婦世帯の増加が考えられます。

住み慣れた地域で安心して，その人らしい生活を継続することができるように介護保険制度の公的サービスのみではなく，インフォーマルな社会資源を地域で暮らす本人が活用できるように支援することが必要です。

　もっとも地域包括支援センターには困りごとがあっても，自らが相談に訪れる人ばかりではありません。周囲の人が困っているのではないかと心配をしても，自分では気づくことができていない人や困りごとがあっても相談をせずに抱え込んでいる人がいます。私たちは，そのような人々に対して働きかけていくことが必要です。

（2）ニーズを抱えながらもサービスにつながらない

　地域包括支援センターは電話や来所，訪問など相談者に合わせて対応しています。自分から困りごとが分かり相談をする人もいれば，支援を必要としていても相談はせずに抱え込んでいる人もいます。すべての高齢者の情報を把握できる機関ではないため，声が上がらなければセンターだけでは発見することができません。

　地域に出ていかなければ，支援を必要とする人に気づくことができません。地域に出ていくとは，ただ街を歩けば見つかるということではありません。相談者を発見するために地域住民や関係機関と日頃から関わりを持つことが必要なのです。地域包括支援センターがどのような機関で何をしてくれる場所なのか，民生委員の会議や地域の集いの場などに挨拶，周知活動をすることで地域の身近な相談場所として知ってもらいます。顔を合わせるうちに，民生委員や地域住民から「最近，気になる人がいてね…」と相談者を発見することにつながります。人と人とのつながりを作ることが，相談者を早期に発見する仕組み，地域のネットワークを作っているのです。

（3）認知症の事例

　ここでは，地域のつながりから早期発見された事例を取り上げます。民生委員から「自分の担当地域に認知症があると思われる高齢者（高橋博さん）がいるとの連絡がありました。買い物などで会えば挨拶をしてくれますが，最近はほとんど姿を見かけず，隣近所の人がたまたま見かけて挨拶をしたが返事がありませんでした。奥さんが亡くなって一人暮らし。子どもも他県にいるそうで

す。以前の高橋博さんとは違い心配なので，一緒に様子を見に来てほしい」というものでした。このように地域住民から民生委員に心配の声が上がり，地域包括支援センターにその声が届くことがあります。

　以前の高橋博さんと現在の高橋博さんが違い「気になる」という視点を持つことができたのは，日頃から高橋博さんを見かけていて挨拶をし合う関係であったため，様子の異変に気づくことができたのです。情報を基に，民生委員と一緒に高橋博さんの自宅を訪問しました。「地域の高齢者宅を回っています」と自己紹介するが，高橋博さんは「何も困っていないよ。自分でやっていますから，放っておいて下さい」と言いドアを閉めてしまいました。

　玄関から異臭と溜まったゴミの袋が見える。困りごとを抱えているのではないかと思うが，何も困っていないという人に対して，本心なのか病気によって十分な判断ができていないのか，人には知られたくないのかは，すぐにはわからない。「近隣の人が心配しているのだから，支援を受けませんか？」と言っても伝わらないでしょう。しかし，困っていないという高橋博さんの言葉をそのまま受け取ってしまえば解決になりません。

（4）連携が重要

　民生委員と今後の支援について相談しました。民生委員や隣近所は，新聞や郵便物が溜まっていないか，戸の開け閉めがあるかなど遠目から見守ることや会った時に声を掛け，本人の訴えや変わった様子がないか見ることにしました。また，地域包括支援センターは，定期的に訪問し高橋博さんの生活状況，身体状況など確認することにしました。医療機関の受診はあるか，経済的な問題で今後介護サービス費用を支払うことは可能か等，情報収集していきます。定期的に顔を会わせるうちに高橋博さんは少しずつではあったが「足腰が痛くて買い物やゴミ捨てなど家事が大変だ。子どもとはほとんど連絡を取っていない」と話してくれるようになりました。妻が亡くなってから，今まで家事をやったことがなく買い物や調理，家事全般に困っていると話しました。その後，地域包括支援センターの職員が子どもと連絡が取ることができ，「本人に連絡をし

ても会話がかみ合わず，約束した日時を忘れるといったことがありました。夜になると電話を頻繁にかけてきて，どこに相談したらよいのかわからず困っていました」という話を聞くことができました。そのため，本人や家族の了解を得て，介護保険の認定申請を進め，介護サービスを利用してもらうことにしました。サービスを受けたことで自宅での生活がしやすくなり，本人からも「助かった。早く言えばよかった」と聞くことができました。家にいても介護保険サービスを利用すること，また，引き続き，地域住民や民生委員から見守りや声掛けをしてもらうことで安心して暮らすことにつながりました。

　子どもからの情報で，認知症の疑いもあり，医療機関に受診し，認知症の診断を受け，病状管理も行うことになりました。このように，地域住民や民生委員の気づきによって早期発見をして問題解決をすることができたのです。

（5）アウトリーチの実践

　地域で孤立している，生きがいのない高齢者，親類や周りの人とも関係を持たない人がいます。自らの状況について困りごとを感じていても相談することやサービスを受けることに抵抗を感じる人もいます。また困りごとがあってもうまく伝えられない人もいます。このような対象者に働きかけること，「アウトリーチ」をすることで問題解決に向かうことがあります。

　地域住民や民生委員が高橋博さんと関わる中で認知症かもしれないと感じることがありました。高橋博さんが安心して暮らしていくためには地域の理解が必要です。そのため，地域で認知症サポーター養成講座を開催し認知症に対する理解，普及啓発をすることや，地域包括支援センターが相談できる場所として知ってもらうきっかけを作ることにもつながります。また自分が認知症になっても安心して地域で暮らすことができると感じてもらうことができます。

（6）信頼関係の構築

　この「アウトリーチ」の方法で最も欠かせないのは，相談者と信頼関係を作ることです。自ら支援を求めていない人に困りごとについて気づいてもらうこ

とや自分の状況を話してもらうことには，時間がかかることもあります。何度
訪問をしても受け入れてもらえない場合があります。しかし，サービスにつな
がらないからといって訪問や関わりをやめてしまえば，相談者の潜在化された
問題を解決することができず，安心して生活を送ることができないでしょう。

　援助者が相談者に積極的に働きかけて，援助する努力を続け「この人なら何
とかしてくれるかもしれない」と感じてもらうことが，信頼関係の構築につな
がってくると考えます。ただ，それまでにかかる時間と精神的な負担は大きい
ものがあります。アウトリーチの方法は事業所内でも支援経過や対応方法につ
いて共有して，ケース会議を重ねて職員の理解を得ていく必要があります。

（7）　地域とのネットワーク

　支援を必要としていても発見できていない人をどのように見つけ出していく
かは，今後も課題です。困りごとがあっても相談することができていない人は，
地域包括支援センターの存在を知らなかったという人もいるため，私たちの存
在を知ってもらうために地域に出向いて働きかけていきましょう。例えば，公
民館や自治会館で出前講座や出張相談会を開催して学ぶことの他に，身近な相
談機関であると伝えることができます。地域の社会資源を調査して集いの場や
買い物支援サービスなど，フォーマルなサービスに限らず，インフォーマルな
サービスについても情報を得ることで地域の様子を知ることができます。

　調査した情報を地域で暮らす人々にパンフレットやホームページなどで情報
提供することで，社会資源の存在を知ることができます。一人暮らし高齢者や
高齢者夫婦世帯など，支援を必要とする可能性がある世帯について情報収集を
して，実態調査（戸別訪問やアンケート）をすることで，地域に足りない資源，
あったらいいなと感じる資源などニーズに合わせて作り上げることができるか
もしれません。

　回覧板で地域の集いの場や健康に関する情報，介護予防教室の情報など，地
域に向けて発信する方法もあります。地域に出向く，働きかけることで地域包
括支援センターの存在を知ってもらい，発見する仕組みを作っていけるのです。

こういった「アウトリーチ」の方法からサービスにつながらない人にアプローチできるかもしれません。

6　孤立化する人々——孤独死対策から考える

現代社会は「無縁社会」化が深刻化し，高齢者を中心に孤立した生活の招くさまざまな問題への関心が寄せられています。ここでは，孤立化した高齢者の直面する命の危機にソーシャルワーカー（社会福祉士）がどのように介入することが求められるのか，援助観を問われた事例を紹介します。

（1）孤独死とは

皆さんは，孤独死（孤立死ともいう）という言葉を耳にしたことはありますか。「自宅で誰にも看取られずに亡くなり，その死が数日間経ってから発見される死。一般的には自殺は除かれる死」と定義する人もいます。

周知のように，超高齢化社会に突入している日本社会において，一人暮らし高齢者は急増し，しかも結婚しない若い男女が増えている中で，「孤独死（孤立死）」は誰にも起こる可能性があります。毎年，孤独死で亡くなっている人は，約3万人にのぼるとまで言われています。

その意味では，福祉現場では，「孤立化」している人が多いのです。このような「孤立化」している人々にアプローチしていくことも，福祉援助の過程では重要なテーマといえるでしょう。

筆者が「孤独死対策」に関わっていた時のエピソードを紹介しましょう。筆者が「孤独死対策」に関わるようになったのは市役所（高齢福祉課）に勤めていた時で，要介護高齢者を支える「ケアマネジャー」の仕事に就いていた約15年前です。

（2）一人暮らしの高齢者への介入事例

1）援助開始までの経緯

　公営住宅に暮らす田中敏子さんは当時84歳，軽い認知症でしたが，何とか一人でやっていました。歩くのには杖が必要でしたが，買い物や通院は自力で可能で，自炊もしていました。

　しかし，聴覚に軽度の障害があり，電話はほとんど受けることができませんでした。性格も頑固で気難しく，ときどき周囲の人々とのトラブルが生じており，近所の人々からは煙たがられている，一人暮らしの高齢者だったのです。

　ある日，田中さんを定期的に訪問しているヘルパーから，担当ケアマネジャーだった筆者に連絡が入りました。「団地の2階に住んでいる田中さん宅のチャイムを鳴らしても応答がない，ドアは鍵がかかっており部屋の中に入れない，2日前に訪問した時には風邪気味で，少し気にしていた」というのです。ヘルパーとケアマネジャーは，心配になって「田中さんが家の中で具合が悪くなっているのではないか。もしかして最悪の場合，亡くなっているのではないか」と考えました。

2）ベランダからの侵入──緊急対応とリスク

　そこで，ケアマネジャーは，なかば不法侵入になるのではないかという思いが頭をかすめながらも，ベランダから侵入しました。そして，サッシも鍵がかかっていなかったので，部屋に入りました。幸い，田中さんは元気で，昼寝をしていただけでした。ヘルパーが来る時間にドアの鍵をはずしておくのを忘れていたのです。そして筆者は，非常に腹を立てた田中さんに，「不法侵入ではないか！」と叱責され，怒鳴られた光景を今でも鮮明に覚えています。

　実際，福祉現場では，「強い異臭がある」「窓ガラスにハエが群がっている」といった，外部から見て明らかに異状な場合，つまり亡くなっているのではないかと推察される場合には，原則として住居者本人に了解をとらなくても，警察も捜査目的ということで簡単な手続きだけで「侵入」が可能です。また，「電気が数日前からつけっぱなしである」「郵便受けに新聞が何日もたまっている」という，亡くなっているかどうかはわからないが異状が感じられる場合も

同様です。

　しかし，応答はないがあいまいな状況，例えば，昼寝をしているのか？　買物に出かけているのか？　体調を崩していて呼び鈴に反応しないのか？　などがわからない状況もあります。「もしかして倒れているかもしれない。至急対応すれば，命を救えるかもしれない」とまわりが感じたとしても，本人の了解のないまま合法的に自宅に侵入するには，相当な手間がかかります。

3）事例の考察

　このような「孤独死対策」の現場に遭遇する援助者は，即決的な判断力が求められます。しかも，「命」にかかわることになれば，直ぐに対応しなければならないこともしばしばです。その意味では，思い切った行動（援助）をとることもあります。

　ただし，その場合には，必ず上司と相談して決めることです。携帯電話が普及していますので，状況報告だけは怠らないようにするべきです。また，思い切った行動に出る場合には，できるだけ，誰かに同席してもらうことが重要です。前述の筆者の経験から言えることですが，必ず，一部始終をヘルパーに関わってもらいました。思い切った行動（援助）に出るためには，何かトラブルが生じても，適切な行為だったと証言してもらえる人を同席してもらことが重要なのです。

　なお，最後に，思い切った行動に出て，結果的には何の問題もなく，利用者（クライエント）に叱責された場合には，素直に謝罪することも忘れてはなりません。

（3）孤独死はまぬがれたが……

1）入院援助を強行した事例

　次に，筆者が担当したケースを，もう一つを紹介しましょう。これは，本人の意に反してなかば強制的に入院してもらい，孤独死をまぬがれることができた例です。

　91歳の高田君子さんは，築60年になる持家で一人暮らしをしていました。高

田さんは軽度の要介護高齢者で，週1日だけヘルパーに来てもらい，掃除や洗濯などをしてもらっていました。性格は温厚だが，近所の人々との交流は好まないタイプでした。生涯結婚もせず，姉妹はみな他界してしまい，身寄りは，87歳の従妹だけだったのです。高田さんは「自分は，この家に60年住んでいるので，最期はどうなろうと，ここで死にたい」と，日頃からヘルパーや筆者に強く主張していました。そのため，将来，高田さんの健康状態が悪くなれば自宅での看取りも考えなくてはならない，と筆者らは考えていたのです。

　ある日，ヘルパーが訪れると，高田さんは風邪をひいたのか，寝込んでいました。ヘルパーは病院への通院を勧めたが，「寝てれば治る」と言ってどうしても応じてくれませんでした。とりあえず，ヨーグルトや牛乳など必要な食料品を買ってきて，ヘルパーは家を後にしました。

　その2日後，ヘルパーが，定期訪問日ではなかったのですが，心配になり様子を見に行くと，かなり衰弱している状態だったのです。筆者もすぐに駆けつけ，高田さんに「救急車を呼ぶので了解してほしい」と確認をとりました。しかし高田さんは，「もう長くないので，このまま最期を自宅で迎えたい。病院へ入院するのは嫌だ」と，衰弱していながらも小声でしっかりと，意思表示をしたのです。しかし，「このまま寝込んでいては，数時間後に亡くなってしまう。すぐに訪問看護師や在宅医療，24時間体制のヘルパー体制を組むのは不可能」と，筆者には「入院」しか考えられなかったのです。

　意識がなかばもうろうとしている高田さんに，「入院して少し元気になったら，退院して在宅で看取る体制を作るから」と言って，しぶしぶ入院を承諾してもらい，救急車で病院へ搬送しました。それまでも実際に，衰弱した高齢者の多くが，入院して点滴などの治療を受けることで一定程度回復し，家に戻るのを見てきたからです。

　しかし，高田さんは入院2日後に，老衰で亡くなりました。日頃から自宅で死にたいという希望に反して，病院で最期を迎えたのです。

2）事例の考察

　この高田さんのケースは，ヘルパーが体調の異変に気づき，「孤独死」を防

げたケースです。しかし，高田さんの日頃からの願いを考えると，筆者は非常に複雑な気持ちでした。

　この高田さんのように最期を自宅で迎えたい人と，何か異状があれば誰かに気づいてもらい救急車で搬送してもらいたい人と。同じ一人暮らしの高齢者でも，希望はさまざまです。

　ただ，本人の気持ちがどうであろうと，体調を崩し衰弱している状態を発見すれば，よほど事前に本人の希望を聞いていて，看取りの段取りがついている場合以外は，救急車を呼び，入院というプロセスを踏むのが，援助方針の基本です。

　身寄りがいない高齢者でも，定期的な訪問看護サービスやヘルパーサービス，在宅医療などのチームを組むことで，在宅での看取りは可能です。しかし，在宅サービスの不足のためそのようなチームを組めない地域の方が多く，一人暮らし高齢者が自宅で最期まで暮らせるとは限りません。

（4）事例を基に検討してみよう

　このように「孤立化」している人々が増えていく援助過程においては，援助者の思い切った行動や本人の意思に反して，援助をしなければならない場面に遭遇することが多々あります。このようなケースでは，援助者同士のケース会議や上司への報告が重要となりますが，ケースによっては時間との勝負になる場面もあります。

　時には，本人（クライエント）の希望に反して，半ば強引に病院や施設に預かってもらうといった「自己決定」に反する援助過程を踏まなければなりません。利用者の意思を尊重することが，援助技術の基本ですが，社会的な常識を優先せざるを得ない場面に遭遇することもあります。

　ぜひ，皆さんも身寄りの居ない「孤立」しているクライエント（利用者）への援助プロセスについて意見交換してみましょう。これまで紹介した筆者の事例について，3〜4人のグループで話し合って，問題の所在，援助者の対応などを検証・分析してみましょう。

7　若者の孤立と自死

　現代の"無縁社会"の中で孤立化しているのは高齢者ばかりではなく，若年層の孤立化，貧困化が新たな問題として提起されています。さらに，その孤立化した若年層は未来に希望を抱くことができず，自死を選んでしまうこともあります。しかし，彼／彼女らを支援する制度は十分ではありません。現状の問題提起をした事例です。

（1）「若者」をめぐる事例から

1）「若者」とは

　「若者」とはどんな存在なのでしょうか。そもそも「若者」って誰のことを言うのでしょうか。これらに満足に応答することは，実は難しいのです。難しい問題は保留しておきます。

　社会福祉の援助という文脈だけに沿えば，ひとまず言えることは，「若者」というだけでは，少なくとも現今の社会福祉制度の援助の対象にはなりにくい，という現状があります。健康（常）ということが，前提になるからでしょうか。あるいは，身体的な意味で，さらに経済的な意味で自立した存在，その可能性の高い存在，と位置づけられているからでしょうか。「若者」に障害や貧困という事態が加わると，社会福祉制度の援助の対象にぐっと近づきます。

　本節では，以上のことも踏まえつつ，「若者」に関するある事例を通して，「若者」への援助課題を具体的に考えていきます。

2）事例の概要とソーシャルワーカーの介入方法

　ホームレス状態にある20代の男性が，自死を図ったが未遂に終わり，現在東京都内にある病院に入院中です。主治医の依頼に応じて病院所属のソーシャルワーカーが働きかけますが，当人は多くを語りたがりません。ソーシャルワーカーの粘り強い働きかけが功を奏したのでしょうか，これまでの経緯や生い立ちをもポツリポツリと語り始めました。

（2）事例の展開過程

1）基本属性

　松本恵一さんは，27歳独身です。現在はホームレス状態にあります。将来を悲観し，睡眠薬多量服用による自死を図りましたが未遂に終わりました。東京都内新宿区の社会福祉法人の中堅病院に担ぎ込まれました。発見が早かったことが幸いし，一命はとり止めましたが，自身のことは語りたがらず，将来への悲観的様相も強いようです。主治医を中心としたカンファレンスでは，治療チームに加わった精神科医の提言により，退院時に向けての支援，退院後の生活相談・指導，他機関・他職種との連携等に鑑みて，病院所属のソーシャルワーカー（以下，MSW）の援助の必要性が確認されました。

2）生活歴

　クライエントは中学卒業後，郷里の東北地方の山形県を離れ，都内のとある飲食店に就職し，アパートにて一人暮らしを始めました。当初の約束とは違い，休日は見習いという名の下にほとんど取れず，一般企業でいう"サービス残業"も相当ありました。店主との諍いがきっかけとなってこの飲食店を退職後，かねてから関心のあったIT関連企業やゲームソフト制作会社等への就職活動を試みましたが，低学歴ということもあって，非正規雇用という形で働きはじめるしかありませんでした。しかし，将来への展望も開かれぬまま，会社を転々としました。

　昨年の秋から，アパートの家賃も払えなくなり，ホームレス状態に突入しました。当初は，ネットカフェ，マンガ喫茶等を転々としながらも，ホームレス仲間との「ゆるい関係」を通して，働き口や生活保護に関する情報を得ていました。NPOや宗教団体が主催する炊き出しには，ほとんど行きませんでした。ホームレス集団の一員とみられることを嫌い，また，貧困ビジネスにひっかかることを恐れていたのです。この状態を家族に語ることはできず，音信不通状態です。恥ずかしいこと，さらには余計な心配はかけたくなかったといいます。

　ホームレス仲間とは，情報の交換の域を出ませんでした。あの人々とは違うというプライドもありましたし，必要以上の気遣いがわずらわしかったのです。

郷里にいる古くからの親友とは，アパート暮らしをしている時は，時々連絡を取り合い，それなりの関係は維持していました。最近では，いよいよ路上生活（駅・公園・河川敷等）をせざるを得なくなり，携帯電話の費用も賄えなくなりました。これらは痛手でした。路上生活の恐怖に加え，携帯電話の使用不可ということは，細々と続けていた就職活動の断念と，郷里の親友との連絡不可ということを招きました。たまたま手に入れた睡眠薬で自死を図ったのはその直後でした。

3）アセスメント

クライエントのストレングスの確認，ワーカビリティの可能性，等々を探っていくためにも，具体的な社会資源とのマッチングを展開していくためにも，ソーシャルワーカーはより一層突っ込んだ援助関係の形成・活用が必要であると考えています。

（3）演習課題──グループ討論・発表・質疑応答

まず，自身のことを語りたがらないクライエントへの糸口になること，特にインテーク段階で心がけておきたいことをリストアップしてみましょう。次に，語りたがらないクライエントに向けて，知りたい情報を得るためには，どんな点に注意していけばよいのでしょうか。社会福祉士の倫理綱領も参考に考えてみましょう。そして，活用可能な社会資源はどのようなものがあるでしょうか。フォーマル，インフォーマル，両側面から整理し，提示してみましょう。

（4）事例を基に検討する

1）「若者」の対人関係

事例に登場する人物は，相当程度困難な問題を抱えつつも，他の人に積極的に相談することはありませんでした。福祉事務所のソーシャルワーカーやカウンセラーの存在は知っていたのでしょうか。知ってはいても敷居が高かったのでしょうか。そもそも専門職に相談するほどの問題と自認していたのでしょうか。知り合い（ホームレス仲間）や親友といえる存在もいましたが，彼らに相談

なり，愚痴をこぼしていた形跡も見られません。下記の参考文献を参照し，
"若者"の対人関係に着目して，他の人に相談しない理由を考えてみましょう。

　　＊参考文献：土井隆義『友達地獄』ちくま新書，2008年。
　　　　　　　　大平健『やさしさの精神病理』岩波新書，1995年。

２）「若者」へのセーフティネット・システム

　若者への生活に関するセーフティネットは，圧倒的に不足していると言われ
ています。下記の参考文献を参照しながら，若者へのセーフティネット・シス
テムを具体的に構想（予防的なものも含む）し，その必要性を改めて考察し，整
理しまとめておきましょう。

　　＊参考文献：工藤啓・西田亮介『無業社会』朝日新書，2014年。
　　　　　　　　宮本みち子『若者が無縁化する』ちくま新書，2012年。

３）「若者」の自死

　若者の死亡原因の筆頭は自死です。10代，20代，30代，それぞれの死亡原因
を確認し，そのうちの自死理由を把握し，その背景要因を探りましょう。発達
的要因，家族関係や友人との対人関係，精神障害との関連等は，当事者の孤立
状況を暗示するものが多いはずです。ソーシャルワーカーは，いかにしたら，
当事者の孤立状況から自立した生活への援助につなげられるのでしょうか。自
立と依存の関係も改めて問い直してみましょう。

8　終末期医療・看取り

（1）急性期医療から終末期医療への移行
　　──ソーシャルワーク支援の開始について

　医療制度改革，地域包括ケアシステム推進の影響を受けて，高度急性期病院
退院支援の現場では，人生最終段階の患者が住み慣れた地域社会において，患
者・家族・地域住民・介護保険サービス・民間サービスが協力し合い，最期の

旅立ちを自宅にて看取るネットワークを形成して，つなげる役割が求められています。

　大学病院などの高度急性期機能を担う医療機関でのがん治療は，手術，化学療法，放射線治療を入院・外来にて行います。こうした積極的治療の効果が得られなくなった場合，患者・家族は急性期医療から慢性期医療（終末期医療）の移行を余儀なくされ，自宅での療養生活，あるいは緩和ケア病棟，有料老人ホームなどの施設，医療療養型病院での療養を継続するのか等に関して選択していくことが社会的に要求されます。この選択の時に主治医から，がん相談，退院支援部署へ依頼があり，ソーシャルワーカーか退院調整看護師が，思い描く療養生活を教わり，その手段として，療養場所の選択，介護の方法，公的サービスの調整，転院・施設入所先の選定などの心理・社会的支援を行っています。その支援の実際について，架空事例を用いて説明します。

（2）在宅医療を実現するための取り組み
──がん終末期の介護が必要な一人暮らしの男性の事例から

　患者は66歳の男性，一人暮らしです。妻とは離婚して，子どもはいません。他県に68歳の兄夫婦，64歳の弟夫婦がお住まいです。

1）面接前の状況──医師・看護師からの情報

　腰を痛めて動けなくなり，本人が自宅にて救急車を呼び，緊急入院。医師の診断は，肺がんで骨盤・リンパ節に転移です。

　主治医より本人へ「がんを治すことはできませんが，緩和ケアにて，骨への転移による痛みを和らげ，酸素を導入して呼吸苦も和らげることはできます。しかし残念ながら予後3カ月くらいです。がんの痛みもあり，食事・排泄など日常生活で介護が必要です。一人暮らしは難しいから，緩和ケア病棟への転院がいいと思います」と説明しました。本人は，「3カ月で死ぬのであれば医療は受けたくない。退院させて」と自宅療養をご希望，緩和ケア治療について同意されていません。

　兄と弟が来院され，「病院で最期を迎えた方が体としても楽だと思うが，本

人の意思が固いのであれば仕方ないか？　病院から本人へ自宅へは帰れないと言ってほしい。緩和ケア病棟への転院を説得してほしいです。でも，本人は聴かないだろうなあ」と話されました。

　主治医・看護師はソーシャルワーカーへ「一人暮らし，在宅で看取るなんて倫理的にはあり得ない。本人が苦しみ，孤独死となれば皆が困る。緩和ケア病棟へ転院できるように家族と話し合ってほしい」と意向を語りました。

２）ソーシャルワーカー面接での本人の語り

　まずは，本人の意向について教わり，聴くことによる心理的負担の軽減を目指して，本人と面接。以下の項目について話していただきました。そして，以下は，ソーシャルワーカーに語った本人の発言です。

　①　心境・問題対処のやり方・ニーズ

　「がんで助からない。３カ月で死ぬ，病院へいても治らない。死ぬのを待つだけなら，帰った方がいいよ。それに突然の入院だったから，家も鍵開けたままだし，女房が７年前に出て行って，一人暮らしだし，そのままにしておけないよ。」

　「がんで死ぬのは運命だよな。そしたら，家で好きなことをして，自分の力で死にたいよ。別れた女房にも知らせて。そうしたら，俺のことをかわいそうだと思って，最期は別れに来てくれるかもしれない。治療は受けたくない。点滴，酸素も外してくれ。」

　②　親族の意向──問題対処のやり方・ニーズ

　「兄貴の嫁さんは息が苦しくて，腰も痛くて，苦しいのに無理して家に帰るなと言う。弟と弟の嫁さんは，緩和ケアとかいうところで，看取ってもらった方が，俺もいいし，家族も安心する。１人家で死ぬのはかわいそうだと言う。家で死ぬと近所，いろいろな人に迷惑だって。」

　「でも，俺は，病院で病気を治してくれず，家にも帰してくれず，会いたい人にも会えないで死ぬ方が可哀想。」

　③　心　配　事

　「アパートの家賃を振り込まないと，大家さん困るし。エアコンのローンも

年金振り込まれたら支払わないと。いろいろあるんだよ。」

④　親族のつながり・生き方──生活環境

「両親が死んだあとは，実家へ行かないようにした。俺も離婚したし，子どももいないし，なんか話題がね。みんな妻子がいて，家族の話になるし。」

⑤　近所とのつながり・生き方──本人の生活環境

「隣の人も，合えば挨拶くらいはするけど，それ以上の付き合いはないね。仕事していたり，近所も年寄りばかり，みんな自分のことで精一杯。」

3）クライエントへの関わり方

まずは，患者・家族の権利について，ソーシャルワーカーの以下のような自己理解が必要です。

①　患者にとっては，自らの治療について医療者側とのよりよいコミュニケーションが保障され，事態を理解することができ，複数の選択肢のなかから最善なものを選ぶことができ，満足な意思決定をしていく。

②　ソーシャルワーカーは，患者の権利をよく理解し，媒介的な支援，代弁的な支援の必要性があります。

③　ブトゥリムによると，人間は自身を取り巻く環境のなかにあって，他者や諸物と関わり合いながらしか存在しません。人間と環境は分かち難いものです。家族・家庭，経済，友人，仕事，余暇などの側面からの決定の支援を行います。[2] 病状が深刻であり，親族・医療職種・地域が在宅療養を反対しても，本人が病状・周囲の状況を理解して，意思決定を行う権利があることを前提に関わります。しかし，本人は環境の中で生きるため，家族の意向・支援のあり方も視野に入れる必要があります。

また清水哲郎は，人生の最終段階において，多職種チームは，「いのち」を二重の視点で検討する必要性を示唆しています。1つ目は，「生物学的生命」であり，生命医学的判断，一般的な価値観です。2つ目は，「物語れるいのち」。患者の生き方，生活環境，意向などです。双方の視点について，患者・家族・

280

医療チームで話し合い，意思決定を支援。治療方針を決定していく過程を大切にします。⁽³⁾

　ソーシャルワーカーは，一人暮らしで生命予後の厳しい状況で住み慣れた自宅で過ごすことを検討する患者の権利を保障し，人生に悔いが残らないように生き収めるための「物語れるいのち」の視点を持ち，面接では患者の心境・意向に沿う面接を行います。

4）ソーシャルワーカーの倫理

　患者の生き方・意向に沿い，身体的に苦しくても，親族の負担が大きくても自宅にて療養するのか？　身体上安全な環境で最期を迎え旅立つことを最善とするべきなのか？　2つの倫理的視点が問われることになります。

　箕岡真子は，「2つの価値の対立」とは，2つの良いことがありそれぞれの価値・倫理について，多職種で話し合うことであり，且つコミュニケーション・プロセス重視，批判ではなく，悩んでいる関係者が今後の重要な方針について判断・決定できるように助言・支援を中立的第三者が行うものであり，何をするべきという指示をするものではない。1つの正解はなく，複数の選択肢，「良かれ」について話し合うことが「2つの価値の対立」であることを示唆しています。⁽⁴⁾

　また，ローエンバークとドルゴフによる倫理原則スクリーンでは，複数の倫理のうち，優先していくことの順番を，次のように提示しています。⁽⁵⁾

　① 人命を守る
　② 平等，不平等
　③ 自律と自由
　④ 最も危害が少ない
　⑤ 生活の質
　⑥ プライバシーと守秘義務
　⑦ 真実に誠実であることと開示

ソーシャルワーカーは，人命を守ることを第一優先として，本人の意思決定がセルフネグレクトに陥らないか？　安全面も配慮する必要があり，かつ患者が人生最終段階に自己実現を行う倫理的視点の双方について，患者・家族を含めた多職種にて倫理的課題の検討を行うコーディネートが求められます。

5）アセスメント

　ソーシャルワーカーは本人，家族との面接，支援過程において以下のアセスメントを行いました。

① 　生物学的生命は，肺がんで，骨盤転移・リンパ節転移・骨転移があり，ADL 全介助。腰の痛み，呼吸苦があり，対処療法・緩和治療の適応。生命予後は厳しい。

② 　自宅に帰る意味合いは，金銭など最後の身辺整理であり，住み慣れた家で死ぬことに価値がある。元妻に会えるかもしれないという期待を持てる。

③ 　ライフイベントは，腰が痛くなり，入院をしたら，がん末期と診断された。入院生活の継続は本人にとって思いがけないことであり，受け入れ難い。

④ 　老年期。迫る「死」をどのように向き合うか？　自分の価値を大事にしている。

⑤ 　病院にて治療を受ける意味合いは，病気が完全に治ること。

⑥ 　治療を受けても治らないのであれば，自宅にて最期を迎えること。

⑦ 　近所のコミュニティへは入らずに，自分のペースで生きてきた。親族とも関わりを持ってこなかった。人的資源にはつながりにくい。

⑧ 　本人の意思になるべく，親族，病院，地域の専門職が沿う，療養環境・旅立つ環境の構築がニーズ。

⑨ 　親族（兄弟は）身内の孤立・孤独死は放っておけない。親族の手を差し伸べて，世間には迷惑をかけたくない。イエ制度を重んじる。

以上のことから，在宅が成り立つとアセスメントを行いました。

6）多職種協働のあり方

　人生の最終段階における意思決定ガイドラインは，本人が意思決定できる状況であれば，本人と多職種協働チームが話し合い意思決定を行う過程を示唆しています。また，本人が意思決定できない状況の時は，家族が「家族の意思決定」ではなく，「本人の推定意思を尊重した意思決定」ができるように多職種協働チームと話し合うことも示唆しています。

　本事例においては，本人の「家に帰って元妻へ連絡して身辺整理を行う」という意向に多職種が沿うことを目標に話し合いを重ねました。その方法論は，「マルチ型」という治療に貢献するように医師を中心とした専門職が，各々が別の目標と役割を設定し，最終的に医師に集約していくような学際的協働と「インター型」という当事者や家族の生活実態を中心に，ニーズに対応し，各専門職がお互いの目標をすり合わせながら，その専門性を重なり合うように発揮していく。専門職同士の意見の交換や交渉・対立などによる方針決定に至る相互作用のプロセスが重要(6)と考えます。

7）支援計画

　支援計画は，以下のようなアセスメント・権利擁護・倫理的視点を根拠に作成していきます。

① 生物学的生命，物語られる生命について，本人，兄・弟，多職種協働チーム（医師・看護師・理学療法士・ソーシャルワーカー，訪問診療，訪問看護ステーション，地域包括支援センター，居宅介護支援事業所にて共有し，その最善について話し合いを重ねる。
② 自分の価値を大事にしている，本人の心境・やり方に沿う。
③ 自宅にて，本人の身体的苦痛を軽減し，兄夫婦・弟夫婦が訪問して，訪問診療・訪問看護のサポートを受けて，安全に最期を迎えることができるように具体的な役割分担について話し合う。
④ 本人の意思に，親族・病院・地域の専門職が沿う，療養環境・旅立つ

283

環境の構築がニーズであることの共通見解をチームで共有していく。

⑤　家族・病院の多職種・地域多職種の不安の軽減。

⑥　本人の自己実現のために，希望されない訪問看護・訪問診療，在宅酸素・点滴などの医療的ケアを受けていただく。

⑦　看取りをする，別居家族の不安を軽減。訪問診療・訪問看護・地域包括支援センター・ケアマネジャーへの引継ぎを丁寧に行う。

⑧　上記の過程を経て自宅退院。本人の物語れる生命（身辺整理・元妻への連絡）について，兄・弟の支援を受け自己実現。

8）事例の終結

　本人へ自己実現のため，自宅での身体的苦痛を，支援する兄弟のためにも和らげていただくことをお願いし，訪問診療・訪問看護・ヘルパー，ベッドなどの福祉用具，在宅酸素のサポートを受けて入院から20日後に自宅退院されました。

　そして，自宅へ帰ってから1週間後に人生の最期を迎えられました。残念ながら元妻への再会は実現しませんでした。しかし，住み慣れた家で，身辺整理を兄弟へ託し，兄夫婦・弟夫婦が交代で泊まり込み，死亡確認も兄弟・訪問診療医・訪問看護師にて行ったことを，地域包括支援センター社会福祉士から連絡がありました。

（3）　終末期医療・看取りの「場」の創出

　制度・政策は地域包括ケアシステムを推進していますが，現実的には同居家族の介護，あるいは自費にてヘルパー・看護師を入れないと，自宅での看取りは難しく，病院・地域の専門職が患者・家族よりも先に自宅での生活を断念してしまい，結果として専門職の提案を受け入れて，本人・家族が緩和ケア病棟，医療療養型病院，有料老人ホームなどで最期を迎えるケースが多い状況です。こうした現実の中で，①患者家族の意思決定・自己実現，②ネグレクトを回避した安全な療養生活を目標に，権利・倫理的な視点を多職種協働にて検討して

いく，この過程をコーディネートしていく力量が病院の退院支援を担うソーシャルワーカーに求められていると考えます。

注

(1)　谷口隆之助『存在としての人間』I.P.R. 研究会，1986年，2-3頁。

(2)　堀越由紀子「保健医療サービス専門職の基本的姿勢」社会福祉士養成講座編集委員会編『保健医療サービス論 第5版』中央法規出版，2017年，144-155頁。

(3)　田村里子「倫理的課題と合意形成」WITH 医療福祉実践研究所研修資料，2017年。

(4)　箕岡真子「認知症ケアの倫理」東京都福祉保健局研修資料，2018年。

(5)　菱川愛「ライフモデルをソーシャルワーク実践に」WITH 医療福祉実践研究所研修資料，2017年。

(6)　田中千枝子「チームワークの型と保健医療サービス」社会福祉士養成講座編集委員会編『保健医療サービス論 第5版』中央法規出版，2017年，199-202頁。

参考文献

小木曽宏・宮本秀樹・鈴木崇之編『よくわかる社会的養護内容』ミネルヴァ書房，2013年。

川人博『過労自殺（第二版）』岩波新書，2014年。

内閣府編『自殺対策白書 令和元年版』2019年。

あ と が き

　社会福祉学教育においてソーシャルワーク演習科目は主軸となるものであり，専門職教育という意味でも重要な位置づけとなっています。ただし，学生の皆さんにとってはソーシャルワークと言われても抽象的には理解できても，何をどのように学んだらよいか，迷ってしまう人も多いのではないでしょうか。

　その意味で，本書は福祉現場からの視点で事例などを多く掲載しており，各場面でどのように社会福祉士（ソーシャルワーカー）が対応していけばよいのかを示唆しております。そして，学生が自ら考えるヒントを数多く盛り込んでいますので，本書を活用しながら演習に取り組みソーシャルワーク技術を体得していただければ幸いです。

　一般的に演習科目は，教育者各自の力量に依るところが大きいものですが，よりよい教材を用いることで教壇に立ち始めた指導者でも，一定水準の授業を展開できると考えます。そのため，指導者となって月日が浅い若手教員の皆様に，ぜひ本書をご活用いただければと思います。

　2021年1月

「学びが深まるソーシャルワーク演習」

編集委員会代表　長谷川匡俊

索　　引

執筆者紹介 （執筆順，所属，執筆分担）

長谷川　匡俊 （大乗淑徳学園理事長：まえがき・あとがき）

佐藤　俊一 （NPO法人スピリチュアルケア研究会ちば理事長：第1章1）

戸塚　法子 （淑徳大学総合福祉学部教授：第1章2・3）

西尾　孝司 （淑徳大学総合福祉学部教授：第1章4・5（2），第2章2）

柏女　霊峰 （淑徳大学総合福祉学部特任教授：第1章5（1））

山下　興一郎 （中央福祉学院主任教授：第1章5（3），第2章5・6・12）

稲垣　美加子 （淑徳大学総合福祉学部教授：第2章1・15，第3章，第4章，第5章）

静間　宏治 （淑徳大学総合福祉学部兼任講師：第2章3）

藤野　達也 （国際教育文化研究所代表：第2章4）

山邉　文代 （元・淑徳大学総合福祉学部兼任講師：第2章7，第6章3）

渋谷　哲 （淑徳大学総合福祉学部教授：第2章8・14，第6章2）

高梨　美代子 （淑徳大学総合福祉学部助教：第2章9）

藤田　則貴 （東京通信大学人間福祉学部助教：第2章10）

山下　幸子 （淑徳大学総合福祉学部教授：第2章11・13，第3章，第4章）

村上　信 （元・淑徳大学総合福祉学部教授：第3章，第4章）

米村　美奈 （淑徳大学総合福祉学部教授：第3章，第4章，第6章1）

伊藤　千尋 （淑徳大学総合福祉学部准教授：第6章4）

木島　望美 （社会福祉法人淑徳福祉会淑徳共生苑職員：第6章5）

結城　康博 （淑徳大学総合福祉学部教授：第6章6）

柳澤　孝主 （東京保健医療専門職大学リハビリテーション学部教授：第6章7）

鉾丸　俊一 （昭和大学江東豊洲病院総合サポートセンターソーシャルワーカー主査：第6章8）

学びが深まるソーシャルワーク演習

| 2021年3月30日　初版第1刷発行 | 〈検印省略〉 |
| 2024年2月20日　初版第2刷発行 | |

定価はカバーに
表示しています

編　　者	「学びが深まるソーシャル ワーク演習」編集委員会
発行者	杉　田　啓　三
印刷者	中　村　勝　弘

発行所　株式会社　ミネルヴァ書房
607-8494　京都市山科区日ノ岡堤谷町1
電話代表　(075)581-5191
振替口座　01020-0-8076

© 「学びが深まるソーシャルワーク演習」編集委員会ほか, 2021
中村印刷・吉田三誠堂製本

ISBN978-4-623-09119-5

Printed in Japan

福祉は「性」とどう向き合うか

結城康博・米村美奈・武子愛・後藤宰人 著

四六判／244頁／本体2200円

主体性を引き出すOJTが福祉現場を変える

津田耕一 著

A5判／232頁／本体2500円

福祉専門職のための統合的・多面的アセスメント

渡部律子 著

A5判／272頁／本体2800円

ソーシャルワーカーのための養護原理

北川清一 著

A5判／244頁／本体2800円

社会を変えるソーシャルワーク

東洋大学福祉社会開発研究センター 編

A5判／242頁／本体2600円

──────── ミネルヴァ書房 ────────

https://www.minervashobo.co.jp/